KB142488

코로나19가 앞당긴 미래,

마을에서
찾는 배움길

코로나19가 앞당긴 미래,
마을에서
찾는 배움길

초판 1쇄 인쇄 2020년 12월 1일
초판 1쇄 발행 2020년 12월 12일

지은이 문재현·신용대·김두환·김미자·최진숙·서영자
펴낸이 김승희
펴낸곳 도서출판 살림터

기획 정광일
편집 조현주
북디자인 꼬리별

인쇄·제본 (주)현문
종이 (주)명동지류

주소 서울시 양천구 목동동로 293, 22층 2215-1호
전화 02-3141-6553
팩스 02-3141-6555
출판등록 2008년 3월 18일 제313-1990-12호
이메일 gwang80@hanmail.net
블로그 http://blog.naver.com/dkffk1020

ISBN 979-11-5930-166-7 03370

이 도서의 국립중앙도서관 출판예정도서목록(CIP)은
서지정보유통지원시스템 홈페이지(http://seoji.nl.go.kr)와
국가자료공동목록시스템(http://www.nl.go.kr/kolisnet)에서 이용하실 수 있습니다.
(CIP제어번호: CIP2020050982)

아이와 함께 마을을 걷는 교사들 이야기

코로나19가 앞당긴 미래, 마을에서 찾는 배움길

문재현·신용대·김두환·김미자·최진숙·서영자 지음

살림터

들어가며

나에게 2020년은 그 어느 해보다 특별하다. 9월까지 학교에서는 일주일에 한 번밖에 못 만났는데도 아이들 한 명 한 명과 첫 만남이 어땠는지 아이가 사는 마을, 좋아하는 장소가 어디인지 다 떠오른다. 코로나19 때문에 만나기는 어려웠지만, 심리적으로는 아이뿐만 아니라 부모들과도 더 가까워졌다. 아이들을 만나는 시간은 언제나 기대되고 마을을 둘러보며 탐색하는 즐거움도 생겼다.

학교로 오는 아이들을 만나는 것이 아니라 아이가 있는 마을로 찾아가면서 시작된 변화였다. 그 과정은 그야말로 즐겁고 신명나는 일이었다. 마을배움길 모임에서 서로의 실천을 나누고 그것이 가진 의미를 이야기하다 보니 이 좋은 것을 더 많은 사람들과 나누고 싶었다. 그래서 가장 먼저 아이들을 만나러 나갔던 나와 영동의 서영자, 청주의 김미자 선생이 글을 쓰기로 했다.

세 사람이 마을로 간 것은 같았지만, 사는 곳이 다르다 보니 빚어내는 빛깔은 제각기 달랐다. 나는 대도시에서 저학년 담임을 맡았고, 서 선생은 전근 가서 낯선 농촌의 작은 학교였고, 김 선생은 마을과 협력하는 문화가 자리 잡은 학교였기 때문이었다. 그러다 최진숙 선생이 동료 교사들과 협력하며 신명 나는 배움길을 만들어 간다는 소식에 함께 책을 엮기로 했다.

처음에는 각자의 경험을 일화로 정리만 하면 금방 책이 완성될 것 같았지만 6월 말에 시작한 글쓰기는 8월 여름 방학 내내 붙들고 있어도 좀처럼 끝이 보이지 않았다. 내 경험을 그때그때 기록해 두지 않아 생생한 장면이 떠오르지 않았고 그 실천이 가지고 있는 뜻과 속살을 표현하기도 힘들었다. 혼자 썼다 지우기를 반복하다 공동체적인 글쓰기를 해 보라는 문재현 소장의 조언으로 실마리가 풀리기 시작했다. 글을 먼저 쓰는 것이 아니라 함께 이야기하고 다시 이야기하고 또 이야기하고 깊게 이야기하고 나서야 나와 내 주변 사람들의 이야기를 담은 글을 쓸 수 있었다.

책이 모양새를 제법 갖추어 갈 무렵, 초등의 사례만 담긴 것이 아쉬웠다. 그래서 올봄부터 마을 뒷산에서 들은 새소리의 매력에 빠져 마을배움길 교사들까지 함께 새를 깊게 탐색할 수 있는 계기를 만들어 준 대전 진잠중 김두환 선생에게 같이 하자고 제안했다. 이렇게 다섯 명이 모이니 코로나19 상황에서 지식전달이 아닌 삶을 담는 배움이 어떻게 가능할지 농촌과 도시, 초등과 중등에서 실천한 사례를 엮을 수 있었다.

함께 글을 쓰는 과정에서 학교라는 울타리 안에서만 아이들을 어떻게 만날 것인지 고민하고 살았던 나를 발견할 수 있었다. 그리고 그것은 내 삶을 바꾸는 계기가 되었다. 교실을 벗어나 아이들이 사는 마을, 내가 사는 마을에서 사람들과 관계 맺고 배움길을 찾는 '마을 사람'으로 살기 시작하니 배움의 바탕과 속살이 더욱 또렷하게 보였다. 코로나19라는 혼란스러운 상황이 만들어 준 소중한 기회였다.

다섯 명의 이야기에 앞서 마을배움길연구소 문재현 소장의 강의록을 담았다. 코로나19로 모두가 혼란스러워하던 3월 중순, 문재현 소장은 강의를 통해 우리들에게 전염병이 우리 사회와 역사 전반에 미친 영향을 통찰하고, 코로나19 상황에서 우리가 어떻게 배움길을 펼쳐 나갈 수 있을지 그 방향을 제시하였다. 나와 마을배움길 교사들에게 길잡이가 되었던 이 강의를 더 많은 사람과 나누고 싶어서 글말로 가다듬어 실었다.

2020년은 코로나19가 만든 새로운 전환기다. 전환기에는 지금 있는 것보다 있어야 할 것들이 더 많고 다가올 미래는 누구도 장담할 수 없다. 그렇기 때문에 우리가 깊고 두텁게 이야기하고 실천해 나가는 것이 진정한 교육의 미래를 여는 일이라 믿는다.

우리는 우리의 실천이 대안이라기보다는 지금의 혼란스럽고 낯선 상황을 극복하고 새로운 미래를 만들어 가기 위한 이야기판의 마중물이 되기를 바라는 마음에서 이 글을 정리했다. 이 글이 코로나19 상황 속에서도 배움의 길을 찾으려 노력하는 많은 사람과 연결되고 서로에게 조금이나마 도움이 되길 바란다.

이 책은 마을길을 함께 걷고 배움을 만들어 간 아이들과 길에서 만난 친절한 마을 사람들, 마을로 나선 교사들에게 힘이 되어 준 부모들, 동료 교사들이 있어 세상의 빛을 볼 수 있었다. 그리고 초안을 읽고 의견을 주신 마을배움길 선생님들, 평일과 주말을 가리지 않고 늦은 밤까지 온라인 화상회의로 토론하고 의견을 보태며 함께 글을 완성해 주신 청주의 김명신, 윤재화, 이명순 선생님, 충주의 임오규 선생님, 마을배움길연구소 김수동 연구원의 도움으로 만들 수 있었다. 자기 경험을 글로 보내 주신 박은정, 이동근, 고동욱 선생님과 이야기 마당에서 서로의 생각을 나눠 주신 보라초 소모임 선생님들께 고마운 마음을 전한다. 그리고 이 책을 펴내는 데 도움을 주신 살림터 정광일 사장님과 편집부 여러분께도 감사를 드린다.

2020년 11월
마스크 없이 해맑게 웃는 아이들을 만날 수 있는 날을 기다리며
저자를 대표하여 신용대 씀

차례

코로나19와
우리 사회의 과제

문재현 강의록

지금 코로나19를
말하는 까닭

요즘 코로나19 때문에 모두 걱정이 많죠? 세계적 유행 (팬데믹) 상황인데 문제는 현재가 정점이 아니고 시작이라는 데 있습니다. 코로나 바이러스가 정체를 파악하기 힘든 바이러스이고 이 사태에 세계적인 대응을 주도해야 할 강대국의 지도자들이 무능할 뿐만 아니라 문제를 더 악화시키고 있지요. 이런 상태로 계속되면 적어도 수천만 명, 많게는 몇억 명까지 확진이 될 가능성이 있고, 사망자도 수백만 명에서 수천만 명이 될 수 있겠죠. 아마도 2차 세계대전 이후 인류가 공유하는 비극이 될 가능성이 큽니다. 이렇게 모두가 비극을 공유하면서 사회적 문제를 인식하게 되면 큰 변화가 생길 수밖에 없습니다. 따라서 코로나19 이전과 이후의 정치, 경제, 사회, 문화는 근본적인 변화를 맞이하게 될 것입니다. 교육 역시 마찬가지죠.

우리 마을배움길연구소의 연구와 실천 환경도 코로나19 이후 근본적으로 바뀔 것입니다. 그래서 이번 시간에는 코로나 바이러스의 특징과 전염병이 어떻게 사회 변화를 가져오는지에 대한 역사적 사실들, 코로나 바이러스로 인해 노출되고 있는 우리 사회의 민낯 곧 시스템의 문제, 우리 마을배움길이 어떻게 이 상황에서 슬기롭게 대처할 것인지에 대해 이야기를 나눠 보고자 합니다.

도깨비 같은 코로나19 바이러스

먼저 코로나 바이러스가 무엇인지에 대해 알아봅시다. 바이러스하고 세균의 차이, 박테리아의 차이부터 정리해 볼까요?

청중 1 박테리아는 생명체이고 바이러스는 생명체가 아니다.
청중 2 박테리아가 바이러스보다 몇만 배 더 크다는 얘기는 들었어요.
청중 3 스스로 증식할 수 있는 것이 박테리아이고 그렇지 않은 것이 바이러스죠.

모두가 잘 알고 있군요. 좀 더 보충하면 바이러스는 그냥 막에 둘러싸인 유전자 덩어리이고, 스스로 단백질을 만들어 낼 수 없습니다. 따라서 세포로부터 에너지를 공급받지 못하면 생존할 수 없지요. 이와 달리 박테리아는 완전한 세포이기 때문에 대사도, 증식도 가능하죠. 유전자 덩어리인 바이러스는 당연히 작을 수밖에 없지요. 일부 바이러스의 경우는 하나의 박테리아 안에 십만 개의 개체로 증식될 수 있다고 합니다. 박테리아 못지않게 큰 몇 개의 바이러스가 있긴 해요. '미미 바이러스', '메가 바이러스', '판도라 바이러스' 등이 그 예입니다. 하지만 대다수의 바이러스는 아주 작아서 광학현미경으로는 볼 수가 없어요. 전자현미경으로만 볼 수 있어서 인간이 바이러스를 볼 수 있게 된 것은 1939년 이후고, 그 성질이 밝혀진 것은 1950년대 이후죠. 인간이 바이러스에 대해 과학적으로 대처할 가능성을 갖게 된 것은 70여 년밖에 안 된 셈이지요.

코로나 바이러스는 호흡기증후군이라고도 합니다. 감기에 걸린 사람들 가운데 10~20%는 코로나 바이러스 때문이지요. 보통 다른 바이러스 감염증은 눈에서 피를 흘리거나 구토를 하는 증상으로 나타납니다. 이와 달리 코로나 바이러스는 숨을 쉬기 어려운 상태가 된다는 것이 특징이죠. 코로나 바이러스가 떠돌다가 침을 통해 우리 입이나 코로 들어가면 바로 폐로 들어가고, 그때부터 문제가 시작됩니다. 폐 세포 안에 들어가서 증식하면서 수만 개가 되면 세포가 파괴됩니다. 그러면서 그 옆에 있는 다른 세포들을 파괴하는 것이지요. 그러면 당연히 숨이 막힐 수밖에 없잖아요? 다시 말하면 숨을 쉬기 어렵다는 것은 폐에 있는 세포들이 파괴된다는 것입니다. 몇 년 사이에 우리나라에서 유행한 전염병들이 거의 이런 호흡기증후군입니다. '사스'는 중증 급성 호흡기질환이라고 하고, '메르스' 역시 중동 호흡기증후군이죠.

이번 코로나 바이러스는 '코로나19'라고 이름을 붙였는데, 일부 사람들은 굳이 '우한 바이러스'라고 부르죠. 심지어 '대구 바이러스', '문재앙 바이러스'라고 하는 사람도 있어요. 이것이 왜 문제가 되는지 생각해 봅시다.

청중 3 특정한 지역과 사람들에 대한 혐오와 차별 때문에 문제가 되지 않을까요?

그렇죠. 일반적인 질병은 '걸린다'는 것이 문제가 되지만, 전염병은 '걸린다'에서 더 나아가 '전염된다'는 특징이 있어요. 그래서 사회가 해체될 가능성이 큽니다.

인류 역사상 전염병이 나타난 것은 구석기 시대겠죠. 사람들이 썩은 짐승고기를 먹게 되면서 전염병이 발생했을 텐데, 그때는 그 전염병이 크게 확산될 가능성이 없었습니다. 지금의 시·군 단위 면적에 수십에서 수백 명 정도가 살았을 테니까. 그리고 정주 생활이 아니라 끊임없이 이동했기 때문에 전염병이 발생했다고 하더라도 일부 집단만 문제가 되었을 겁니다. 지금처럼 사람들이 대도시에 집중되어 있고 지구촌이라는 말처럼 모두가 연계되어 있는 상황에서는 바이러스 하나가 인류 전체를 공격할 가능성이 생기게 되지요.

코로나19 바이러스처럼 동물로부터 옮겨 온 바이러스가 인간에게 퍼지기 시작하면 더 심각한 문제가 발생합니다. 인간에게서 비롯된 바이러스는 이미 면역이 되어 있지만 새로운 바이러스는 면역력이 확보되어 있지 않기 때문에 상상할 수 없는 속도로 번질 수밖에 없기 때문이죠. 특히 기존의 숙주에서 새로운 숙주로 옮길 때 폭발성을 갖게 됩니다. 왜냐하면 새로운 숙주의 면역체계가 만들어지기 전에 증식해야 하기 때문이죠. 코로나19는 현재 그런 단계에 있는데, 다른 코로나 바이러스보다 그 전염성이 뛰어나고 잠복기가 긴 데다가 무증상 환자도 적지 않기 때문에 대처하기 어려운 것입니다. 게다가 돌연변이일 가능성도 큽니다. 코로나 바이러스는 'RNA 바이러스'인데 'DNA 바이러스'에 비해 1,000배 이상의 돌연변이 가능성을 가지고 있습니다. 코로나19 바이러스는 다른 코로나 바이러스와 비교해 전염성과 돌연변이 가능성이 더 크기 때문에 문제가 되는 것입니다. 마치 도깨비처럼 실체를 파악하기 어렵거든요.

이런 여러 가지 이유로 코로나19에 대한 대응은 모든 인류가 함께해야 합니다. 그래서 요즘 의학계의 주요 쟁점 가운데 하나가 '원 헬스One Health'라는 개념입니다. 자연과 인류, 동식물의 건강이 하나로 이어져 있다는 것이죠. 다른 사람이 건강하지 않으면 내가 건강할 수 없고 모든 인류가 건강하지 않으면 내가 안전하지 않을 뿐만 아니라 자연과 동물이 함께 건강하지 않으면 인류도 건강할 수 없다는 것입니다. 이러한 '원 헬스'적 접근이 특히 중요한 영역은 식품 안전, 바이러스, 항생제 문제에 대한 대응일 것입니다. 따라서 전염병 문제는 어디서 발생하는지가 아니라 어떻게 이 문제를 우리가 함께 해결할 것인가에 초점을 맞춰야 합니다. 물리적 거리두기가 강요되고 일상을 지원하는 시스템이 해체되면 결국 남는 건 무엇일까요. 인류애를 바탕으로 한 연대 정신과 공감, 협력이 가장 중요한 자원이 되겠지요. 혐오와 차별은 바로 이러한 협력을 밑으로부터 붕괴시키는 가장 심각한 도전입니다.

서양 중세사회를
밑으로부터 붕괴시킨 페스트

청중 4 인류는 언제부터 전염병으로부터 위협을 받았을까요?
청중 3 그때는 마을 하나만 문제가 되었다는 것인가요?

마을은 아니죠. 그때는 정착 생활이 아니라 계속 이동하면서 살았으니까. 구석기 시대에는 사람들이 하나의 무리(밴드)를 짓고 살잖아요? 현재 수렵, 채취 사회를 통해 추정해 보면, 그 무리의 규모는 20~50명 정도가 되었을 것이라고 합니다. 몇 개의 가족이 무리 단위로 이동하다가, 1년에 한 번 500명 정도 되는 부족 단위로 전체 모임을 하면서 무리를 재편하고 적정 연령기의 남녀가 만나 가족을 이루기도 하죠. 당연히 축제와 함께. 이렇게 살아가는 생활양식에서는 전염병이 생길 가능성도 별로 없지만, 생겼다 하더라도 그 무리만 문제가 되겠죠. 나머지 전체로 확산되기는 쉽지 않아요. 그래서 전염병이 사회적 문제가 되기 시작한 것은 농경 이후 정착 생활, 특히 수천 명 이상이 모여 사는 도시가 생겨나면서부터이지요.

이번 코로나19 사태를 통해서 모두 느끼시겠지만, 전염병에 대한 사람들의 반응은 일반 병과는 다릅니다. 일반적인 병은 사람들이 걸렸을 때 서로 돕고 위로하면서 인간관계를 묶어 주는 특징이 있죠. 물론 너무 오래 지속되어서 사람들이 모두 지치기 전에는. 하지만 전염병은 전염이란 현상 때문에 심각한 사회 문제가 생깁니다. 패닉, 혐오, 서로에 대한 불신과 공포증, 권위주의를 불러오기 쉽거든요. 따라서 한 사회의 시스템이 이러한 나쁜 측면을 확대하느냐, 줄일 수 있느냐에 따라 전염병에 대한 대응은 다를 수밖에 없고, 단순히 보건 대책이 아니라 정치, 경제, 사회, 문화, 종교, 교육에 대한 종합적인 대책이 필요합니다.

　우리나라의 전통을 보아도 전염병이 생기면 먼저 치료약을 찾지요. 그러면서 물리적 거리두기를 병행합니다. 또 손님굿 등 굿을 통해 문제 해결을 시도하기도 하지요. 그런데 이 손님굿의 내용을 보면 욕심을 부리는 사람들은 벌을 받고, 서로 돕는 사람들은 병에 걸리지 않거나 약하게 치르고 넘어가요. 무당굿이 단지 미신이 아니라 문제를 해결하기 위해 협력을 북돋우는 종교, 사회, 문화적인 전략이었던 셈입니다. 이렇듯 총체적인 대응을 하지 못하면 전염병은 그 사회를 붕괴시킬 가능성이 큽니다. 보기를 들면 유럽에서 1348~1351년 사이에 유행한 페스트가 그런 경우죠.

　페스트에는 두 가지 종류가 있다고 합니다. '선페스트'와 '폐페스트'. 선페스트는 림프절에 흑색 띠가 생겨나는 것이고, 폐페스트는 균이 폐를 공격할 때 환자의 몸에 검은 반점이 생기기 때문에 흑사병이라고 하는 것이죠. 아침까지 아무 문제가 없다가 반점이 생겨나면 저녁에 죽을 정도로 급성 반응을 나타냈다고 합니다. 페스트는 치사율이 아주 높았습니다. 선페스트는 70%, 폐페스트는 거의 100%에 가까운 치사율을 보였다고 하니까요. 당시 유럽 인구가 8천만 명에서 1억 명 정도였다고 하는데 2,500만 명 정도가 죽었다고 하니까 당시 인구의 1/4~1/3이 죽은 것입니다. 어떤 학자들은 인구의 반이 죽었다고도 추정합니다.

한번 생각해 보세요. 지금 우리나라 인구가 5,500만 명인데 1/4 이상이 죽는다면 1,400만 명 정도가 죽는다는 거예요. 유럽뿐만 아니라 아랍권, 북아프리카, 중국 역시도 그 정도의 치사율을 보였다고 하니, 중세의 페스트가 얼마나 무서운 질병인지 알 수 있죠.

자, 이 정도의 치사율을 가진 전염병이 몇 년 동안 유행한다면 어떤 일이 벌어질까요? 한 가족이 모두 죽고, 마을 사람이 모두 죽을 수도 있고, 도시 전체 인구의 70% 이상이 죽을 수도 있어요. 그리고 농촌보다는 도시가, 부자보다는 가난한 사람이 당연히 더 많이 죽었겠죠. 왜냐하면, 부자들은 영양 상태도 좋은 데다가 필요하면 시골 별장으로 피난을 가잖아요. 보카치오의 『데카메론』이 그렇게 나온 거예요. 『데카메론』은 남녀 10명이 열흘간 하루씩 주인장이 되어 이야기판을 만들기도 하고, 무도회를 열면서 지낸 이야기를 정리하는 형식으로 되어 있습니다. 그렇게 치명적인 전염병이 돌고 있는 상황에서 사람들이 심각한 이야기를 할까요? 가능한 한 쉬운 이야기, 또는 음담패설 같은 것을 하겠죠. 그 과정에서 별 이야기가 다 나와요. 특히 성직자와 수녀들에 대한 음담패설이 많이 나오는데, 이는 종교에 대한 믿음이 떨어졌다는 것을 보여 주는 것이죠. 이 책으로 보카치오는 이탈리아에서 르네상스 시대를 여는 선구자 가운데 한 사람이 됩니다.

자, 이제 전염병이 그 당시 사회를 얼마나 변화시켰는지 구체적으로 살펴봅시다. 농촌에서 1/4 정도의 인구가 사라졌다고 생각해 보세요. 그러면 농사를 어떻게 짓겠어요? 어떤 마을은 마을 사람 대다수가 죽었거든요. 그러니 땅은 넘쳐나는데, 일할 사람은 없는 상황이 되었지요. 그럴 때도 땅 주인인 영주가 큰소리를 칠 수 있을까요? 자영농에게 임대로 주겠죠. 그전까지는 강제로 데려다가 일주일에 세 번씩 영주의 땅에서 일을 시켰어요. 이러한 착취 방식을 '노동지대'라고 합니다. 전염병은 이러한 노동지대를 자기 땅에서 농사를 짓고 일부 생산물을 바치는 생산물지대나 화폐로 지대를 내는 방식으로 바꾼 것입니다. 그것도 영주가 부탁하면서. 게다가 사람이 적으니 농사를 지어도 곡물가가 떨어져요. 영주는 이래저래 죽을 맛이죠.

청중 4 노동지대, 화폐지대를 좀 자세히 설명해 주세요.

지주인 영주에게 지대를 내는 형식입니다. 중세 유럽 사회에서 초기의 지대 형태는 노동지대였어요. 봉건 영주가 장원을 완전히 지배하면서 땅을 영주 직영지와 농노의 땅으로 나누죠. 농노들은 일주일에 세 번은 영주의 땅에 가서 일하고, 나머지 시간에 자기 땅에서 일했습니다. 그러면 이 사람들이 영주 땅에서 일할 때 열심히 할까요?

여럿 아니요.

그래서 이 단계에서는 생산성이 좋지 않았어요. 그다음에 나온 것이 생산물지대입니다. 내 땅에서 일주일 내내 일하고, 생산물 일부를 영주에게 바치는 것이죠. 이러한 생산물지대는 노동지대보다는 진보적입니다. 최소한 인신 구속은 벗어나는 거잖아요? 그런데 생산물지대를 바치는 것도 쉽진 않아요. 운송비용도 들고 또 무거운 곡식을 나르는 것이 힘드니까요. 그런데 돈으로 내면 어떨까요? 아주 쉽죠. 거기다가 화폐가치가 떨어지면 영주는 힘이 더 떨어지는 거죠. 물론 이를 위해서는 화폐경제가 일반화돼야 한다는 조건이 있어야 하겠지요.

한편, 도시에서도 일할 사람이 적기 때문에 노동자들의 임금이 높아집니다. 인구가 많을 때는 노동자들이 일자리를 구하기 힘들었는데, 이제는 임금도 높아지고 현금을 주지 않으면 일도 하지 않으려고 할 것입니다. 그리고 원래 도시의 땅 주인은 영주였는데, 돈이 없으니 도시민들과 협의해서 돈을 받고 자치권을 팔아넘기죠. 이렇게 페스트는 봉건 영주의 힘을 밑바닥에서부터 붕괴시킵니다. 그래서 페스트를 중세를 마감하고 근대를 여는 시발점이라고 보는 것입니다. 물론 영주의 힘이 약화되는 것은 전쟁에서 몰살당한다든가 나중에 아메리카에서 금과 은이 유입되는 이유도 있겠죠. 그때 유럽에 있던 금의 5배, 은의 10배가 들어왔다고 했으니 그만큼 인플레이션inflation이 심했겠죠. 인구가 많으면 영주가 유리했겠지만, 인구가 적고 사회·정치적 힘도 지속적으로 약해졌기 때문에 도시와 부르주아의 힘이 강해질 수밖에 없었던 것입니다.

그러면 종교 권력은 어떻게 되었을까요? 중세의 귀족에는 두 가지 종류가 있어요. 세습 귀족과 종교 귀족. 페스트는 종교 귀족에 대한 사람들의 신뢰와 사회·정치적인 힘도 약화시켰습니다. 누가 더 많이 죽었을까요? 일반 사람들이 더 많이 죽었을까요? 신부가 더 많이 죽었을까요?

여럿 신부요.

신부가 더 많이 죽을 수밖에 없죠. 계속 사람들을 만나야 하고, 죽은 다음에 장례를 주관해야 하니까요. 그리고 신부들 가운데는 누가 더 많이 죽었을까요? 헌신적인 신부, 아니면 뺀질대고 도망가는 신부?

청중 3 헌신적인 신부요.

그때 신부들의 40~70%가 죽었다고 합니다. 심각한 것은 진짜 헌신적이고 역량 있는 신부들이 더 많이 죽는다는 거지요. 그러면 그다음에는 무능한 신부가 여러 가지 역할을 감당해야겠죠. 심지어 성서도 읽지 못하는 사람이 신부 노릇까지 했다고 합니다.

청중 5 질이 확 떨어졌겠네요.

그렇죠. 질이 완전히 떨어져서 사회를 이끄는 역량에 문제가 생길 수밖에 없죠. 페스트가 일어나기 전까지를 중세의 봄, 곧 전성기라고 했습니다. 인구는 늘어나고 문화는 융성하고, 그런데 이 페스트 하나로 박살이 난 겁니다. 원래 교회라는 것은 삶과 죽음의 문제를 관장해야 하는데, 페스트는 그것을 불가능하게 했습니다. 똑같이 죽으니까. 심지어 더 많이 죽어요. 이런 상황에서 교회를 신뢰할 수 있을까요? 사람들이 교회를 대하는 태도가 달라질 수밖에 없겠지요. 우선 사제의 말을 잘 안 듣죠. 그리고 사람들이 심각한 건 생각을 안 하게 됩니다. 『데카메론』에서 보이는 것처럼 음담패설을 하고, 날마다 노래하고 춤추고. 어차피 죽는 거 밤새워서 놀다가 죽겠다는 거죠. 그때 나온 노래가 여러분이 어렸을 때 부른 '앞으로 앞으로'라는 노래입니다. 이 노래를 하면서 밤새도록 춤을 췄다는 거잖아요.

청중 7 그 노래에 그렇게 오랜 역사가 있었군요.

자, 이런 상황이 되니까 종교의 권위 자체가 땅에 떨어졌습니다.
그러면 예술은 안 바뀔까요? 그림에 시체더미들이 등장하고 예수의 얼굴도 심각한 예수, 화내는 예수로 바뀌겠죠. 이제 말세가 다가왔으니까. 그래서 그때 어떤 일들이 벌어지느냐면, 수백 명 단위로 이 마을 저 마을 떠돌아다니면서 쇠로 만든 채찍으로 서로를 때리는 참회 유랑단이 많이 있었다고 합니다. 우리의 죄 때문에 이런 일이 벌어졌으니 참회한다고 "내 탓이오!" 하면서 서로 채찍질을 했다고 합니다. 이런 죄인들이 목욕하거나 손을 씻거나 옷을 갈아입겠어요? 그래서 당시 교회는 균의 배양실 역할을 합니다. 전염병의 원인이 신의 징벌이라고 생각했기 때문에 교회에서 예배를 드리고, 참회 유랑단은 도시와 도시를 다니니 페스트균이 확산될 수 있는 최적의 상황이 된 것입니다. 이러니 사람들이 종교에 대해 신뢰를 하지 못하게 되지요. 치사율 70%의 전염병이 돌고 있는 상황에서 사회적 규율이라는 것이 의미를 잃게 된 것입니다. 사람을 죽이거나 도둑질을 해도 처벌할 수 없었다고 합니다. 재판이 열릴 때까지 그 사람이 살아 있을 가능성이 없었으니까요. 이렇게 종교적 권력의 한계와 민낯을 그대로 드러내면서 중세사회를 붕괴시킨 바탕에 바로 페스트가 있었던 것입니다.

봉건 영주가 근본적으로 약화된 원인 가운데 하나가 인쇄술의 발달입니다. 옛날 성서 하나를 만드는 데 비용이 얼마나 들었을 것 같나요? 성서 한 권을 사려면 돈을 얼마나 주어야 했을까요? 중세의 성경은 양피지로 만들었습니다. 양의 가죽으로 만든 거예요. 양한 마리에 양피지 4장이 나왔다고 하죠. 성서 하나가 1,200장이었으니까 성서 한 권 제대로 만들려면 양 300마리 정도가 필요했다고 합니다. 그 당시 양 500마리를 가지고 있느냐가 큰 부자냐 아니냐를 가르는 기준이었으니, 엄청난 것이죠. 당시 성서 한 권을 사는데 500굴덴이 필요했다고 합니다. 1굴덴이 당시 노동자의 일주일 노임이었으니 500굴덴이면 무려 10년을 일해야 받을 수 있는 노임이죠. 그 가격을 감당할 수 있는 민중들이 있었겠어요? 따라서 성경은 부자들만 가질 수 있는 사치품이었습니다. 가난한 귀족들은 싱서를 살 수가 없었다고 하죠. 게다가 그 성서를 제대로 읽을 수 있는 귀족도 없었습니다. 당시 귀족들은 대다수가 문맹이었기 때문이죠. 따라서 중세에는 성서가 사회적 소통의 중심이 아니었습니다.

그런데 인쇄술이 발달하고 종이로 인쇄하게 되면서 근본적인 변화가 생겼어요. 양피지로 만들 때는 전문가 두 명이 붙어서 두 달이 걸려야 성서 한 권을 만들어 낼 수 있었는데, 구텐베르크가 종이에 인쇄하면서 일주일이면 500권을 찍어 낼 수 있었다고 합니다. 그래서 책값이 500굴덴에서 1.5굴덴으로 떨어졌습니다. 그러니 웬만한 집이면 성서를 가질 수 있지 않았겠어요? 16~17세기에는 1/3에서 1/2 정도의 가정에 성서가 있었다고 합니다. 하지만 읽을 수 있는 사람이 별로 없었으니까 마을마다 성서 읽는 모임이 만들어져서 한 사람은 읽고 나머지는 듣는 문화가 만들어졌다고 해요. 신교도들의 승리는 이러한 문화를 바탕으로 해서 가능해졌습니다.

우리가 또 하나 생각해야 할 것이 정보의 속도입니다. 특히 이 정보의 속도는 종교개혁에 큰 영향을 미칩니다. 인쇄하는 사람들이 루터의 논설을 담은 팸플릿을 하룻밤 사이에 만들어서 유통시켰는데, 과거의 네트워크를 통해 의사소통하는 교황청은 그 속도를 아예 따라갈 수 없었다고 합니다. 한 사람의 루터는 대응할 수 있지만, 인쇄술을 통한 정보의 신속한 유통으로 루터같이 생각하는 사람이 수천, 수만이 되고 수십만, 수백만이 되면 교황도 어쩔 수 없는 거죠.

일본에서도 전염병이 사회를 근본적으로 바꾼 역사적 사실을 찾아볼 수 있습니다. 일본에 가면 동대사라는 큰 절이 있습니다.

일본에서 가장 큰 절. 동대사가 만들어진 배경이 뭐냐면 전염병인 천연두입니다. 737~740년 사이에 천연두가 유행하는데, 당시 인구의 14%가 죽었어요. 심지어 최고 권력자들도 다 죽었어요. 당시 실권자인 후지와라 가문의 네 형제가 천연두로 다 죽었다고 하니 얼마나 심각했는지 알 수 있죠. 그러면서 기존 신도에 대한 근본적인 회의가 생겨나고 사람들이 불교를 적극적으로 수용하게 됩니다. 뭔가 기원을 해야 하는데 신도의 신들이 문제를 해결해 줄 수 있을 것이라는 믿음이 없어진 것이죠. 그래서 천황가에서는 시·군마다 절을 만들고 그것을 총괄하는 절로 동대사를 만듭니다. 당시 천황인 쇼무는 자기가 부처의 노비라고까지 말을 했습니다. 심지어 그의 딸은 천황이 된 뒤, 천황의 직위를 자기가 신임하는 승려에게 넘겨주려고까지 했어요. 그렇듯 불교 중심으로 일본의 문화를 바꾼 결정적 계기가 천연두였습니다.

코로나19가 드러내는 것들

이렇게 전염병은 전쟁 이상으로 세상을 바꿉니다. 전염병이 생기면 그 사회가 가진 문제가 다 드러나기 때문이죠. 이번 코로나19 사태도 그렇잖아요? 코로나 바이러스로 인해서 각 나라의 문제가 다 드러나고 있죠. 예를 들어 중국하고 일본은 어떤 문제가 드러났나요. 미리 공개하고 투명하게 함께 해결했으면 좋았을 텐데 권위주의적 억압 상지가 그것을 불가능하게 했지요. 우리나라는 나름 대로 잘 대처하고 있는데 그럼에도 여러 가지 문제가 생기고 있죠. 이제 그 문제를 함께 이야기해 봅시다. 먼저 이번 코로나19 사태에서 무엇을 느꼈는지부터 이야기해 봅시다.

청중 1 평소에는 이기적인 모습을 많이 보았는데 위기 상황이 오니까 건물주들이 임대료를 내리고 마스크도 나눠 주고 서로 도우려 하는 모습이 인상적이에요.

한국 사람들의 공동체적인 의식과 연대망이 살아 있다는 것을 느꼈다는 거죠? 그리고 그런 과정에서 기존에는 생각하지도 못했던 문제가 금방 이슈가 되잖아요. 재난 기본 소득이 그렇죠. 일반적 상황에서 이 문제를 이 정도 이슈로 끌어 올리려면 10년은 걸렸을 거예요.

청중 1 10년도 더 걸렸을 거 같아요.

이게 바로 전염병이 사회를 얼마나 바꿀 수 있는지 보여 주는 사례입니다. 아까 이야기했던 것처럼 전염병이 혐오와 공포를 강화시키느냐 약화시키느냐가 중요한데, 우리 사회의 여러 가지 시스템이 과연 어떻게 작용하고 있는지 살펴볼 필요가 있어요. 우리 사회에서 세계적으로 앞선 시스템은 문제를 해결하는 데 기여하고 있고, 그렇지 못한 시스템은 발목을 잡고 있습니다. 과연 어떤 시스템이 문제를 해결하는 데 도움이 되고 있을까요. 예를 들어 정치적 결정 과정의 민주성, 그것은 투명성과 공개성으로 나타나고 있죠. 언론의 왜곡 보도 속에서도 국민이 올바른 판단을 하는 것은 촛불 동맹의 힘일 것입니다. 지난 20여 년 동안 광우병 문제에서부터 세월호, 메르스 등에 이르기까지 우리 국민은 안전에 대한 엄격한 기준을 정부에 요구해 왔고, 촛불집회를 통한 연대와 승리의 경험이 우리 사회의 민주화를 퇴행시키지 않고 국가적 방역체계를 확립하는 힘이었던 것입니다.

또 우리의 전통문화, 어려울 때 나서서 서로 돕는 문화, 그리고 건강보험 등 미국과 비교해서 상대적으로 평등한 한국의 의료 시스템이 있습니다.

청중 5 의료 시스템이 세계에서 가장 뛰어나다고 하잖아요?

우리 의료 시스템이 여러 가지 문제를 안고 있는 것은 사실이지요. 공공의료기관이 취약하고 의사들이 정치적으로 보수적이기 때문에 끊임없이 의료 민영화를 시도하는 등 많은 문제를 안고 있지만, 그래도 건강보험 등 보편적인 의료 시스템과 진단 능력, 그리고 메르스를 통해 비극을 공유하면서 신속하게 대응할 수 있는 전염병 대응 시스템을 가지고 있는 것이 장점입니다. 한국의 의료 시스템, 민원행정 시스템, 인터넷, SNS, 대중교통 시스템이 세계적인 수준이고, 우리가 모두 알고 있는 것처럼 문제 해결에 도움이 되고 있죠.

이제 한국에서 문제 해결을 가로막고 있는 시스템이 무엇인지 알아봅시다.

청중 6 언론 시스템.
청중 7 사법 시스템이에요.
청중 2 광신적 종교문화요.
여럿 교육.

맞습니다. 그런 시스템들이 문제 해결의 걸림돌이 되고 있어요. 계속 분노와 혐오를 부추기고 잘못된 방향으로 끊임없이 유도하죠.

먼저 언론의 경우를 봅시다. 언론이 이 문제의 해결에 기여하기 위해서는 언론의 기능에 충실해야 하겠죠. 사실을 정확하게 보도하고, 정부를 비판할 권리는 전제되어야 하겠지만 가짜 뉴스나 왜곡된 보도를 통해서 패닉과 혐오, 공포를 부추겨서는 안 됩니다. 그런데 한국의 언론은 끊임없이 타자에 대한 분노, 정부에 대한 분노만을 부추기고 있어요. 언론이 이슈로 삼는 게 뭡니까? 처음에는 중국인 입국을 막지 않았다고 중국에 대한 혐오를 불러일으키는 것에 집중했고, 그다음에는 마스크를 통해 사람들의 마음을 가르려고 했습니다. 우리나라 생산량이 1,000만 개밖에 안 돼서 주당 2장을 분배하는 것이 현실인데도 계속 문제를 지적했죠.

그다음에는 진단키트의 효율성 문제로 가짜 뉴스를 만들었죠. 원래 진단키트가 세 가지 시스템이 있잖아요. 배양법은 정확하기는 하지만 바이러스를 배양해서 하는 것이기 때문에 실험실에서나 가능한 것이죠. 따라서 일반적으로 사용할 수 있는 시스템이 아닙니다. 그다음에는 유전자 진단법, 분자진단법인데 지금 우리가 사용하고 있는 방법이죠. 이것도 유전자를 배양해야 해서 2~3시간의 시간은 걸리는데 그래도 정확도가 95% 이상이기 때문에 일반적으로 사용하는 방법입니다. 우리 언론에서 문제로 삼는 건 항원 항체 진단법이죠. 15분 만에 진단할 수 있지만 50~70%의 정확성밖에 없어서 일반적인 방법으로는 사용할 수 없는 것인데 말이죠. 그런데 의학 전문 기자라는 사람이 이런 사실을 왜곡하면서 가짜 뉴스를 생산하고 다른 언론들이 그것을 복제합니다. 그러니 사람들이 공론장이라고 하는 매스미디어에서 정보를 얻는 것이 아니라 유튜브에서 정보를 얻고 있잖아요.

언론이 상황을 이렇게 왜곡하고 있음에도 불구하고 사람들이 어떻게 해서든 바른 정보를 공유하고 공동의 행동을 한다는 것은, 우리 사회의 민주적 역량이라고 볼 수 있습니다. 그래서 지금은 많은 사람이 해외 언론에서 균형 잡힌 정보를 얻고 있잖아요. 미국 언론을 보세요. 모든 매체가 트럼프에게 이야기하고 있잖아요. 왜 한국처럼 하지 않느냐고. 미국 언론이 좌우 할 것 없이 입을 모아 합창하고 있습니다.

청중 4 사법 시스템은 뭐가 문제지요?

사법 시스템에서 문제가 되는 것은 검찰이죠. 신천지의 문제를 봅시다. 신천지는 지속해서 사회적 문제를 일으켜 왔고 그것은 인권과 횡령 등, 수없이 많은 범죄와 관련되어 있을 거예요. 그러면 검찰에서 수사했어도 진즉에 해야 했잖아요. 그런데 지금까지도 검찰은 꼼짝도 하지 않죠. 표창장 하나 가지고서 전광석화처럼 압수수색을 하던 집단이 이 문제에 대해서는 왜 그렇게 관대할까요? 사회가 붕괴될 수도 있는 상황인데. 심지어 경찰에서 압수수색을 하려고 해도 검찰이 다 반려하고 있다는 것은 현재 검찰의 기능이 사회를 보호하는 게 아니라는 것입니다.

자, 그럼 이제 광신적인 종교문화에 대해서 알아봅시다. 현재 신천지 문제는 누구나 다 알고 있습니다. 하지만 진짜 큰 문제는 교회가 될 수 있겠죠. 신천지는 신도 수가 30만 명이었지만 교회는 1,000만 명이 넘잖아요. 그 가운데 30%만 계속 예배한다고 하더라도 300만 명인데, 만약 여기에서 문제가 생기면 우리 사회가 감당할 수 있을까요? 의료 붕괴가 일어날 텐데. 의료 붕괴란 결국 침상이 부족하고 의료인이 부족하고 진단장치가 부족해서 생기는 문제인데, 개신교에서 문제가 터지기 시작하면 의료체계가 감당할 수 없는 것이죠. 만약 서울에서 대구처럼 문제가 생긴다면 어떻게 될까요? 그런데 그들은 종교인들의 특권적 지위를 계속 요구하잖아요. 종교 행위에 일반법을 적용하면 안 된다고 주장하는데, 그 특권적인 지위를 누가 부여했을까요? 제국주의 침략 과정 속에서 얻은 개신교의 우월한 지위에서 나온 왜곡된 인식이라고 볼 수 있지 않을까요.

코로나19 시대,
교육의 본질을 다시 생각한다

청중 8 그러면 교육 문제는 어떤 것이 있을까요?

현재 교육부가 하는 행동을 보면 문제를 해결하는 것이 아니라 문제를 자꾸 만들고 있죠. 대책도 없이 개학하겠다고 하다가 비난 받고, 준비도 없이 온라인 교육을 하겠다고 하고 또 날마다 입장이 바뀌잖아요. 한마디로 교육부가 이 문제에 대해서 어떤 준비도 하지 않았다는 것을 보여 줍니다. 전염병에 대한 대책은 총체적이어야 해요. 따라서 메르스 이후 전염병 대책을 만드는 단계에서 대유행이 있을 때 교육기관에서는 어떻게 대응해야 하는지에 대한 대책도 마련했어야 하는데, 그렇게 하지 않은 거죠. 물론 현재 정부의 대책이 보건 의료적 한계를 벗어나지 못하는 문제도 있지만, 그렇다 하더라도 교육부가 무능하다는 것은 누구도 부정할 수 없습니다. 문제는 그들의 정책이 과거지향적인, 곧 우리가 버리려고 하는 잘못된 교육문화를 되살리는 방향으로 작용하고 있다는 것이죠. 현재 교육부가 이 문제를 다루는 방식은 코로나19 사태로 교육과정 운영이 방해받고 있어서 어떻게든 그것을 해결해야 한다고 판단하는 것으로 보입니다. 그러니 수업시수나 수업일수에 그렇게 강박적으로 집착하는 겁니다.

하지만 관점을 바꿔 보면 이 순간이야말로 가장 교육적인 순간이 아닐까요? 지금 몇 년 단위로 계속 바이러스와 관련된 사태가 생겨나고 있습니다. 노무현 정부 때의 사스, 이명박 정부 때 신종플루, 박근혜 정부 때 메르스, 문재인 정부 때 코로나19까지. 자, 이렇게 보니 대통령 임기마다 한 번씩 사태를 겪고 있군요.

앞으로도 이런 추세는 바뀌지 않을 것입니다. 한마디로 변수가 아니라 상수인 것이고, '이러한 상황에서 바람직한 교육 전략을 어떻게 세울 것인가'가 교육계의 과제입니다. 나는 이러한 조건에서 세 가지 선택이 있을 수 있다고 봅니다. 이 상황에 대한 적응 전략, 원상회복, 혁명적 전환.

적응 전략은 '뉴노멀'이라는 말속에 함축되어 있지요. 코로나19 이전으로 절대 돌아갈 수 없다는 전제 아래 물리적 거리두기 등 팬데믹 상황에서 만들어진 생활양식을 정상적인 것으로 보고 적응해야 한다는 것입니다. 이러한 상황에서는 원격교육과 콘텐츠 준비가 가장 중요하겠죠. 현재 한국은 교사들의 노력으로 원격교육에 대한 준비 정도는 세계에서 뒤떨어지지 않습니다. 하지만 원격교육이 삶과 교육의 불일치, 교육격차 등을 해결하지 못한다면 이 적응 전략은 문제를 해결하는 것이 아니라 더 악화시킬 수밖에 없습니다.

원상회복 전략은 코로나19 이전의 일상을 회복하는 것을 목표로 하는데, 과연 그것이 가능할까요? 앞서 말한 것처럼 팬데믹 상황에서 문제를 해결하는 데 걸림돌이 되는 시스템들이 대중 앞에서 자신의 민낯을 다 드러내고 있습니다. 모두의 관심이 집중된 상황에서 그 학습 효과는 절대적입니다. 언론이 그렇고, 검찰이 그렇고, 광신적인 신앙이 그렇고. 모두가 안전을 위해 예민하게 관심이 집중된 사안에서 계속 문제를 일으키는 영역에 대해서는 그 시스템을 바꾸어야 한다는 인식이 공유되어 가고 있습니다. 이렇게 드러난 문제를 해결하지 않고 단지 원상회복을 바라는 것은 대다수 시민이 원하지 않을 것입니다. 현재는 재정기획부 등 적극적인 재정정책을 통해서 문제를 해결해야 할 단위들이 선별 지원이니 뭐니 하면서 문제를 일으키고 있는데, 다음 선거에서는 이러한 경제권력을 비판하는 정치인들이 적극적으로 대두될 가능성이 큽니다. 이미 이재명 지사가 그렇게 움직이고 있지요.

이제 혁명적 전환에 대해서 이야기해 봅시다. 교육자들은 적응전략이나 원상회복 전략이 아니라 이 순간을 참다운 문제 해결의 기회로, 우리 사회의 구조적 문제에 대한 인식과 해결을 위한 실천의 계기로 삼는 전략적 사고를 할 수 있어야 합니다. 지금 이 불안한 팬데믹 상황에서 우리가 배우고 실천하는 것들이 인류의 미래를 결정할 것이기 때문입니다.

모든 교육 주체들이 공감 능력을 바탕으로 비판적 시각을 가지고 가정과 마을, 지역사회와 국가, 지구적 차원의 위기를 해결하기 위해 협업하는 능력을 기르는 것, 그것이야말로 이 시기에 우리가 만들어 가야 할 교육입니다. 다시 말하면 가족과 함께, 이웃과 함께 바이러스에 관해 공부하고 이웃과 함께 문제 해결을 위해 협력하는 것, 그것이 진정한 이 시대의 배움이죠. 삶과 학문, 삶과 배움의 불일치를 우리가 한국 교육의 문제라고 이야기하는데, 지금 이 순간보다 그러한 삶과 배움의 일치를 실현할 기회를 또다시 찾을 수 있겠습니까? 코로나19는 교육이 단지 지식의 전달이 아니라 우리가 함께 만들어 가는 실천과 그 결과가 신성한 배움이라는 걸 대중적으로 인식할 수 있는 계기가 되고 있다는 걸 깨달아야 합니다.

바이러스 사태가 가져오는 위험의 불평등 분배와 부담의 불평등 분배를 깨닫고 실천하는 것 역시 배움의 중요한 내용입니다. 누가 더 위험한지, 누가 더 힘든지, 아이들과 함께 토론하고 대화하고 실천해야 합니다. 부자보다는 가난한 사람이 힘들겠죠. 병에 대처하는 것도 그렇지만 먹고사는 문제까지. 집에서는 또 누가 힘들까요? 어머니가 힘들 것입니다. 그렇다면 아이들이 스스로 청소하고 엄마를 돕고 엄마랑 즐겁게 놀이를 하고 마을을 걷고 이웃과 협력하는 삶을 사는 것. 이번 기회에 그런 진정한 배움의 길을 열 기회로 삼아야 하지 않을까요? 그런데 이런 과정을 촉진하는 교육부의 정책은 없습니다.

자, 두 학교의 사례가 있습니다. 한 학교에서는 교사들이 모여서 개학할 때 아이들을 어떻게 통제해야 하는지 논의를 합니다. 아이들을 그 자리에서 꼼짝 못 하게 하고, 무엇을 만지지 못 하게 하고, 말을 못 하게 하고, 놀이를 못 하게 해야겠죠. 사상 유례없는 지옥이 펼쳐질 것입니다. 이런 상황에서 정신적인 문제가 안 생겨날까요? 현재 상태라면 이러한 권위주의적인 학교 운영과 학급 운영 방식이 건강과 생명이란 이름으로 되살아날 수밖에 없을 것입니다.

이와 달리 청주 한솔초등학교에서는 다른 상황이 벌어지고 있습니다. 아이들과 교실이 아닌 야외수업을 어떻게 할 것인지 논의하고 있습니다. 코로나19가 문제가 되는 상황에서 마을 나들이와 놀이를 어떻게 할 것인지 그 방법을 찾고 있습니다. 이 비상한 상황에서 서로 접촉을 최소화하면서 놀 수 있는 방법을 찾는 것이지요. 보물찾기, 발짝 뛰기, 비석치기, 강 건너기 등등. 그리고 아이들이 집에서 부모와 가족적 유대를 강화할 방안도 모색하고 있습니다. 부모가 어렸을 때 했던 놀이 배우기, 부모의 어렸을 때 이야기 듣기, 함께 마을 나들이하기, 마을길에서 있었던 사건 이야기하기 등등. 이렇게 된다면 가족과 마을과 학교가 함께 이 문제를 대처할 수 있는 교육적 역량을 만들 수 있겠지요.

교육과 관련되어서 또 하나 생각해야 할 부분이 있습니다. 왜 청년들이 이렇게 광신적인 종교에 빠지는가 하는 것이죠. 신천지의 사례를 자세히 살펴보면 우리 교육의 실패를 잘 알 수 있습니다. 청년들이 무엇을 요구하는 것일까요? 신천지는 자신의 활동들을 공동체적인 환대의 문화인 것처럼 보이게 하는 데 유능한 것 같습니다. 신천지는 한 사람을 포획하기 위해서 그렇게 노력을 기울이는데, 과연 우리 교사들은 한 아이를 돕기 위해서 일 년에 한 번이라도 관련된 사람들이 모여서 회의를 할까요? 아이들의 심리적 허기를 광신적인 종교가 채워 준다면 우리 사회의 미래는 없겠죠. 교육이 아이들에게 희망을 주지 못하는 것이 광신적인 종교문화에 빠져들게 하는 이유가 될 것입니다.

신천지의 운영을 보면 학교가 떠오르지 않나요? 끊임없이 시험을 보고, 14만 4천 명 안에 들도록 끊임없이 경쟁을 시키고, 보상을 약속합니다. 아이들에게 가장 익숙한 방식으로 운영을 하는 것이죠. 학교에서 민주주의를 배웠다면, 진정한 인간적인 교류와 환대의 문화를 경험했다면 인간을 그렇게 포획하는 방식에 대해서 혐오를 느낄 수밖에 없었을 것입니다. 그런데 세월호 때와 달리 이 사건과 관련된 교육적 반성은 일어나고 있지 않습니다. 왜냐하면 현재 교사와 부모들의 마음을 지배하고 있는 것은 공황과 공포이기 때문이죠. 그런 상황에서도 학원은 성황리에 영업하고 있습니다. 잘못하면 학원이 새로운 바이러스 감염의 진원지가 될 수 있는데도.

자, 이제 시간이 다 되었는데, 그래도 남은 문제가 있다면 함께 이야기해 봅시다.

서구중심주의를 넘어
−탈식민의 계기가 되고 있는 코로나19

청중 7 현재 인종차별과 혐오 문제가 대두되고 있는데, 이것은 어떻게 봐야 할까요?

우리가 생각해야 할 것은 바이러스는 언제 어디서든 생겨날 수 있는 문제라는 것이지요. 따라서 문제가 생겼을 때 우리는 두 가지 태도를 취할 수 있습니다.

하나는 문제 해결을 더 어렵게 하고 마치 엉킨 실타래처럼 모든 것을 꼬이게 하는 접근 방법입니다.

"바이러스로 인해 전염병이 생겼다."

"누구 때문에 생겨났는지 찾아내 책임을 묻자!"라고 하는 것이죠.

또 다른 접근 방법이 있습니다.

"바이러스로 인해 전염병이 생겼다."

"이 문제를 해결하기 위해서 온 인류가 어떻게 힘을 모을 것인지 이야기하자!"

우리가 바이러스로 인한 전염병에서 벗어날 수 없다면 여기에 대응할 수 있는 인류 공동의 시스템을 만드는 것이 가장 중요합니다. 여기서 중요한 것은 소위 앞선 나라, 한국이나 미국처럼 기술적으로 앞서고, 재정적으로 여유 있는 나라들이 전 세계적 연대에 앞장서는 것이죠. 가난한 나라는 바이러스 감염이 발생하면 대처할 능력이 없습니다. 전염병은 한 나라에서 해결된다고 한들 다른 나라에서 해결되지 않는다면 계속 문제가 발생할 수밖에 없습니다. 따라서 문제를 해결하려면 발견부터 대응까지 전 세계적인 동시 행동이 가능해야 합니다. 이를 위해서는 전 세계 바이러스 기금 같은 것이 만들어져서, 가난한 나라에 대해서는 장비와 기술 지원, 교육 훈련에 이르기까지 모든 지원을 해야 하겠죠. 그런데 이러한 세계적 협력에 앞장서야 할 힘을 가진 미국과 중국이 서로 싸우고만 있으니 문제를 해결할 정치 영역이 가장 큰 걸림돌이 되고 있습니다. 이 팬데믹이라는 인류의 비극이 잘못된 정치로 인해 더 심각해지는 것입니다.

하지만 나는 이 힘든 상황 속에서도 희망을 가지고 있습니다. 작년 반일 불매운동은 일본으로부터 자립, 지식과 존재의 해방이라는 계기를 열었습니다. 이번 코로나19 사태는 서구중심주의, 서유럽중심주의를 깨는 계기가 되고 있죠. 서양에 대한 우리의 환상이 다 깨지고 있지 않습니까. 오히려 그들이 우리가 하는 것을 경이의 눈으로 보고 있잖아요. 보기를 들면, 요즘 미국 사람들이 미국 정부에 대해서 '대중교통 한국처럼 해 줘, 의료 시스템 한국처럼 해 줘.' 이렇게 이야기하고 있는 거잖아요. 한마디로 사회적 시스템 차원의 한류가 확산되고 있습니다. 학자들과 정부 지도자들이 한국 사례를 배우려고 노력하니 기존의 문화적 한류보다 10배, 100배의 효과가 있겠죠. 이제 서양 시스템이 합리적이고 과학적이라는 것은 그저 그들이 먼저 간 것이지 서양인들이 우월해서 그런 것이 아니라는 것을 증명하고 있는 것입니다. 따라서 이번 팬데믹은 식민지를 경험한 나라가 제국주의 국가들, 소위 선진국들을 넘어서서 세계에 빛을 제공하는 문명의 전환점이 되는 사건이기도 한 것입니다.

옛날에 우리가 독립운동을 할 때는 정치적 독립이 일차적이었습니다. 경제적인 문제는 일단 정치적 독립을 하고 나면 어떤 형태로든 해결 방도가 있으리라고 봤던 것이죠. 하지만 정치적 독립을 하고 보니까 경제적인 예속이 얼마나 심각한지 드러났습니다. 경제적으로 독립하지 않는 한, 다시 그들의 지배를 받을 수밖에 없는 상황에 처했던 것입니다. 게다가 경제적 지배는 그들에 대한 선망과 연결되어 있습니다. 일본 제품이 좋다는 뿌리 깊은 선망, 또 시민의식이나 모든 측면에서 그들이 앞서 있다는 열패감 같은 것들을 벗어날 수 없었던 것이죠. 그래서 경제적 자립은 사고의 자립,

지식과 존재의 해방과 연결됩니다.

　지금 우리 학문과 지식은 서양에 의존하고 있습니다. 특히 교육은 더 심하죠. 교육과정의 핵심 내용이 서양에서 온 것을 전달하는 것입니다. 그래서 우리는 교육을 많이 받을수록 서양 중산층 백인의 의식을 가지게 되어 있습니다. 이러한 상황에서 정체성이나 자존감을 형성하긴 어렵습니다. 따라서 교육하는 사람들은 근본적으로 생각을 바꿔야 합니다. 의료는 우리가 만든 정보와 시스템을 발신하고 주도하는데, 왜 교육은 맨날 외국 것만 끌어들이려고 하는지. 서양의 것은 조건 없이 수용하고 공감하고 존중하면서 우리 것은 의심하고 불편해하고 거부하는지. 자기 것을 부정하고 불편해하는 의식이 바로 지식과 존재의 식민성입니다. 다시 말하면 존재의 식민성은 나는 서양인보다 부족해, 서양인들은 우리를 가르칠 수 있고 우리보다 우월하다고 하는 인식 자체입니다.

　서양인과 우리는 역사적 경험이 다르기 때문에 세상을 대하는 태도 자체가 다릅니다. 서양인들은 '우리가 세상을 이끌고 너희들은 우리를 따라와야 한다', '현재 너희들이 사회 발전에서 거치는 과정은 우리가 옛날에 다 거쳤다'는 식의 우월감과 함께 자기들이 세상을 이끌어야 한다는 제국주의적 리더십을 가지고 있습니다. 이와 달리 식민지를 경험한 사람들의 의식과 실천은 식민 상처로부터 시작합니다. 무시당하고 거부당하고 부정당하는 온갖 차별과 혐오의 대상이 된 바로 그 몸에서 출발할 수밖에 없는 것이죠. 따라서 제3세계 사람들은 자기 몸에 새겨진 식민성에 대한 성찰을 통해서 새로운 탈식민지 패러다임을 형성할 수 있는 존재입니다.

이러한 패러다임이 대중적으로 형성되려면 역사적 세기가 있어야 하는데 현재 코로나19 사태가 그러한 계기를 제공하고 있다고 생각합니다.

그에 비해 서양인은 그들이 가지고 있는 우월감을 없애야 진정한 식민성의 탈각이 가능할 텐데 과연 그것이 가능할까요? 그들 스스로는 할 수가 없을 것입니다. 제3세계의 목소리를 들음으로써 '그랬구나, 우리가 그렇게 상처를 주었구나!'라고 뼈저리게 느껴야 합니다. 그래서 나는 세계적 차원의 탈식민지 과정은 장기적인 과정이 될 수밖에 없다고 생각합니다. 가해자와 피해자가 다 같이 참여하면서 함께 바꿔 가는 과정일 수밖에 없는데, 가해자가 먼저 바뀔 리가 없으니 피해자가 치고 나가면서 그들에게 새로운 모델을 보여 줘야 하기 때문이죠. 그러한 본보기를 우리가 코로나19에 대한 대처를 통해서 세계에 보여 주고 있습니다. 만약 우리의 경험이 없었다면 세계는 중국을 따라갈 수밖에 없었을 것입니다. 전 세계가 거의 합창하듯이 '한국처럼 하자'는 모습에서 우리는 자부심을 가져야 하지만 동시에 우리 사회의 잘못된 시스템에 대해 비판적 인식을 하면서 역사적으로 전진하는 것, 그것이 우리 앞에 놓인 과제입니다.

코로나19 시대
배움의 빛, 마을배움길

청중 6 우리 마을배움길 교사들은 어떻게 하면 좋을까요?

앞서 얘기했던 것처럼 전염병은 그 부정적 특징을 통해 혐오, 광장공포증, 패닉, 권위주의 추구 등 여러 가지 사회 현상으로 나타납니다. 현재 교육계에서는 그러한 현상이 총체적으로 드러나고 있죠. 공무직과 교사들의 갈등은 혐오를 내재하고 있습니다. 참교육을 목표로 협력하는 시스템이 아니라 서로 이해관계를 가지고 갈등하고 있기 때문이죠. 아이들과 부모들은 만남을 두려워하는 광장공포증에 빠져 있고, 자신이 무엇을 해야 할지 몰라 패닉에 빠져 있습니다. 교육부와 관리자들은 모든 문제를 일방적으로 결정하고 있어 심각한 교육 파시즘을 예고하고 있죠. 상황이 이렇다 보니 교육 주체들이 서로를 비난하고 있습니다. 부모들은 교사들을 비난하고, 교사들은 아이들을 비난하고, 교육 관료들은 교사들한테 책임을 미루고 국민은 교육계를 비난하죠. 팬데믹 상황에 대한 전체적인 통찰력과 문제를 해결하기 위한 비전이 공유되지 않기 때문입니다. 이러한 상황에서 가장 중요한 것은 기본으로 돌아가는 것입니다. 우리 마을배움길 선생님들은 그 해답을 간단하게 찾을 수 있죠.

청중 5 배움이 책에 있는 지식의 전달이 아니라 아이들의 관계, 요구, 경험, 권리가 존중돼야 한다는 것. 그 방법은 놀이와 나들이, 마을의 자연과 역사, 문화적인 접근을 통한 배움이 아닐까요?

그렇죠. 지금까지 우리는 20여 년 동안 아이들이 맺고 있는 관계와 의미로부터 배움을 실현하기 위해서 노력해 왔습니다. 그리고 지금, 이 코로나19 사태는 그러한 우리의 실천을 더욱 구체적이고 절실하게 요구하고 있다고 생각합니다. 가장 중요한 사실은 아이들이 지금 마을에 있다는 것입니다. 모두가 알고 있듯이 온라인 상황에서 지식전달 교육은 그 효과가 의심스럽고, 서로 간의 관계를 힘들게 할 것입니다. 이런 상황에서 교육이 효과를 가지려면 아이들이 스스로 탐색하고 항상 움직일 수 있는 주체적인 배움이어야 합니다. 따라서 수용이 아니라 발신이 중심이 되는 교육과정이 필요하지요.

현재 초등학교 1, 2학년 과정은 '나, 집, 이웃, 마을'을 탐색하게 되어 있죠. 이러한 교육과정이 제대로 운영되려면 교사가 마을을 잘 알아야 할 뿐만 아니라 부모 역할도 중요합니다. 부모들이 아이와 손잡고 골목길을 걷고, 이웃을 이해하고, 마을 역사와 땅이름을 알고, 자신이 살고 있는 마을을 이야기할 수 있는 아이로 성장시킬 수 있어야 합니다. 교사의 역할은 자신이 알지도 못하는 마을에 대해 일방적으로 가르치는 것이 아니라 부모, 마을 사람들과 함께 협력하면서 함께 배우는 과정을 기획하는 것이죠. 이것이 가능하려면 교사가 마을을 알고, 이야기할 수 있어야 합니다. 그렇게 된다면 대면 수업이든 온라인 수업이든 인격적 관계를 바탕으로 스스로를 표현하고 연대하는 과정이 될 수 있으므로, 팬데믹 시대에 가장 균형 잡힌 교육이 될 것입니다.

다시 말하면 학교가 교육을 독점하고 있는 상황에서 새로운 교육 만들기는 교사가 아이들이 사는 마을을 찾고 공부하는 것에서부터 시작됩니다. 그동안 우리 마을배움길 모임 교사들은 마을 나들이, 놀이, 마을 역사, 땅이름 공부들을 통해 이러한 활동을 해 왔지만, 근본적인 한계가 있었습니다. 수업을 통해서 진행했다는 것이죠. 그러다 보니 한 아이, 한 아이의 경험이 존중되지 못했습니다. 그런데 이제 교사가 교실이 아니라 마을에 가서 만나지 않으면 안 되는 조건이 되었습니다. 진정한 관심, 인격적 만남이 아니면 우리 마을배움길 활동 역시 한 걸음도 내디딜 수 없는 상황이 된 것입니다. 따라서 마을 공부를 수업을 위한 배경이나 콘텐츠가 아니라 아이들의 삶 속으로 걸어 들어가는 과정으로 이해해야 합니다.

우리 회원 교사 한 사람, 한 사람이 마을의 탐색자, 탐험자, 다시 발견하는 사람이 되었을 때 진정한 마을배움길이 열리겠죠. 이러한 우리의 실천은 팬데믹 상황에서 발생하는 모든 문제를 해결하고 새로운 사회를 만들어 가는 데 가장 중요한 힘이 될 것입니다. 지난 10년 동안 우리는 그러한 실천을 머리가 아니라 몸으로 탐구해 왔으니 이길 것입니다. 이미 우리 많은 회원 교사들이 마을로 들어가고 있으니까요. 이 전염병의 세계적 유행이 없었어도 과연 그러한 성찰과 실천의 깊이를 가질 수 있었을까요?

여럿 아니요!

우리 마을배움길 모임은 코로나19에 대한 대응을 통해서 여러 가지 방면에서 전진할 수 있었습니다. 마을길을 걷는 것을 즐기고, 자신의 마을 경험을 되살리고, 원격교육과 대면 교육의 균형을 위한 다양한 시도를 할 수 있었기 때문이죠. 비극은 함께 공유하면 새로운 세상을 열 수 있는 힘이 되기도 합니다. 우리는 이번 사태에서 그것을 확인할 수 있었습니다. 시간이 많이 지났군요. 이제 강의를 마칩니다.

다 함께 (박수)

청중 9 바이러스에 대해 잘 모르고 막연한 두려움만 갖고 있었다는 생각을 했어요. 제대로 알고 대처하면 그것이 배움의 기회가 되겠다고 생각했습니다. 무엇보다 바이러스가 사회에 미치는 영향은 무척 인상적이었어요. 무조건 나쁘다고만 생각했는데 낡거나 문제가 있는 것을 무너뜨리는 측면이 있다는 것이 새로웠고, 암흑의 시대로 생각했던 중세를 끝내고 근대를 끌어낸 밑바닥 힘에 페스트라는 전염병이 있었다는 사실은 놀라웠습니다. 그래서 함께 연대하면 지금의 문제를 딛고 일어설 기회가 될 수 있겠다는 희망을 보았어요. 내가 교실에서 무기력하게 아이들을 기다리고만 있지 않고 아이들이 있는 마을로 갈 수 있도록 부추긴 것도 어찌 보면 코로나19였으니까요.

아이와 함께 걷는 즐거움

신용대

전화 한 통의 힘

    교직 경력 20년 만에 처음으로 2학년 담임을 맡았다. 2학년을 선호하는 교사들도 많지만 나는 고학년 위주로 담임을 해 왔다. 장교로 군 생활을 마치고 바로 발령을 받아서 군인들 다루듯 아이들을 통제하는 것이 익숙했던 초임 때 2학년 교실에 잠깐 보결 수업을 들어갔다가 너무 힘들었던 경험이 있었기 때문이다. 수업을 시작해도 교실을 돌아다니고 내 얘기는 듣지도 않고 자기 이야기만 하는 아이들을 어떻게 해야 할지 몰라 소리를 버럭 질렀고 무서운 얼굴로 고래고래 소리를 지르는 이상한 아저씨에 놀란 아이들은 하나둘 울기 시작했다. 결국 수업을 시작한 지 10분도 되지 않아 대부분의 아이들을 울리게 되었고, 나머지 시간은 아이들을 어르고 달래느라 진땀을 빼며 보냈다. 그 후에 저학년 보결 수업을 들어갈 일이 생기면 고학년 아이들을 대하듯이 하면 안 되겠다는 생각에 저학년 아이들에게 맞추기 위해서 노력했는데, 그것 또한 굉장한 스트레스였다. 그래서 2학년 아이들 한 반을 전부 울린 사건 이후로 나를 위해서나 아이들을 위해서나 저학년은 절대로 맡지 않아야겠다는 생각을 했다. 그 뒤로는 해마다 학년 배정을 할때가 되면 "교감 선생님, 저 저학년 맡기시면 전학 갈 겁니다"라는 농담 아닌 농담을 하곤 했다.

그런데 몇 년 동안 놀이와 나들이를 중심으로 아이들의 삶에서 배움을 시작하는 평화샘의 마을배움길을 아이들과 같이하고, 평화샘 교사들의 실천 사례도 보면서 올해는 나도 어떤 학년이든 할수 있겠다는 자신감이 생겨 저학년을 맡아 보기로 했다. 학년 발표가 난 후 2학년 아이들과 놀이하고 나들이하면서 즐겁게 함께 배울 생각에 기대에 부풀어 있었다.

그러나 2월 말 코로나19가 우리나라에서도 갑자기 창궐하기 시작하면서 개학이 일주일 연기되었다. 사실 3월 초까지만 해도 신종플루, 사스, 메르스 때처럼 학교 운영에는 큰 지장이 없을 거라는 생각을 하고 있었다. 일주일 정도 늦춰졌지만 곧 아이들을 만날수 있을 거라는 내 기대는 연이은 확진자 대량 발생과 이에 따른 개학 추가 연기에 산산이 부서지고 말았다. 아이들이 없는 빈 교실에 있으면 뭘 해야 할지, 뭘 할 수 있는지도 생각이 나질 않아 일이 손에 잡히지 않았다. 아이들과 함께하려는 마을배움길은 놀이와 나들이를 통한 관계 맺기가 본바탕인데, 아이들이 없으니 할 수 있는 게 아무것도 없어 막막하기만 했다.

"아이들을 직접 만날 수 없는 상황이라면 아이들과 통화하면서 잘 지내고 있는지, 새 학년이 되는 것에 대한 기대와 걱정은 무엇인지 물으면서 관계를 열어 보는 것이 어때요?"

아이들이 없는 상황에서 무엇을 하면 좋을지 마을배움길 교사들과 의견을 나누다 아이들과 전화 통화를 해 보자는 제안을 받았다. 순간 '아하 그렇구나!' 이렇게 간단한 방법을 왜 먼저 생각하지 못했을까.

해마다 3월이 되면 아이들이 우리 교실로 왔기 때문에 그냥 교실에서 가만히 기다리고 있으면 새로운 관계를 시작할 수 있었다. 늘 그래 왔기 때문에 그것이 어떤 의미인지 생각해 보려고도 하지 않았다. 교육 시스템에 따라 본인의 의사와 상관없이 반 배정을 받아 학교 가는 날이 되었으니 학교로 보내진 것일 뿐이고, 나는 교실에서 그런 아이들을 맞이해 왔다. 수동적으로 첫 만남을 시작하는 것에 익숙해져 먼저 다가가 관계를 열어야 한다는 생각조차 하지 않으며 살아온 것을 알게 되니 그동안 만났던 아이들에게 미안한 마음이 들었다.

아이들에게 3월 첫날은 담임교사는 어떤 사람인지, 같은 반 친구들이 누구인지도 모르는 채 불안함과 기대감을 동시에 가지고 새 교실을 찾아가야 하는 혼란스러운 날이다. 담임인 나도 아이들과 똑같은 마음으로 긴장이 되는 날이다. 그런데 아이들과 만나기 전에 먼저 전화로 안부를 묻고 새 학년에 대한 기대와 불안은 무엇인지 이야기를 들어 보면 아이도 나도 불안함은 덜고 만남에 대한 기대가 가득한 첫날을 맞이할 수 있겠다는 생각이 들었다.

부모 밴드에 아이들과 미리 인사를 나누고 싶다고 통화가 가능한 시간대를 알려 달라는 글을 남기니 바로 댓글이 올라오기 시작했다.

"이렇게 신경 써 주셔서 감사합니다~^^ ○○이는 오후 2시 이후 통화 가능합니다."

"선생님 안녕하세요? △△이 엄마입니다. △△이는 벌써 엄청 설레고 좋아합니다. 신경 써 주셔서 감사드립니다. 수, 목, 금 선생님 편하신 시간 다 가능합니다. 감사합니다~^^"

아이와 관계를 맺으려는 나의 작은 시도에 부모들의 호응이 너무나 좋아서 놀랍기도 했고 전화를 하기 전부터 자신감이 생겼다. 부모들의 반응에 힘을 얻어 동학년 교사들에게도 제안했더니 흔쾌히 동의했다.

"민석아 안녕? 민석이 2학년 담임 선생님이야. 민석이는 요즘 어떻게 지내?"

요즘은 어떻게 지내는지 새 학년에 대해 기대되는 것과 불안한 것은 무엇인지 재잘재잘 이야기를 잘하는 아이도 있었고, 수줍어서 제대로 말을 못하는 아이도 있었다. 그래도 아이들과 목소리라도 들으면서 인사를 나누고 지금 힘든 점과 학교에 나오면 하고 싶은 것들을 이야기 나누고 나니 그동안 나를 누르고 있던 알 수 없는 불안감이 해소되고, 새 학년을 시작할 힘이 생기는 느낌이었다.

"아이가 선생님과 전화 통화 시간을 무척 기다렸어요."

"선생님과 전화하고 나니 빨리 학교에 가고 싶어 해요."

개학 연기에 따라 변경된 학사일정 안내 같은 행정적인 사항이나 방역수칙 준수를 당부하는 학생 관리를 위한 의례적 통화였더라도 부모와 아이들이 이렇게 기대에 찬 반응을 보였을까?

전화로 아이들과 인사를 나눈 동학년 교사들도 힘이 난다는 반응이었다.

"아이들 목소리만 들어도 너무 귀엽고 사랑스러워요. 빨리 만나고 싶어요."

아이들과 관계를 맺기 위해서 먼저 다가가는 것이 어려운 일이 아니라 서로에게 힘을 주는 즐거운 일임을 단지 '전화 한 통화' 하면서 깨달았다.

아이들이 사는 마을로
내딛는 첫걸음

"친구들이랑 못 만나는 게 제일 힘들어요. 학교에 가면 친구들이랑 놀고 싶어요."

전화로 아이들에게 요즘 가장 힘든 것이 무엇인지, 학교에 나오면 가장 기대되는 것은 무엇인지 물어봤을 때 구구단 외우기 같은 2학년 공부에 대한 부담감을 이야기하는 아이도 있었지만 대부분은 친구와 관련된 이야기를 했다. 그나마 집에 형제자매가 있는 아이들은 식구들끼리 놀기라도 했지만 대다수 아이들은 바깥에 나오지도 못하고 집에만 있어야 하는 상황을 너무 힘들어했다. 형제가 있는 아이들도 크고 작은 다툼 때문에 힘들어하는 경우가 있어서 얼른 친구들을 만나고 싶어 했다.

"우리 반은 놀이도 많이 하고 바깥에 나들이도 자주 나갈 거예요. 부모님 말씀 잘 듣고 건강하게 잘 놀다가 개학하면 만나요."

아이들을 안심시키는 말이기도 했지만 스스로를 안심시키기는 말이기도 했다. 그때는 정말로 3월 말이면 상황이 진정될 거란 희망을 품고 있었다. 그래서 동료 교사들과 아이들이 나오면 거리를 두고 할 수 있는 비석치기, 제기차기 같은 놀이 목록을 뽑고 삼월 삼짇날에 할 세시풍속, 학교와 마을을 나들이하는 수업에 대해 이야기하면서 아이들을 만날 날을 손꼽아 기다렸다. 그러나 상황은 날이 갈수록 나빠졌고 결국 4월까지 개학이 또 연기되었다.

또 3월 초처럼 무기력하게 기다려야 한다는 절망에 빠져들 무렵이었다. 이번에는 마을배움길 교사들이 아이들이 사는 마을로 나가 보자는 제안을 했다. 교사가 마을로 가서 아이들과 일대일로 함께 걸으며 마을을 탐색하자는 것이었다. 코로나19 상황에서도 아이와 관계 맺고 배움을 찾을 수 있는 좋은 방법이었지만, 내가 사는 용인을 비롯한 수도권에서 확진자가 계속 나와서 선뜻 나서기가 망설여졌다. 마을에서 아이들을 만나 행복했다는 다른 지역 교사의 사례는 정말 부러웠지만, 그건 그 지역에 확진자가 거의 없어서 가능한 일로 보였다.

며칠을 고민하다가 내가 아이들이 사는 마을로 나가 보길 꺼리는 진짜 이유는 무엇인지 생각해 보았다. 코로나19 감염도 걱정이었지만 혹시라도 내가 감염원이 되어 바이러스를 전파하고 다니면 어쩌나 하는 불안함이 더 컸다. 확진자가 발생하면 모든 동선이 공개되고 그에 대해서 온갖 비난이 쏟아지는 상황도 겁이 났다. 또 요즘 같은 시기에 아이들을 만나겠다고 나서면 위험한 일을 벌인 다고 부모들에게 비난을 받지는 않을까 하는 걱정도 있었다.

하지만 코로나19 바이러스 감염은 질병관리본부에서 안내하는 예방수칙을 잘 지키면 충분히 예방할 수 있고, 마을 나들이는 부모들에게 제안해서 원하는 사람과 하면 될 일이었다. 아이들이 나올 수 없다면 나 혼자서라도 아이들이 사는 마을을 탐색하면 되지 않을까. 결국 내 발목을 붙잡고 있는 것은 코로나19 바이러스가 아니라 혹시라도 책임을 져야 할까 봐 걱정하는 소극적인 태도였다. 이렇게 생각하니 당장이라도 마을로 나가 아이들을 만나고 싶었다. 그런데 부모들에게 갑자기 제안하면 받아 줄 사람이 많지 않을 것 같았다. 우선 혼자 나들이하며 발견한 것들을 공유하면서 자연스럽게 아이들과 일대일로 마을 나들이를 하고 싶다는 제안을 해 보기로 했다.

우리 학교는 아파트로 둘러싸여 있어서 언제든지 아이들이 사는 마을을 쉽게 둘러볼 수 있다. 처음 길을 나설 때만 하더라도 더이상 뭐 볼 것이 있겠나 하는 마음이었다. 왜냐하면 이미 3년 전에 우리 학교로 옮기고 나서 해마다 아이들을 데리고 1단지부터 5단지까지 다 돌아보았기 때문이다. 첫해에 아이들과 마을 나들이를 하면서 단지별 특징을 파악하고 나서는 단오에 쑥을 찾으러 갈 때는 3단지로, 장마철에 피어나는 신기한 버섯을 만나러 갈 때는 4단지로 나갔다. 논에서 벼가 자라고 오리와 백로가 날아드는 모습을 보려면 5단지 뒤쪽 논으로 나가면 됐고, 1단지는 5단지로 가는 길목이라 오가면서 아이들과 같이 둘러보곤 했기에 나름 아이들이 사는 아파트 단지는 잘 알고 있다고 자부하고 있었다. 20분 정도면 아파트 단지 하나는 충분히 살펴볼 수 있을 것만 같았다.

그런데 4단지 입구에 있는 아파트 간판석에서 '2002년 건축대상 수상 아파트'라는 문구가 눈에 띄었다. 몇 년을 출근길에 매일같이 봤으면서도 처음 알게 된 사실이었다. 그 순간 이제까지 내가 관심이 있는 것, 아이들에게 보여 주고 싶은 것들만 보러 다녔기 때문에 무심코 지나쳐 버린 것들이 많았음을 깨달았다. 그래서 처음 가 보는 곳이라는 생각으로 자세히 봐야겠다고 마음먹었다. 낯선 곳을 탐색하는 마음으로 하나하나 살펴보니 신기하게도 새로운 것들이 계속 보였고, 그동안 보지 못했던 것들을 발견하는 재미에 작은 아파트 단지 하나를 살펴보는데도 한 시간이 금방 지나가 버렸다.

4단지를 시작으로 아이들이 사는 아파트 단지를 하루씩 돌아보니 그동안 몰랐던 단지별 특색도 눈에 보였다. 1단지는 화단마다 심어 놓은 살구나무가 인상적이었고, 3단지는 다양한 나무들을 조화롭게 심어 놓아 벚나무와 산벚나무, 목련과 백목련, 자목련 등 비슷한 나무들끼리 비교하는 맛이 있었고, 4단지는 단지 중심에 벚나무 길을 멋지게 조성해 두었다. 단지 안으로 실개울이 흐르도록 만들어진 5단지는 산과 들에 가까워 그야말로 자연과 어우러지는 환경이었다. 단지마다 지니고 있는 다른 특징들을 발견하고 탐색하는 과정이 너무도 재미있었다. 그날그날 마을 나들이에서 발견한 것들을 사진에 담아 학급 밴드에 글과 함께 공유했다.

"이 길을 아이들과 다녔더라면 얼마나 좋아했을까 하는 생각이 드네요.”

“측백나무가 저렇게 이쁜 꽃이 피는지 몰랐네요. 사진 보니 봄이 진짜 여기저기 왔구나 싶어요. 학교 주변을 선생님과 아이들이 함께 돌아보았으면 좋았을 텐데 참 아쉽네요.”

아직 얼굴도 못 본 담임이 아이들이 사는 마을에 관심을 가지고 탐색하는 모습에 부모들은 반가워했다. 아이들이 사는 마을을 걸으며 라이브 방송을 할 때는 실시간 댓글뿐 아니라 아파트 베란다에서 ‘선생님!’ 하고 소리치면서 반갑게 인사하는 아이들도 있었다. 혼자서 마을을 탐색하는 내 모습을 좋아하는 부모들과 아이들 덕분에 불안한 마음은 사라지고 아이들과도 함께할 수 있겠다는 자신감이 생겼다.

부모들에게 마을 나들이에 대한 생각을 물어보려던 때에 마침 교과서를 가정에 배부하라는 지침이 내려왔다. 현관 앞에서 교과서와 함께 공깃돌, 비석치기 등 놀잇감을 나눠 주며 아이들은 집에서 어떻게 지내는지, 아이들이 가장 힘들어하는 것은 무엇이고 부모들이 힘든 점은 무엇인지 이것저것 물어보았다. 전화와 밴드로 미리 소통한 덕분인지 처음 만나는데도 반가웠고 편하게 이야기를 나눌 수 있었다. 뒤에 대기하는 부모가 없을 때는 한참을 아이에 대해 수다를 떨기도 했다. 예전 같으면 학부모총회가 부모들과 첫 만남이었다. 그날은 학부모회, 녹색학부모회 등 각종 학급대표를 뽑아야 해서 부탁하는 나도 참석하는 부모도 모두 부담스러운 날이었다. 그런 상황에서 아이에 대해 부모와 개별적으로 이야기할 수는 없었다. 그런데 올해는 역설적이게도 코로나19 덕분에 첫 만남에서 부모와 아이에 대해 이야기를 나눌 수 있는 기회가 생긴 것이다.

길게 이야기 나눌 수 있었던 몇몇 부모들에게 아이와 일대일로 마을 나들이를 하고 싶다는 이야기를 하자 다들 반기는 분위기였다. 저녁에 우리 반 밴드에 마을 나들이 신청을 받는다는 글을 올렸다. 확진자가 계속 나와 신청자가 많지 않을 거라는 내 생각과 달리 글을 올린 지 20분 만에 10명이 넘게 신청을 했고, 단 이틀 만에 우리 반 아이들 대부분이 신청을 했다. 그야말로 폭발적인 반응이었다.

함께 걸으면
마음문이 열린다

아이들과 만날 시간을 정하고 처음 마을로 나가는 날은 무척이나 설렜다. 목소리만 들었던 우리 반 아이를 직접 만난다는 설렘도 있었지만 아이에게 마을을 안내 받는다는 생각에 더욱 설렜다. 아이들을 집으로 데려다주며 이야기 나누는 일대일 나들이는 몇 번 해 봤지만 내가 손님이 되어 마을로 찾아가는 나들이는 처음이기 때문이었다. 게다가 교직 생활에서 처음 맡는 2학년 아이와 하는 일대일 나들이라 잘될지 걱정과 긴장도 많이 되었다.

작년까지는 내가 아이들을 데리고 마을로 나들이를 다녔다. '4단지에 버섯 찾으러 가자!', '용뫼산에 밤 주우러 가 볼래?' 하고 제안을 하고 같이 나가서 탐색하고 이야기를 나눴다. 아이들도 나도 그 시간이 즐거웠고 나들이에서 발견한 것들은 수업으로 연결이 되니 참 좋았다. 그런데 이번에 아이들이 사는 마을을 혼자서 돌아보면서 그동안 해 왔던 나들이에 대해서 다시 생각해 보았다. 우선 아이들 없이 아파트 단지를 돌아다니려니 익숙했던 마을도 마치 내가 이방인이 된 듯한 기분이 들어 낯설었고, 그 낯섦 덕분인지 새로운 것들을 더 많이 발견할 수 있었다. 처음에는 아이들을 만나면 내가 새롭게 발견한 것들을 알려 주고 싶었지만, 그렇게 하는 것은 마을에 사는 아이들을 무시하는 태도라는 생각이 들었다. 아이들에게 마을은 어떤 의미인지 아이의 입장에서 알아보려면 온전히 손님의 입장으로 가서 아이들의 이야기를 들어 보기로 마음 먹었다.

이야기꾼 태훈이

"태훈아, 안녕? 이제야 서로 얼굴을 보는구나. 너무 반가워! 선생님은 태훈이가 사는 마을은 잘 모르니까 태훈이가 안내해 주면 좋겠어."

"네? 어떤 걸 안내해야 돼요?"

"태훈이가 좋아하는 장소나 좋아하는 나무, 기억에 남는 일이 있었던 곳이어도 좋고 평소에 가 보고 싶었던 곳을 가 봐도 좋고."

2학년 아이라 선생님이 낯설어서 제대로 말을 안 하면 어떻게 할까, 아이가 안내할 것이 없다고 하면 어떻게 할까 하는 내 걱정과 날리 태훈이는 나들이를 나서자마자 자기 마을에 대해 이야기했다.

"선생님 이쪽으로 가면 산책로도 있고 개울도 있어요."

태훈이가 사는 5단지에는 쉰다랭이 골짜기에서 내려오는 개울물을 아파트 단지로 끌어들여서 만든 작은 개울이 있고, 그 개울을 따라 산책로가 있다. 5단지로 나들이를 갈 때면 빼놓지 않고 들르는 곳이라 익숙했지만 아이가 이끄는 대로 뒤따라 걸었다.

"선생님! 여기에 뭐가 있어요. 막 움직여요."

사마귀알집처럼 갈색으로 된 솜뭉치 사이사이에 검은 애벌레들이 알을 깨고 나와 꼬물거리는 모습을 발견하고는 나에게 물었다. 나도 처음 보는 애벌레들이라 자라서 나비가 될지 나방이 될지 아니면 다른 곤충이 될 건지 궁금해하면서 한참을 같이 관찰했다. 아이에게 안내를 받는 입장이니 내가 다 알고 있을 필요가 없었다. 그래서 아이에게 뭔가를 가르쳐야 한다는 욕심을 버리니 내가 모르는 것에 대해 부담스럽지도 부끄럽지도 않았고, 같이 궁금해하면서 즐겁게 탐색할 수 있었다. 아이들이 궁금해하는 것을 바로 알려 줬을 때는 느끼지 못했던 함께 같은 것에 몰입하는 즐거움이었다.

"선생님! 저기 파란색 꽃은 이름이 뭐예요? 되게 예뻐요."

산책로에 현호색이 무리를 이루어 탐스럽게 피어 있었다.

"글쎄? 이 친구는 이름이 뭘까? 태훈이가 발견한 꽃이니 태훈이가 이름을 붙여 보면 어떨까? 진짜 이름은 나중에 찾아보면 되고."

이름을 붙여 주자는 내 말에 태훈이는 현호색 앞에 쪼그리고

앉아서 살펴보기 시작했다. 바로 '○○꽃이요!'라고 이름을 붙일 거라 생각했는데 현호색 앞에서 떠날 생각도 없이 앉아 있기에 이름을 뭐라고 하면 좋겠냐고 다시 물어보았다.

"이름을 붙여 주려면 얘의 특징이 뭔지 자세히 봐야 할 것 같아요. 음~ 꽃은 보라색이고 줄기가 길게 자랐고, 아, 잎이 쑥을 닮았어요!"

그러고 보니 이파리가 갈라진 모양이 쑥하고 닮았다. 한 번도 그런 생각은 안 해 봤는데 태훈이 덕분에 새롭게 볼 수 있었다.

"꽃이 보라색이고 잎이 쑥을 닮았으니까 보라쑥이라고 할래요."

태훈이가 꽃을 탐색하는 과정을 보지 못했다면 '보라쑥? 이건

쑥이랑은 다른 종류 같은데? 다른 이름은 없을까?'라고 했겠지만, 함께 탐색하고 나니 '보라쑥'만큼 현호색이 가진 특징을 잘 잡아낸 이름은 없어 보였다. 현호색에 '보라쑥'이라는 멋진 이름을 붙여 주고 다시 걸으려고 하니 태훈이는 발뒤꿈치를 들고 살금살금 걷기 시작했다. 왜 그러느냐고 물어보니 혹시나 풀들을 밟을까 봐 그런다고 했다. 풀 한 포기에 이름을 붙여 주면서 관계를 맺고 나니 주변의 풀들이 모두 소중하게 느껴지는 것 같았다. 그 모습이 너무 사랑스러워 꼭 안아 주고 싶었지만 그렇게 할 수 없어서 너무 안타까웠다.

태훈이는 한 걸음 한 걸음 옮길 때마다 신기해 보이는 것, 궁금한 것들을 발견해서 질문했고 그것을 같이 탐색하느라 시간 가는 줄 몰랐다. 지나가던 길고양이도, 편마암 조경석의 줄무늬도 아이의 발길을 붙잡았고 그 하나하나가 다 이야깃거리였다. 겨우 50미터도 안 되는 거리를 같이 나들이하고서 시계를 보니 벌써 한 시간이 지났다. 시간이 남을까 봐 걱정했는데 오히려 시간이 너무 잘 가서 문제였다.

새침한 소은이

"소은이 안녕? 담임 선생님이야. 반갑다!"

이번에 만난 아이는 내가 낯설고 수줍어서 그런지 엄마 옆에 꼭 붙어 있었다. 담임이라고는 하지만 아이에게는 처음 만난 낯선 아저씨니 당연한 반응이었다. 태훈이에게 했던 것처럼 마을에서 좋아하는 곳을 안내해 달라고 부탁하니 말없이 집 근처 놀이터로 안내했다. 아이가 먼저 말을 하지 않으니 내가 이것저것 물어보았다.

"여기서 자주 놀아?"

"네."

"주로 누구랑 같이 놀아?"

"언니랑요."

"뭐 하고 놀 때 가장 재밌어?"

"시소요."

"그럼 시소 타 볼까?"

"아니요."

나는 계속 물어보고 소은이는 단답형으로 짧게 대답했다. 소은이와 친해지려면 시간이 많이 필요하겠다는 생각이 들었다. 놀이터에서 더 할 것이 없어서 다른 곳도 안내해 달라고 했더니 아파트 단지 후문으로 나가 텃밭으로 안내를 했다. 5단지 뒤로는 텃밭과 논이 있고 개울도 있어서 여러 가지 볼거리가 많다. 백로나 왜가리, 흰뺨검둥오리도 볼 수 있어 아이들과 자주 가는 곳이다. 나들이에 시큰둥한 아이들도 일단 거기만 가면 아주 좋아했다. 그래서 '여기는 텃밭이 있어요'라고 짧게 말하고 아파트 단지로 가려는 아이에게 슬쩍 운을 띄워 봤다.

"소은아, 저기로 더 올라가면 논도 있는데 가 본 적 있어?"

"엄마랑요."

"거기 가면 오리도 있던데 오리도 봤어?"

"오리요?"

오리가 있다는 말에 소은이가 동그란 눈을 반짝였다. 어쩌면 오리가 소은이와 내가 더 빨리 친해지는 데 도움을 줄 수 있을 것 같았다.

"우리 오리 만나러 가 볼까?"

논으로 가면서 오늘은 오리가 날아와 있지 않으면 어떻게 하나 살짝 걱정되기도 했는데, 다행스럽게도 논까지 가기 전에 개울에서 오리를 만날 수 있었다.

"오늘은 오리가 개울가에 나와 있네? 논으로 출근하기 전에 세수하러 왔나 보다."

소은이는 논으로 가는 길에 오리도 보고 냇물에 사는 물고기도 만났는데 신기하다는 듯 유심히 들여다보고만 있을 뿐 여전히 말이 없었다. 아무래도 나와 같이 있는 것이 불편해서 그런가 싶어서 얼른 집으로 보내야 하나 하는 생각도 들었다. 아파트로 돌아오는 길에 봄까치꽃이 소복하게 피어 있었다.

"우아! 예쁘다. 선생님 이거 사진 찍어 주세요."

"소은이도 전화기 있는데 직접 찍어 보면 어때?"

"제 거는 키즈폰이라서 켜지려면 시간이 오래 걸려요. 선생님이 찍어서 보내 주세요."

처음으로 소은이가 먼저 내게 말을 걸었다. 시계를 보니 아이를 만난 지 30분도 안 되는 시간이었다. 마음을 여는 데 시간이 필요한 아이도 있는데 내가 너무 조바심을 냈다는 생각이 들었다.

오리를 만나고 온 후 소은이는 5단지에 있는 중간 놀이터, 엄마랑 언니랑 같이 술래잡기하는 곳, 자기가 가장 좋아하는 벚나무도 소개해 줬다. 처음에는 더디 가던 시간이 아이와 이야기를 시작하니 순식간에 지나갔다. 나들이를 더 하고 싶었지만 다음 아이를 만나야 해서 끝낼 수밖에 없었다. 하루에 서너 명을 각각 한 시간씩 만나기로 약속을 잡은 것이 너무 후회되었다.

아이들과 일대일 마을 나들이를 처음 시작하는 날 재잘재잘 먼저 이야기하고 적극적으로 탐색하는 태훈이와 마음을 열기까지 시간이 필요한 소은이, 극과 극의 아이를 만난 덕분에 앞으로 만날 아이들과 나들이에 자신감이 생겼다. 이후에 만난 아이들도 태훈이처럼 적극적으로 이야기하는 아이도 있었고 소은이처럼 친해지는 데 시간이 걸리는 아이도 있었지만, 모두 나들이가 끝날 무렵에는 아이와 내가 서로 친해졌다는 느낌이 들었다.

관계를 이어 주는 데는 놀이만 한 것이 없다. 한바탕 놀고 나면 같이 놀이한 사람과 친해졌다는 느낌이 들 만큼 놀이는 관계를 이어 주는 강력한 힘이 있다. 그런데 이번에 느낀 것은 놀이할 때와는 다른 친밀감이었다. 아이가 온전히 자기의 이야기를 하고 내가 아이의 이야기에 귀 기울이며 나들이를 하고 나니 아이를 더 깊이 이해한다는 느낌에서 오는 친밀감이었다.

마을에서 찾은 보석들

교실에서 끊임없이 자기 관심사만 이야기하거나 묻는 아이는 수업을 방해한다고 생각했다. 반대로 그림처럼 조용히 앉아서 묻

는 말에만 척척 대답을 하는 아이는 고맙고 반가운 존재였다. 그런
데 마을 나들이에서는 정반대였다. 자기 이야기를 적극적으로 잘
하는 아이가 더 빛나 보였다. 아이들의 경험과 궁금해하는 것에 대
해 이야기를 나누면 그것이 배움으로 연결되었다. 마을이 아닌 교
실에서 먼저 만났다면 적극적으로 자기 이야기를 하고 궁금한 것
을 바로 물어보는 보석 같은 아이들을 여전히 문제 있는 아이로
바라보았을 것이라 생각하니 아찔했다. 마을에서 빛나는 아이들을
만나며 그동안 교실에서 아이들을 수동적인 존재로 생각하고 일방
적으로 끌고 가려고 하지는 않았는지 반성하게 되었다. 그리고 아
이들이 마을에서 하듯이 학교에서도 적극적으로 자기 이야기를
할 수 있도록 귀 기울여 듣는 교사가 되어야겠다고 다짐했다.

　일대일 마을 나들이를 하고 나서부터 아이들이 사는 마을이
나에게 더욱 의미 있는 장소가 되었다. 코끼리 놀이터, 우주 놀이
터처럼 아이들이 부르는 놀이터 이름도 알게 되었다. 그리고 여기
는 수연이가 다니는 미술학원, 이 공원은 강현이가 사촌들이랑 놀
았던 추억이 있는 곳, 여기는 소은이가 나에게만 특별히 알려 준
비밀모임 장소 등 그냥 우리 학교 학구였던 곳이 아이들과 추억을
공유하는 곳이 되었다.

우리 동네가
최고야!

내가 살던 고향은~

마을배움길 모임에서 고향 마을 지도를 그려 보기로 했다. 친구들과 물고기 잡고 물놀이하던 개울, 술래잡기하면서 뛰어다녔던 골목들, 친한 친구네 집을 그려 보니 지도에 그리는 장소마다 있었던 내 경험과 이야기들이 새록새록 떠올랐다.

그렇게 완성한 마을지도와 다른 교사들의 마을지도를 보면서 함께 이야기 나누니 '맞아, 맞아!' 하면서 서로 공감하기도 하고 다른 점을 비교하기도 하면서 서로를 좀 더 깊게 이해할 수 있었다. 별것 아니라고 생각한 어린 시절 마을 경험과 관계가 지금의 나를 만든 밑바탕이었다.

학교에서 아이들이 사는 마을도 같이 이야기해 보면 좋겠다는 욕심에 내가 그린 마을지도를 교실에 붙여 놓았더니 아이들이 관심을 보이기 시작했다. 2학년 아이들이 보기에는 잘 그렸다고 생각하는지 선생님의 그림 솜씨에 감탄하는 아이도 있었고, 지도에 그린 것들이 무엇인지, 왜 그렇게 그렸는지 물어보는 아이도 있었다. 자연스럽게 마을지도를 같이 보면서 내가 어릴 때 이런 마을에서 이렇게 살았다고 이야기하니, 아이들이 모두 집중해서 재밌게 들었다. 아이들이 마을에서 어떻게 지내고 있고 자기 마을을 어떻게 생각하는지도 궁금해서 일주일 동안 가족과 함께 마을지도를 그려 보자고 했다.

일주일 뒤에 아이들이 그려 온 마을지도를 보면서 같이 이야기를 나눠 보았다. 일대일 마을 나들이를 할 때처럼 풍성한 이야기가 나올 줄 알았던 내 기대와 달리 아이들은 자기가 그린 지도를 가지고 이야기하기를 어려워했다. 자기가 좋아하는 장소나 나무를 그린 아이들에게 몇 가지 질문을 하면 간단하게 답하는 정도였다. 마을을 충분히 탐색하고 표현할 기회가 별로 없었던 아이들이 자기 이야기를 풍부하게 하기 어려웠을 텐데 내가 너무 서둘렀던 것은 아닌지, 마을로 나가면 이야기를 잘할 수 있지 않을까 하는 생각이 들어 아이들에게 마을 나들이 나가자고 운을 띄워 보았다.

"오늘 나들이는 어디로 갈까?"

"4단지로 가요!"

"5단지로 가요!"

마을 지도를 보면서 이야기를 나눈 후라 그런지 자기 마을로 나가고 싶다는 아이들이 많았다.

"그럼 친구들에게 자기 마을을 안내해 줄 수 있는 사람? 안내해 줄 수 있는 친구가 있는 마을로 가면 좋겠다."

막상 자기 마을을 안내해 보자고 하니 아이들이 머뭇거리며 주변을 두리번거렸다. 무엇을 어떻게 안내해야 하는지 잘 모르겠다는 눈치였다.

"여러분이 지도에 그린 것처럼 학교 올 때 다니는 길, 자주 가서 노는 곳, 가장 좋아하는 장소, 재밌는 일이 있었던 곳, 가장 좋아하는 나무 어떤 것이든 좋아요."

어떤 것을 안내하면 되는지 이야기하자 가장 먼저 마을을 안내할 수 있다고 자신 있게 손을 든 지윤이를 따라서 5단지로 나가 보기로 했다. 역시나 마을로 나가니 교실에서는 제대로 이야기하지 못했던 자기 마을 이야기들을 술술 풀어놓았다.

"저기는 월요일마다 열리는 장터예요. 엄마는 저기 과일가게에서 과일을 사요."

"5단지는 월요일이 장날이구나. 다른 단지는 무슨 요일이 장날이야?"

"4단지는 수요일이에요."

"3단지랑 1단지도 장날이 있지 않아?"

"우리 단지는 작년까지는 장날이 있었는데 지금도 하는지 모르겠어요. 코로나 때문에 그동안 안 했어요."

"5단지도 코로나 때문에 장터 안 하다가 얼마 전부터 다시 열렸어요."

아파트 단지 내 장터에 대해서 이야기해 보니 코로나19 때문에 많은 것이 멈춰 있음을 아이들도 잘 알고 있었다. 아이들이 학교에 나오기 전에는 코로나19 관련 안전교육을 어떻게 할 것인지, 안전수칙을 잘 지키도록 지도를 어떻게 해야 하는지 걱정들을 했다. 그런데 아이들이 마스크 쓰기, 손 씻기 같은 안전수칙을 스스로 잘 지켜서 다들 놀라워했다. 아이들은 이미 생활 속에서 코로나19가 어떤 영향을 미치고 있는지 코로나19에 걸리지 않으려면 어떻게 하면 되는지 배우고 있는데, 교사가 아직 가르치지 않았으니 아이들은 모를 것이라고 걱정하지 않았나 하는 생각이 들었다.

사방이 이야깃거리

"선생님! 저기에 뭐가 있대요!"

뒤쪽에서 아이들이 다급하게 불러서 가 보니 달팽이 한 마리가 벽에 붙어 있었다.

"이 달팽이는 왜 안 움직여요? 죽었어요?"

"지금 물기가 없어서 집에 들어가서 자고 있을 거야. 달팽이들은 물기가 없으면 집에 쏙 들어가 있어."

"왜 집에 들어가요?"

"지금처럼 햇빛이 비치고 더우면 물기가 없어서 움직이기 힘들고 말라서 죽을 수도 있어서 그렇지 않을까?"

"그럼 지금 물을 부어 주면 다시 깨어나요?"

달팽이를 깨우고 싶다는 태준이를 성진이가 말렸다.

"야, 지금 깨우면 조금 있다가 물이 말라서 달팽이가 죽을지도 몰라!"

"우리 단지에도 달팽이 있었으면 좋겠다."

"안 찾아봐서 그렇지, 달팽이 많이 있을걸?"

"그럼 나도 집에 가서 찾아봐야겠다."

벽에 착 달라붙어 있는 달팽이 한 마리에 아이들 모두가 관심을 가지고 이야기를 나누는 모습이 참 인상 깊었다. 교실에서 가르칠 때는 아무리 좋은 자료를 가지고 수업을 해도 좀처럼 보기 힘들었던 장면이기 때문이다.

5단지에 나온 김에 텃밭과 논 그리고 길옆에 작은 개울이 흐르는 쉰다랭이로 향했다. 얼마 전까지는 그냥 '5단지 뒤'라고만 부르다가 우연히 만난 마을 토박이 어르신 덕분에 이름을 알게 된 곳인데, 아파트 뒤쪽에 있는 작은 골짜기라 직접 들어와 보지 않으면 삭막한 아파트 숲에 가려 보이지 않는 곳이다.

"선생님, 여기 잠자리가 있어요!"

"달팽이가 여기도 있어요!"

풍성한 자연을 만나자 아이들은 여기저기서 소리 높여 '선생님!' 하고 불렀다. 아이들이 부르는 곳으로 가서 찾은 것을 같이 보고 있노라면 마치 보물이라도 찾은 듯 의기양양하게 '제가 찾았어요!'라고 이야기했다.

"선생님, 여기 나비가 죽어 있어요."

"아니야, 이건 나방이야."

"나비 아니야?"

"나비는 날개를 접을 수 있는데 나방은 날개를 못 접는대. 애는 날개를 안 접었잖아."

"날개를 못 접고 죽은 나비일 수도 있잖아."

다른 쪽에서는 죽은 나비를 발견하고 자기들끼리 나비인지 나방인지 열띤 토론이 벌어지기도 했다. 사진을 찍어서 교실에 있는 도감으로 나비인지 나방인지 찾아보자는 것으로 마무리가 되었고, 다른 쪽에서는 개울에 뭐가 있는지 들여다보는 아이들도 있었다.

마을에서 날개를 단 기쁨

"선생님, 저기 물고기가 있어요."

서율이가 가리킨 곳을 보니 익숙한 물고기 몇 마리가 빠르게 헤엄치고 있었다.

"저 물고기는 버들치 같은데? 선생님 고향에 가면 많아. 쟤들은 1급수에만 산다는데 여기서도 사는구나! 우리 동네에서는 중태라고 불렀어. 여기서 만나니 반갑네!"

"1급수가 뭐예요?"

"물이 얼마나 깨끗한지에 따라 1급수, 2급수, 3급수 이렇게 나눠. 저기 신갈천 가면 잉어가 사는데 걔들은 2, 3급수에도 잘 사니까 거긴 2급수나 3급수 정도 될 거야. 그래서 거기엔 버들치는 못 살아."

"그럼 여기 물이 깨끗하다는 거네요."

1급수라는 말에 아이들은 버들치가 헤엄치는 개울을 더욱 반짝이는 눈으로 들여다보았다.

"선생님, 저기 백로가 있어요."

논으로 시선을 돌리던 아이들은 왜가리를 발견하고 소리쳤다.

"저건 회색빛이 보이는 게 왜가리 같은데? 백로는 저쪽에 있네. 온통 하얀색이지? 신갈천에서 많이 봤는데 오늘은 운 좋게 여기서도 보네!”

사진으로만 봤던 백로와 왜가리가 눈앞에 보이니 아이들이 무척 좋아했다. 좀 더 다가가서 보니 논에는 오리들도 날아와 있었다. 달팽이에서 시작해서 백로에 오리까지 아이들의 눈길을 사로잡는 것들이 연이어 나타나자 5단지에 사는 태준이가 잔뜩 흥분한 목소리로 외쳤다.

“역시 우리 동네가 최고야! 인정?”

마스크를 쓰고 있어도 마을을 자랑스러워하는 표정이 다 드러났다. 나와 일대일 마을 나들이를 했을 때는 새로 발견한 것들을 신기해하면서 탐색하더니, 친구들과 같이 나오자 신기함을 넘어 마을에 대한 자부심으로 확장되었다.

“선생님, 백로는 여기서 뭐 해요?”

"오리들은 논에서 뭘 잡아먹어요?"

왜가리와 백로, 오리를 보면서 아이들은 저 새들이 여기에 왜 오는지, 논에서 뭘 먹는지, 어떤 소리를 내는지 저마다 궁금한 것들을 내게 물어보기도 했고 자기들끼리 나름대로 토론하기도 했다.

새들을 더 가까이서 보겠다며 논두렁으로 살금살금 걸어가는 서진이, 그렇게 가까이 가면 도망가 버린다며 말리다가 이내 자기도 살금살금 친구를 따라가는 아이들이 너무나도 사랑스러웠다. 논두렁에서 우렁이도 잡고 올챙이도 보고 주변에서 들려오는 새소리에 귀 기울이기도 하면서 까르르 웃고 감탄하며 마음껏 소리치는 아이들을 보니 이제야 봄이 온 것 같은 느낌이었다.

마을은 최고의 학교

넘치는 호기심과 즐거움으로 마을을 탐색하는 아이들을 보다가 문득 평화샘의 마을배움길을 하기 전 내 수업 모습이 떠올랐다. 예전처럼 교실에서 교과서를 가지고 수업을 한다면 어떤 모습일까?

'『여름』교과서 진도에 맞춰 사진과 동영상 자료를 준비해서 보여 주고 여름 날씨와 여름에 볼 수 있는 동식물의 이름과 특징에 대해서 이야기를 한다. 아이들이 경험한 여름에 대해서 이야기를 들어는 보겠지만 수업 초반에 동기유발을 위해서 한두 명의 이야기를 잠깐 듣거나 전체에게 여름과 관련된 경험이 있나 없나만 확인한다. 아이들이 물어보면 수업 내용과 관련된 질문에만 대답하고 그렇지 않은 질문은 무시하거나 쓸데없는 질문으로 수업을 방해한다고 잔소리를 하기도 하면서 수업 시간에는 꼭 필요한 말만 하도록 훈련한다. 아이들의 경험이나 생각을 묻기보다는 수업 내용을 잘 이해했는지 확인하는 질문을 한다. 원하는 대답이 안 나오면 왜 수업 시간에 집중을 하지 않느냐며 잔소리를 늘어놓고는 핵심 내용을 다시 반복해서 이야기한다. 그렇게 수업을 마치고 나면 동학년 교사들에게 아이들이 수업에 집중을 안 해서 힘들다며 하소연을 한다.'

여기까지 생각하니 한숨이 절로 나왔다. 코로나19 덕분에 마을과 마을 나들이가 가진 의미와 가치를 다시 한 번 깊이 생각해 볼 수 있었다.

교실을 벗어나 마을로 나와서 나들이하면서 자기 이야기를 재잘재잘하고 궁금한 것은 서로 물어보고 설명해 주었으며 토론도 벌였다. 아이들은 마을에서 계절과 자연을 온몸으로 느끼고, 어른을 만나면 인사하고, 자기가 발견한 것을 친구들과 함께 탐색하고 감탄하면서 즐겁게 배우고 있었다. 오늘 마을 나들이는 2015 개정 교육과정의 '자기관리, 지식정보처리, 창의적 사고, 공동체, 의사소통, 심미적 감성' 여섯 가지 핵심역량을 스스로 키우고 발휘하는 과정이었다. 교실에서 교과서로 배웠다면 여섯 가지 핵심역량을 이렇게 효과적이고도 즐겁게 키워 나가는 일은 어려웠을 것이다.

마을 나들이가 이어 준
사회적 형제자매

일주일에 한 번 홀수, 짝수로 나누어 등교하는 아이들과 수업을 하려니 시간이 너무 부족했다. 마을로 나들이를 나가서 같이 발견하고 탐색하는 시간을 아이들 모두 좋아했지만 일주일에 한 번 4교시 수업 시간 안에 각자가 가고 싶은 곳, 관찰하고 싶은 것을 다 살펴볼 수가 없었다. 온라인 수업 기간에 마을에서 자기가 좋아하는 것을 탐색하게도 해 보았지만 2학년들이라 어른들이 함께 나들이하지 않으면 할 수 없는 경우가 많아 안타까웠다. 방법이 없을까 고민해 보다가 방과 후에 아이들과 마을을 나들이하면 어떨까 하는 생각이 들었다. 마침 퇴근길에 마을을 탐색하는 중이었는데 아이들과 함께 다닌다면 그야말로 일석이조라는 생각이 들었다. 우리 반 밴드에 방과 후 나들이 계획을 설명하고 가족도 같이 갈 수 있으면 좋겠다고 제안을 했더니, 역시나 반응이 좋았다. 수업 시간에 나들이 가고 싶은 장소들을 정했는데 첫날 나들이에 나갈 아이들이 선택한 곳은 학교에서 500미터 정도 떨어진 신갈천이었다.

약속시간이 되기도 전부터 어디 있느냐고 독촉하는 전화를 받았다. 출발 장소인 우주 놀이터에 가 보니 예상보다 훨씬 많이 나와 있었다. 처음 신갈천 나들이에 가겠다고 했던 아이들은 여덟 명이었는데 언니와 형, 동생들도 오고 신청하지 않은 아이들까지 와서 23명이나 되었다. 작은 규모로 가볍게 다녀올 생각을 했는데 한 반 정도의 인원이 나와 당황스러웠다.

"엄마도 같이 갈 거지? 엄마도 같이 가. 응?"

혼자서 아이들을 데리고 갈 생각에 머릿속이 복잡해지는 그 순간, 우리 반 아이가 놀이터에 데려다주러 온 엄마에게 매달려 같이 가자고 졸랐다. 엄마도 같이 가자는 아이들 덕분에 다행스럽게도 우리 반 엄마 세 분이 같이 가기로 했다. 인원이 많을 줄 미처 예상하지 못해 미리 부모에게 부탁하지 않은 걸 후회하고 있었는데, 우리 반 아이가 바로 해결해 주니 정말로 고마웠다. 나는 앞에서 아이들에게 길 안내를 하고 엄마들은 맨 뒤에서 아이들을 챙기면서 걸으니 안전에 대한 부담이 사라졌고 아이들은 엄마와 함께 걸어가니 더 신이 났다.

마을길을 함께 걸으면 질문이 샘솟는다

20년 전에 처음 본 신갈천은 썩은 물이 흐르고 하수구 냄새가 올라오는 죽은 하천이었는데, 하수처리장을 따로 만들고 나서는 어른 팔뚝만 한 잉어도 살고 새들도 날아들고 있다. 신갈천 주변을 정비해 자전거길과 산책로를 조성해 놓은 이후에는 사람들이 많이 찾는 곳이 되었다. 아이들에게 신갈천에 자주 오느냐고 물어보자 처음 온다는 아이도 있었고 가족들과 자전거 타러 왔었다는 아이들도 있었지만, 오늘처럼 걸어서 왔다는 아이는 없었다.

"여기까지가 상갈동이고 신갈천을 건너면 신갈동이야. 기흥역이 있는 곳은 구갈동이고 우리는 지금 세 개의 마을이 만나는 곳

에 있는 거야."

"선생님이 사는 마을은 어느 쪽이에요?"

"나는 저쪽 신갈동에 살아."

신갈천에서 세 개 마을의 경계에 대해 이야기하고 상갈동이란 이름의 유래도 이야기하면서 신갈천 산책로에 들어섰다. 운동기구가 보이면 달려가 타 보는 아이, 너른 산책로를 질주하는 아이도 있었고 주변에 피어 있는 들꽃을 유심히 살피는 아이, 신갈천에 진짜 팔뚝만 한 잉어가 사는지 열심히 찾아보는 아이도 있었다. 예전처럼 아이들에게 뭔가를 보여 줄 목적으로 데려왔다면 사방팔방으로 흩어지는 아이들을 단속하고 집중시키느라 진땀을 뺐을 터였다. 하지만 그럴 필요가 없다는 걸 일대일 마을 나들이에서 배웠기에 마음이 편했다. 아이들은 원했던 장소에 와서 모두가 즐겁고 자유롭게 자기가 좋아하는 것에 몰두할 수 있었다. 그리고 저마다 관심 있는 것을 탐색하기 시작하니 자연스럽게 궁금한 것을 묻고 답하며 배움으로 연결이 되었다.

"선생님, 이게 하수도예요?"

산책로를 따라서 걷다가 신갈천으로 흘러 들어오는 복개천을 보고 나은이가 물었다.

"하수도가 아닐 것 같은데? 혹시 기흥레스피아 가 본 적 있니?"

"네, 엄마 아빠랑 가 봤어요."

"거기가 기흥지역 하수를 처리하는 곳이야. 여기서 좀 더 가면 있는 구갈 생태공원도 그렇고. 하수는 거기로 흘러가니까 이건 하수도가 아니고 옛날에 여기로 흐르던 개울일 거야. 쉰다랭이에 가면 개울이 흐르다가 5단지 도로 밑으로 들어가잖아. 그것처럼 개울을 덮어서 땅 밑으로 흐르게 만든 거야. 이런 개울들이 흐르던 옛날의 모습은 어땠을까?"

"옛날에는 어땠는데요?"

"마을 할아버지한테 들은 이야기인데, 저 건물들이 있는 곳이 다 논밭이었대."

복개천도 보고 신갈천의 잉어도 구경하면서 걷다 보니 한두 사람이 올라설 수 있을 정도의 바위를 발견했다. 기흥구가 도시화되면서 산이 아닌 평지에서 큰 돌을 찾아보기가 어려웠는데, 물가에서 바위를 보니 너무 반가웠다. 얼른 내려가서 관찰하고 있으니 서진이가 따라서 내려왔다.

"선생님, 여기서 뭐 봐요?"

"드러난 돌을 보면 그 마을의 땅과 산이 어떻게 생겨났는지 알 수 있대. 그래서 자세히 보려고 내려왔지."

"그럼 이 돌은 무슨 돌이에요? 어떻게 생겨난 거예요?"

서진이가 바위에 관심을 보여서 이야기를 나누려는데 다른 아이들도 따라 내려와서 바위가 금방 가득 찼다. 한두 명이면 바위에 앉아서 이야기할 수도 있었겠지만 아이들이 많다 보니 위험할까 봐 산책로로 얼른 올라왔다. 아쉽기는 했지만 돌에 관심을 가지고 이야기할 수 있는 아이가 생겼다는 것에 만족하기로 했다. 나중에 서진이는 학교에서 나들이를 할 때도 돌에 관심을 보였고, 마인크래프트라는 게임에서 봤다며 흑요석과 기반암이 뭔지 물어보았다. 덕분에 다른 아이들도 관심을 가져서 학교 근처에 있는 실개천에 기반암을 관찰하러 나들이를 가기도 했다.

아이들은 신갈천 산책로를 걷는 동안 발에 채는 돌멩이 하나를 발견해도 '선생님! 이것 좀 보세요!' 하고 소리쳐 부르거나 '이건 뭐예요?' 하고 물었다. 교실에서 쉴 새 없이 떠드는 아이는 물론이고 묻는 말에만 겨우 대답하던 아이들도 수다쟁이 탐구자가 된 것 같았다. 향기롭고 고운 들꽃, 꿀 따러 바쁘게 다니는 벌과 나비들, 큰 다리 밑을 지날 때 들리는 메아리, 호기심을 자극하는 새로운 것들이 끊임없이 나타났기 때문이다. 문구점에서 산 환경부착물로 꾸민 우리 반 환경 구성으로는 흉내도 낼 수 없는 거대한 보물창고를 만난 기분이었다. 어떤 유명한 디자이너가 교실을 꾸민들, 아무리 대단한 수업 자료를 만들어 본들, 아이들과 함께 걷는 마을 길보다 더 풍성하진 못할 거라는 생각이 들었다.

사회적 형제자매 관계의 시작

아이들과 이것저것 보면서 걷다 보니 어느새 기흥역에 다다랐다.

"선생님, 컵라면 사 주세요!"

"컵라면! 컵라면!"

가게가 보이면 먹을 것을 사 달라는 준민이가 이번에는 컵라면을 사 달라고 졸랐고 옆에 있던 성빈이가 합창을 하기 시작했다. 스무 명이 넘는 아이들에게 컵라면을 다 사 줄 수도 없고 먹고 갈 시간도 애매해서 집에 가서 먹으라고 타일러 보았지만 조르는 합창은 그칠 줄을 몰랐다. 컵라면 타령을 시작한 아이는 두 명이지만 경험상 전체 아이들이 같이 조르는 것은 시간문제라 난처해하고 있을 때였다.

"에이, 그건 아닌 것 같아. 그러면 선생님이 곤란하시지."

4학년 여자아이들이 나서자 신기하게도 컵라면을 부르짖던 두 아이는 아쉽다는 표정을 지으면서도 조르기를 멈췄다. 동생들과 함께 나오자 곤란한 선생님을 도울 줄도 아는 든든한 방어자가 된 4학년들이 참 고마웠다. 이렇게 동생들의 철없는 행동을 부드럽게 타이르는 누나도 있었고 나들이 중간중간 작은 이벤트로 동생들을 신나게 해 주는 오빠도 있었다.

"선생님, 5학년 오빠한테서 사탕 받았어요."

"사탕이 그렇게 좋아?"

"아니요, 오빠가 자기 자전거 따라잡으면 사탕 준다고 해서 애들이랑 따라서 뛰었어요. 자전거를 이기진 못했는데 이 정도면 빠른 거라고 하면서 줬어요. 제 달리기를 인정받아서 좋아요."

자전거를 가지고 함께 나온 5학년 경진이는 아이들과 자전거 따라잡기 시합을 하면서 준비해 온 사탕을 하나씩 상품으로 나눠 줬다. 사탕을 받지 못해 속상해하는 아이가 하나도 없는 거로 봐서는 동생들이 마음 상하지 않도록 참여한 아이들에게 각종 구실을 만들어서 하나씩 나눠 준 모양이었다.

어릴 때를 떠올려 보면 나와 친구들은 자기 친형제보다 마을 형, 누나들을 더 좋아했다. 집에서는 형들이 못살게 굴었지만 동네 형들은 놀이도 가르쳐 주고 학교에서 다른 동네 형들이 괴롭히면 막아 주기도 해서 든든한 울타리 같은 느낌이었다. 나한테는 못되게 구는 우리 형도 마찬가지로 다른 친구들에게는 좋은 동네 형이었다. 그때는 한마을에서 살면 같이 놀면서 서로 챙겨 주는 사회적 형제 관계가 어느 마을에나 만들어져 있었다. 반면 평소 아무런 관계도 없이 학교에서 만난 선배들은 단지 선배라는 이유로 자기들 마음대로 해서 무척이나 싫었다. 그래서 말을 안 들으면 그것이 또 괴롭힘의 빌미가 되었지만 쉽게 넘길 수 있었던 까닭은 학교에는 우리 마을 형, 누나들도 있었기 때문이다. 지금도 고향에 가서 동네 형들을 만나면 그렇게 반가울 수가 없다.

요즘 아이들은 마을에서 놀이하면서 맺어지는 사회적 형제자매 관계가 아니라 학교에서 선후배의 위계관계로 먼저 만나는 경우가 대부분이다. 서로 친밀한 관계가 없다 보니 선배는 권위를 세우기 위해서 폭력적인 방법을 동원해 후배를 굴복시키려 든다. '우리 때는 안 그랬는데 요즘 애들은 싸가지가 없어요', '언니들이 우릴 찍었대요. 완전 짜증 나요'. 고학년을 맡았을 때 아이들에게 이런 이야기를 듣는 이유는 바로 여기에 있는 것 같다. 그런데 이번 나들이에서 마을의 형, 동생으로 만나 서로 의지하고 배려하는 사회적 형제자매 관계가 시작되는 것을 보았다. 마을 아이들이 함께 어울려 놀이하는 것만큼 효과적인 학교폭력 예방 교육이 또 있을까 싶었다.

아파트 단지별로 아이들을 데려다주고 우리 반 밴드에 나들이 다녀온 이야기를 올리니 부모들이 댓글을 달았다.

"원래 계획은 우주놀이터까지 데려다주는 거였는데 그래도 아이들과 신갈천도 둘러보고 오리도 보고 잉어도 보고, 정말 운동을 안 하는데 오랜만에 만 보 넘게 걸었네요. 즐거웠습니다."

"애들과 자전거만 타고 지날 때와는 다르게 천천히 보니 많은 것들이 보여 저 또한 즐거운 시간이었어요. 요새 집콕만 했는데 오랜만에 많이 걸어서 숙면 취했네요."

"선생님, 어머님들 감사드립니다. 강현이가 먹는 걸 별로 안 좋아하는데 어제는 저녁을 맛있게 많~이 먹고 잠도 푹 잘 잤어요~^^"

"연진이도 오늘 홀수 반 친구들 만나서 너무 좋았답니다. 오리 사진만 몇 장을 찍었더라고요. 아이들이 많아 당황하셨겠지만 아이들은 행복한 추억 한 페이지 남기네요. 선생님과 같이 참여하신 어머님들 감사합니다~^^"

어떤 이들은 '언택트 시대'에 맞게 콘텐츠와 장비를 갖추어 온라인 중심으로 가야 한다고 주장한다. 하지만 아이들과 부모들의 반응은 코로나19 상황 속에서도 '언택트'가 아닌 '콘택트'가 가야 할 길이라고 말해 주고 있다. 사회적 거리두기로 만남 자체를 두려워하는 이 시기에 서로의 안전을 지켜 주는 물리적 거리두기를 하면서도 관계 맺는 방법, 함께 탐색하고 즐겁게 배울 수 있는 길은 온라인이 아닌 마을에 있었다.

선생님,
비결이 뭐예요?

　우리 학교는 1, 2학년 긴급돌봄 아이들을 각 학년 담임들이 돌아가며 지도하고 있다. 학교에 오면 방송 수업을 듣고 학습꾸러미 해결하는 것을 반복하면서 교실에만 있어야 하니 아이들이 힘들어했다. 2학년 교육과정은 나들이와 놀이를 하면서 배워야 하는데 방송 수업과 학습꾸러미만 풀게 하니 힘들어하는 건 너무 당연했다. 그래서 나들이와 놀이를 하기 시작했는데, 아이들도 아주 좋아했고 나도 여유를 찾을 수 있었다. 이걸 본 다른 반 교사들도 자기가 담당하는 날에 나들이와 놀이를 하기 시작했다. 그런데 하루는 아이들이 말을 안 들어서 온종일 잔소리를 했다며 옆 반 교사가 하소연했다.

　"선생님 요즘 긴급돌봄 아이들이 너무 풀어져서 걱정이에요. 거리두기도 안 되고 방송에 집중도 안 하고 계속 돌아다니고 바깥으로 나가자 조르고 전혀 통제가 안 돼요. 애들한테 잘해 주기만 해서는 안 될 것 같아요."

　"거리두기가 안 되면 큰일인데요. 오늘 아침 시간에는 나들이 말고 회의를 해 볼게요. 그러고 보니 긴급돌봄 아이들과 코로나에 대한 규칙을 같이 이야기한 적이 없어요. 규칙을 토론하고 합의하면 스스로 잘 지킬 거예요."

　가만히 앉아서 방송 수업 듣고 학습꾸러미를 푸는 일만으로도 너무 힘든 일인데 거기에 강압적인 통제를 더하면 아이들은 더 휘들 것이고, 교사와 관계만 나빠지는 악순환이 될 것이 뻔했나. 그래서 긴급돌봄 아이들과 문제에 대해서 같이 이야기하고 해결 방법을 찾아보기로 했다.

공통 경험과 공유된 맥락이 만들어 내는 자기 목소리

"선생님 나들이 나가요!"

아이들이 교실에 들어오자마자 인사말 대신에 나들이를 가자고 이야기했다. 방송 수업을 시작하기까지 30분 정도 남은 시간에 나들이를 하고 싶은 모양이었다.

"오늘은 1교시 시작 전에 회의를 먼저 해야 돼요."

"무슨 회의예요? 지금 빨리 하고 나가면 되잖아요."

"코로나19 상황에서 여러분의 안전을 위해서 어떻게 해야 하는지 정하는 회의야. 그런데 아직 안 온 친구들이 있어서 지금 시작할 수 없어. 조금만 기다리자."

"늦게 오는 애들한테는 그냥 정해진 규칙이니까 지키라고 하면 되잖아요."

"수빈이는 네가 같이 정한 규칙이 아닌데 그냥 막 지키라고 하면 기분이 어떨 것 같아? 규칙을 지키고 싶은 마음이 들까?"

"아니요, 기분 나빠서 안 지킬 것 같아요."

"그러니까 친구들 올 때까지 조금만 기다리자."

9시 20분이 되니 열 명의 아이들이 다 모여서 회의를 시작했다.

"같은 반 친구들과 매일 학교에서 만나지 못하고 온라인 수업을 하는 이유가 뭘까?"

"코로나 때문이에요."

"맞아. 우리의 안전을 위해서 홀수, 짝수로 나눠서 등교하고 온라인 수업도 하잖아. 그런데 요즘 여러분이 긴급돌봄 하면서 친구들과 거리두기를 하지 않고 가까이 붙어 있으려고 해서 걱정이 돼. 너희들은 어떻게 생각해?"

"애들이 거리두기를 안 하고 너무 붙어 있어요."

"수업 시간에도 돌아다니고 붙어서 장난쳐요."

"그래, 친구가 좋은 만큼 친구들과 내 안전도 중요한데, 이 문제를 어떻게 해결하면 좋을까?"

"마스크를 제대로 써야 해요."

"친구들과 2미터 이상 떨어져야 해요."

"친구랑 딱 붙어 있지 않아야 해요."

"손을 잘 씻어요."

코로나19는 아이들이 일상적으로 겪고 있는 문제였기 때문에 친구들의 행동에서 위험한 것은 무엇인지 안전을 위해서 어떻게 해야 하는지 바로바로 이야기했고, 돌봄교실에서 꼭 지켜야 할 것들을 약속으로 정했다. 자기들이 매일 경험하고 있는 코로나19 문제를 이야기하니 회의가 금방 진행이 되었다. 따로 주의사항을 이야기하거나 잔소리할 필요 없이 아이들은 자기들이 생각하는 해결책을 이야기하고 합의했다.

2학년 아이들이 문제 해결을 위한 회의를 너무도 잘해서 놀라웠는데, 가만 생각해 보니 그것은 당연한 일이었다. 아이들 모두가 같은 경험을 하면서 맥락이 공유된 상황이니 거기에 대한 자기의 입장을 가지고 활발하게 이야기할 수 있었기 때문이다.

6학년 아이들과 토론 수업을 진행할 때를 떠올려 보면 교과서에 나오는 예시적인 상황으로 수업을 할 때와 학급에서 생긴 아이들의 문제를 해결하기 위한 수업을 할 때의 모습이 완전히 달랐다. 교과서에 나오는 예시적인 상황은 아이들의 삶과 직접적인 관련이 없으니 자기 이야기를 하기보다는 교사가 원하는 정답을 이야기해야 했기에 몇몇을 제외한 대다수는 토론에 참여하지 않는 경우가 많았다. 그럴 때면 언제나 아이들 목소리보다 내 목소리가 더 커지며 토론으로 시작해 잔소리로 끝나는 수업이 되었다. 반대로 학급에서 일어난 남학생과 여학생들 사이의 갈등을 해결하기 위한 회의처럼 자기들의 문제로 토론을 하면 아이들이 활발하게 참여해 열띤 토론이 되었다.

그리고 자기 삶의 문제를 해결하기 위해 내는 아이들의 목소리는 강력한 힘이 있다. 2019년에 6학년 아이들과 교육부의 학교폭력 예방 '어울림 심화 프로그램'으로 수업을 했을 때는 피해자를 힘들게 하고 가해자에게 유리한 프로그램의 문제점들을 날카롭게 짚어 냈다. 그리고 국민신문고 민원을 통해 교육부로 전달된 아이들의 목소리는 어울림 심화 프로그램을 폐기하게 만드는 데 큰 몫을 했다. 예전에는 토론 수업이 안 되는 것이 아이들 때문이라고 생각했다. 그러나 자신들이 부딪히고 있는 실제 상황에 대해서 활발하게 토론하고 해결하는 것을 보고 아이들 탓이 아니라 예시적인 상황으로 가르치려는 것이 문제였음을 깨달았다.

비결은 바로 아이들

1교시 방송 수업을 듣고 나서 함께 정한 약속도 실천할 겸 바깥으로 나들이를 나갔다. 어제까지 서로 달라붙어서 밀고 당기던 모습은 어디 가고 친구들과 적당한 거리를 두면서 나들이도 하고 놀이를 했다. 가끔 거리두기가 안 될 때는 자기들끼리 주의를 시키면서 규칙을 지키자고 당부하기도 했다.

"선생님, 어떻게 하신 거예요? 어제 하루 종일 잔소리했던 그 애들이 맞나 싶어요. 아이들이 오늘 너무 잘해서 2학년 선생님들이 놀랐어요."

"아이들하고 걱정되는 점을 이야기하고 어떻게 하면 좋을지 회의를 했어요. 친구들하고 정한 거라 잘 지키나 봐요."

비결은 바로 삶에서 생긴 문제를 이야기하고 해결 방법을 찾아내는 아이들의 힘이었다.

코로나19 상황에서 학교에 요구되는 것은 무엇인지 생각해 보았다. 아이들의 안전, 돌봄 그리고 배움에 대한 문제였다. 한 번도 경험하지 못한 상황이니 누군가 나서서 정답을 제시하기도 어렵다. 그렇다면 이 문제를 해결하기 위해 우리 아이들이 한 것처럼 교육 주체들이 각자의 목소리를 내고 생각을 모으면 해결 방법을 찾을 수 있다고 생각한다. 그런데 교육 주체들의 이야기를 듣기는커녕 일방적인 통제에만 골몰하는 교육 당국의 행태가 더욱 답답하게 느껴지는 날이었다.

'완기천'이 열어 준
마을로 들어가는 오솔길

선생님 집은 어디예요?

"우리 집은 경남 거창에 있어."

"아니요, 선생님이 지금 사는 동네가 어디예요?"

지금 내가 사는 곳은 용인시 기흥구의 신갈동이다. 아이와 일대일 마을 나들이를 하면서 이야기를 나누다 문득 20년 가까이 살아온 신갈을 '우리 마을'이라고 생각한 적이 없다는 걸 알게 되었다. 신갈동은 그냥 내가 사는 곳이었고 '우리 집, 우리 마을'이라면 어릴 적 살았던 고향만 떠올랐다. 그렇게 오래 살았어도 출근길과 자주 들르는 음식점과 슈퍼마켓 같은 가게 외에 딱히 기억에 남는 장소도 많지 않고 인사를 나누는 이웃도 없다. 그동안 마을을 여기저기 다니면서 탐색하고 마을 사람과 관계를 맺을 생각을 한 적이 없었다. 내가 사는 우리 마을이라는 생각보다는 퇴근하고 나서 출근하기 전까지 쉬는 집이 있는 곳이었다. 그래서 나에게 중요한 정보는 학교까지 가는 가장 빠른 길이 어디고 지인들과 갈 수 있는 맛집은 어디에 있는가 정도였다. 거기에 조금 더 보태 신갈동의 이름 유래와 신갈동과 그 주변에 어떤 유적이나 유물이 있는지와 같은 정보를 좀 찾아보고는 그걸로 마치 내가 사는 곳에 대해서 다 알고 있는 것처럼 착각하고 살았다.

아이들이 마을에 관심과 애착을 가진 마을 사람으로 자라길 바라면서 정작 내가 사는 마을에 대해서는 그렇게 하고 있지 않은 것이 마음에 걸렸다. 그리고 아이들과 나들이하면서 느꼈던 마을을 걷는 재미를 내가 사는 마을에서도 느껴 보고 싶었다. 그래서 우선 그동안 다녀보지 않았던 마을의 이곳저곳을 탐색하기로 했다. 가장 먼저 떠오른 것은 집 근처 용구대로 옆을 흐르는 작은 개울이었다. 어릴 때 물고기도 잡고 헤엄치고 겨울이 되면 얼음도 지치고 했던 집 앞 개울은 나에게 최고의 놀이터였다. 어느 마을에 가든지 거기에 흐르는 냇물에 가장 먼저 눈길이 갔다. 맑고 깨끗한 물이 시원하게 흐르는 마을은 내 기준에 살기 좋은 마을이었고, 그렇지 않은 마을은 별로라는 생각을 했다. 용구대로 옆을 흘러 신갈천으로 들어가는 그 개울은 여름이면 하수구 냄새가 올라올 정도로 더러워 어쩌다 옆을 지나게 되면 항상 기분이 좋지 않은 곳이었다. 머릿속에 그 개울이 떠오르자 몇 가지 궁금한 것들이 생각났다.

'이름은 무엇일까? 어디에서 시작해서 어디를 지나 흘러오는 걸까? 도대체 왜 그렇게 더러운 걸까?'

인터넷으로 지도를 검색해서 대략적인 흐름을 확인하니 걸어서도 충분히 물길이 시작되는 곳까지 살펴볼 수 있겠다 싶어서 곧장 길을 나섰다. 개울 옆에 난 길을 따라 조금 걸어 올라가니 요즘은 보기 힘든 비포장도로가 나왔다. 자동차 바퀴가 닿는 양옆은 그냥 맨땅이지만, 그렇지 않은 가운데 부분은 풀들이 소복이 자란 모습이 꼭 어릴 적 걷던 마을길 같아서 정이 갔다. 물가에는 수양버들이 연한 초록의 잎을 틔우고 조팝나무와 복사꽃이 흐드러지게 피어 있었다. 길을 나서자마자 가까운 곳에 두고도 그동안 몰랐던 비밀의 화원을 발견한 느낌이었다. 흐르는 물까지 깨끗했다면 얼마나 멋진 풍경일까 하는 생각이 절로 났다.

새롭게 다가온 마을

길을 따라 조금 올라가니 아파트 단지와 도로를 만들며 땅속으로 덮어 버린 도랑물들이 뿌옇게 흘러 들어오는 곳들이 보였다. 물길을 따라서 계속 가려고 했지만 고속도로에 막혀 더는 갈 수 없었다. 길을 돌아서 가다 보니 경부고속도로 아래로 사람들이 드나들 수 있는 작은 터널이 보였다. 고속도로가 생기기 전부터 사람들이 다니던 길이었는데 도로를 만들면서 터널 형태로 만든 것으로 보였다. 마을에서 처음 보는 긴 터널을 지나는 것이 재밌기도 했지만 사람들 통행이 별로 없는 곳이라 밤에 지나다니려면 무섭겠다는 생각도 들었다. 터널 중간쯤에 비상시에 경찰에게 연락할 수 있는 호출 장치가 있어 사람들이 어느 정도 안심하고 다닐 수 있어 보였다. 터널을 통해 고속도로를 건너 하천을 향해 길을 걸으니 이름만 익숙한 마을들이 나오기 시작했다. '신역동', '새터말' 그동안 지명지에서 찾아보던 이름이었던 곳을 직접 걸으니 그제야 마을이 내 마음으로 들어오는 느낌이었다. '아, 여기도 내가 사는 신갈동이었구나!' 차를 타고 지나다닐 때는 그냥 스쳐 지나가는 배경이었던 길과 집들이 새롭게 보이고 관심이 갔다.

새터말에서 다시 만난 물길을 따라가다 발견한 다리 이름이

'완기6교'였다. 그래서 혹시 이름이 완기천인가 해서 검색해 보니 맞았다. 왜 그렇게 부르는지는 찾을 수 없었지만 그래도 이름을 알게 되었단 사실만으로도 기뻤다. 이름의 유래는 앞으로 마을을 좀더 탐색하다 보면 알 수 있을 테니 말이다. 새터말을 지나갈 때쯤 복개천이 더는 보이지 않았다. 복개천과 만나는 곳이 없으니 물이 조금 맑아 보여서 복개천이 가장 큰 오염원이라는 생각이 들었다. 그런데 사람들이 사는 마을로 들어서니 개울에 함부로 버려진 수많은 생활 쓰레기가 눈에 들어왔다. 인적이 드문 곳에는 어느 사무실에서 내다 버린 듯한 프린터, PC와 같은 폐기물들이 잔뜩 쌓여 있었다. 쓰레기가 가득한 완기천에서 먹이를 찾고 있는 오리들이 애처로워 보였다.

지도에는 새터말에서 완기천이 시작되는 것으로 표시가 되어 있었지만 실제로는 작은 실개천이 계속 이어져 있었다. 이왕 시작한 것이니 끝까지 가 보기로 하고 완기천을 따라서 계속 올라가니 뜻밖에도 익숙한 곳이 나왔다. 바로 조선 시대 역참인 '구흥역'과 역을 운영하는 데 필요한 경비를 충당하기 위한 경작지가 있었던 '역말'이었다. 몇 년 전에 용인지역을 지나는 영남대로 답사를 왔던 곳이다. 그때는 그냥 역이 있었던 곳이라고만 생각했지 거기가 내가 사는 신갈이라는 생각이 들지는 않았던 곳이었다. 그런데 완기천을 따라 걸어가다 그 길에서 역말을 다시 만나니 '세상에, 여기도 내가 사는 신갈동이었구나!' 하고 반가운 마음이 들었다. 답사했던 기억을 떠올리며 걸어 올라가니 어느덧 완기천이 시작되는 곳까지 다다랐다. 물이 퐁퐁 샘솟는 발원지를 기대하며 찾아갔는데 그냥 습한 골짜기여서 조금 실망스럽긴 했지만 그래도 완기천이 시작되는 곳까지 찾아왔다는 사실이 뿌듯했다.

지도에서 위치를 확인하니 조금만 더 올라가면 용인시와 수원시의 경계였다. 더 올라가서 경계까지 가고 싶었는데 영동고속도로와 골프장 울타리 때문에 갈 수 있는 길이 없어서 아쉽지만 발길을 돌려야 했다. 용인은 골프의 수도라고 불릴 정도로 전국에서 골프장이 가장 많은 지역이라 마을 근처 어느 산에 올라가도 결국 골프장 울타리와 마주치게 되는 현실이 새삼 씁쓸했다.

마을 사람으로 거듭나기

돌아오는 길에 아까는 물길을 따라 올라가느라 지나쳤던 새터말이 다시 눈에 들어왔다. 새터말은 왜 새터말인지도 궁금했고 새터말 사는 아이들은 어느 학교에 다니는지도 궁금했다. 새터말 근처에는 학교가 없고 신갈초등학교까지는 거리가 꽤 멀기 때문에 아이들이 걸어서 다니기에는 힘들어 보였기 때문이었다. 핸드폰으로 새터말의 학구를 검색해 보다가 문득 마을 사람에게 물어보면 될 일을 인터넷으로 검색하고 있는 내가 한심하다 생각했다. 그런데 지나다니는 사람은 보이지 않고 가까운 가게에라도 들어가 물어볼 용기는 나지 않았다. 교사로서 내 삶을 돌아보니 적극적으로 사람들과 관계를 맺기 위해 노력한 적이 없었다. 해마다 우리 반 아이들과 학부모가 정해졌고 그들과 좋은 관계를 1년간 유지하면 됐기 때문이다. 그렇게 수동적으로 관계를 맺는 삶을 살아온 탓에 다른 사람들에게 먼저 말을 걸지 못하는 거라는 생각이 들었다.

그리고 완기천 오염을 해결하려면 어디에다 민원을 넣어야 할지 생각해 보았다. 그런데 완기천을 시에서 관리하는지 구청에서 관리하는지도 모르겠고 민원을 어디에 어떻게 넣을지 떠오르지 않았다. 학교와 관련된 일에 대해서 교육청에 민원 제기는 많이 해봤지만 정작 내가 사는 마을과 관련해서 민원을 넣어 본 적은 한 번도 없었기 때문이다.

'나는 용인에서 교사로서만 살아왔고 마을 사람으로, 시민으로 살아본 적이 없구나!'

아이들에게 시민의 권리인 청구권을 지식으로 가르치기만 하고 내가 직접 그 권리를 행사해 본 적이 없다는 사실이 부끄러웠다. 며칠 뒤에 국민신문고를 통해 완기천 오염 문제 해결을 요구하는 민원을 넣고 나서야 20년 만에 용인 시민이 된 느낌이 들었다.

완기천을 따라 걸으며 그동안 그냥 지나쳤던 마을을 탐색하는 즐거움을 맛보고 나니 그저 마을에 흐르는 더러운 하천, 그래서 차라리 덮어 버렸으면 좋겠다고까지 생각했던 완기천이 살리고 싶은 소중한 하천이 되었다. 역말에서 시작해 신갈천으로 이어지는 완기천은 나에게 우리 마을 '신갈'로 들어가는 오솔길을 열어 주었다.

걸림돌과
디딤돌

해마다 생활기록부의 행동 특성 및 종합 의견을 쓸 때면 항상 고민에 빠졌다. 일 년 동안 아이들과 놀이하고 나들이하면서 친밀한 관계를 맺어 왔다고 자부하고 있었는데, 이상하게도 개인별 특성을 쓰려면 생각나는 것이 별로 없어 고민이었다. 그런데 마을배움길 모임에서 다른 교사들과 일대일 마을 나들이의 속살에 대해 이야기를 나누다 그 실마리를 찾을 수 있었다. 배움의 본질은 관계 맺기에 있는데 아이 한 명, 한 명을 보지 않고 덩어리로 대하는 내가 보였다. 그동안 2월에 새 학기를 준비할 때면 마을 나들이 계획은 빼놓지 않고 세웠다. 그런데 막상 3월이 되면 교육과정, 부서별 업무 추진계획, 학부모총회 준비 등 할 일이 많다는 핑계로 일대일 마을 나들이는 4월로 미뤄 왔다. 그러다 학급에서 놀이하고 나들이를 하다 보면 아이들 모두와 친해졌다는 생각에 일대일 마을 나들이 계획은 까맣게 잊고 1년을 보내 버렸다. 돌이켜 보니 개별적인 관계를 맺은 경우는 학급에서 문제가 될 만한 한두 명의 아이와 나에게 먼저 다가오는 적극적인 아이들뿐이었다. 결국 나는 교사로서 학급을 관리하는 것만 중요했을 뿐 아이들과 개별적 관계는 별로 중요하게 생각하지 않았던 것이다. 생활기록부를 어떻게 쓸까보다 아이들을 대하는 내 태도를 바꾸는 것이 먼저였다.

그래서 올해는 무슨 일이 있어도 새 학기 시작과 동시에 일대일 마을 나들이를 꼭 해야겠다고 결심했다. 그런데 2월 코로나19

가 빠르게 확산이 되면서 개학은 연기가 되었고 아무것도 할 수 없는 상황이 되었다. 굳은 결심으로 새롭게 시작해 보려 했는데 첫 걸음을 딛기도 전에 큰 절벽을 만난 기분이었다. 그런데 마을배움길 교사들과 이 상황에서 어떻게 하면 좋을지 생각을 나누다 보니 처음엔 절벽으로 느껴졌던 코로나19도 헤쳐 나갈 방법이 보였다. 그 첫 번째가 전화하기였고, 두 번째는 마을 나들이였다.

든든한 조력자 또는 넘어야 할 산, 관리자

아이들을 만날 수 없는 상황에서 관계 맺는 방법을 찾았으니 이 좋은 것을 혼자 할 수는 없는 일이었다. 그래서 동학년 교사들에게 아이들과 전화를 해 보자고 했더니 다들 좋다고 했고 그 결과도 만족스러워했다. 그런데 마을 나들이를 하자고 하려니 망설여졌다. 처음엔 나도 아이들을 직접 만나는 것에 대한 부담감이 있었고, 동학년 교사들이 제안을 받지 않으면 어쩌나 하는 두려움도 있었다. 그렇지만 통화도 하고 혼자서 마을을 탐색할 때 보여 준 부모와 아이들의 호응에 용기를 얻어 동료 교사들에게도 제안을 했다. 같이 하기는 부담스러워했지만 취지에는 공감하며 응원해 주었다. 본인들이 힘들어지니 나가지 말라고 하더라는 다른 학교 교사의 이야기와 비교하면 고마운 일이었다. 나는 마을배움길 모임에서 먼저 이야기 나누고 다른 교사들의 경험도 들었으니 도전할 수 있었지만 대다수 교사들은 그런 경험이 없기 때문에 마을로 나가기가 쉽지 않았을 것이다. 그래서 마을 나들이를 다녀오면 아이들과 있었던 일이나 부모들의 반응이 어땠는지 이야기했다. 나들이 경험과 느낌을 신이 나서 이야기한 덕분인지 등교 개학을 앞둔 5월에는 동학년 교사들도 일대일 마을 나들이를 나갔다. 아파트 단지를 걷다가 아이와 함께 나들이하는 동료 교사와 마주치면 정말로 즐겁고 힘이 났다. 연구실에 모여 마을 나들이에서 있었던 이야기를 나누는 시간 또한 빼놓을 수 없는 즐거움이었다.

동학년 교사들이 모두 마을 나들이를 시도할 수 있었던 것은 교장, 교감의 응원도 한몫했다. 아이들을 만나러 마을로 나가려고 마음먹었을 때 과연 관리자들을 설득할 수 있을까 고민이 되었다. 우리 학교 관리자는 교사의 교육 활동에 대해 자율성을 보장하려고 노력하는 사람들이었지만 코로나19라는 특수한 상황에서도 그럴지는 알 수 없었기 때문이었다. 일대일 마을 나들이 계획을 정식으로 결재받기 전에 부모들과 동료 교사들에게 먼저 이야기한 것은 내가 관리자 눈치를 살피며 망설이다 때를 놓칠까 봐 마련한 장치인 셈이었다. 그런 장치를 마련해 두고도 오전부터 몇 번을 망설이다 오후가 되어서야 교무실로 찾아갔다.

"그렇게 해 주시면 너무 고맙죠. 지금 우리 학교 아이들에게 정말로 필요한 일이에요!"

관리자 눈치를 보지 않아도 되는 정도가 아니라 적극적인 지지를 받으니 더욱 힘이 났다. 그런데 우리 학교와 정반대의 경우도 있었다. 용인에서 마을배움길 모임을 같이하는 정 선생의 학교에서는 동학년 교사들이 일대일 마을 나들이를 나가기로 하고 관리자에게 이야기하니 이 시기에 아이들을 만나는 일은 위험하다며 반대했다는 것이다. 교장에게 책임과 권한이 집중된 권위적이고 경직된 학교의 구조는 내가 학생이던 때나 지금이나 별로 바뀐 것이 없어 보인다.

코로나19로 기존 교육 시스템의 민낯이 여실히 드러나고 그야 말로 대전환이 필요한 시기라고 다들 이야기한다. 한 사회의 변화 는 위에서 내려오는 지휘와 통제가 아니라 아래의 요구로부터 시 작되는 것임을 촛불에서, 우리 반 아이들에게서 보아 왔다. 배움의 길을 찾는 첨단에 있는 사람은 아이들을 만나는 교사들이다. 현재 상황과 조건에서도 많은 교사들이 배움이 가능한 학교를 만들기 위해 다양한 시도를 하고 있다. 지금이야말로 이런 교사들의 요구 와 시도를 수용하고 지원하는 관리자, 교육부와 교육청이 지휘가 아닌 지원을 하는 교육 시스템으로의 전환이 필요한 시기라고 생 각한다. 그것이 바로 일제 식민지의 권위주의 체제를 벗고 민주주 의 세계를 개척하는 교육개혁이 될 테니 말이다.

가짜 공동체의 압력

"신 선생, 동학년끼리 발맞춰 같이 나가야지, 혼자서 앞서 나가 려고 하지 말고!"

처음 발령을 받았을 때 선배 교사들에게 많이 들었던 이 이야 기에 항상 발목을 잡혔다. 관리자에게는 강하게 저항할 수 있었지 만 이상하게도 동료 교사들 앞에서는 무력해졌다. 혼자서 뛰는 활 동을 하면 다른 교사에게 피해를 주어 공동체를 무너뜨리는 존재가 된다는 두려움 때문이었다. 마을배움길 모임의 김 선생과 이야기를 나누다 잠시 잊고 있었던 그때의 기억이 다시 살아났다.

"마을 나들이를 나가는 건 선생님인데 해명을 해야 하는 건 우리예요."

김 선생이 동료 교사에게 들은 말이라고 했다. 자기 반 부모들이 왜 마을 나들이를 하지 않느냐고 자주 물으니 그 이유를 설명해야 해서 힘들다는 얘기였다.

진정한 공동체라면 서로의 성장과 발전을 도와주고 힘들어하는 사람이 있다면 같이 나서서 문제를 해결해 주어야 하는데, 아무리 생각해도 '옆 반과 발맞춰 가자!'라는 말은 공동체적이지 않았다. 이제까지 경험으로 보면 그 말은 '우리가 끌어 주고 밀어줄 테니 같이 갑시다'가 아니라 '내가 불편해지니 너 그거 하지 마!'라는 의미였다. 그렇다면 그것은 공동체인 척하는 '가짜 공동체'의 압력인 것이다.

교사마다 코로나19 상황에서 교육에 대한 생각과 입장은 다를 수 있다. 그렇다면 각자의 생각과 입장을 이야기하고 어떻게 하는 것이 가장 좋을지 방법을 찾아 실천하는 것이 서로에게 힘이 될 텐데…. '가짜 공동체'의 압력에 힘이 빠진다는 김 선생의 이야기는 너무 안타까웠다.

시대착오적인 교육부의 교육관

5월 등교 개학 일정이 발표되자 학교는 분주해졌다. 부장교사들은 하루에도 몇 번씩 회의에 참석해 결정된 사항을 학년 교사들에게 전달하기 바빴다. 학년별 등교 시간과 급식 시간을 다르게 정하는 것에서 시작해 교실 책상 배치, 복도 바닥에 발바닥 모양 스티커 붙이기, 급식실 이동 동선, 발열 체크 담당 순서, 학급별 방역물품 배치에 이르기까지 모두 방역과 관련된 내용이었다. 교사들도 동학년끼리 모여 수업 시간은 물론이고 쉬는 시간과 점심시간까지 어떻게 아이들의 행동 하나하나를 통제할 것인지에 골몰했다.

코로나19 같은 전염병은 앞으로도 4~5년 간격으로 발생할 거라고 하니 이번만 넘긴다고 해결되는 것도 아니다. 그렇다면 아이들과 이런 문제를 해결할 방법을 함께 찾는 과정이 배움이 되어야 한다는 생각이 들었다. 위기는 곧 기회라고 하지 않던가? 이 기회에 코로나19와 배움을 통합하고 싶었지만, 배움에 대한 이야기는 방역을 위한 통제에 밀려 들어설 자리가 없었다. 학교에서는 모든 것을 교육부의 방역지침에 따라 결정하고 통보했다. 교사들의 의견을 모으는 과정이 있기는 했지만, 그것은 우리 학교 여건에 맞게 방역지침을 효율적으로 이행하는 방안을 찾는 것들이었다. 경기도에서는 학교자치조례까지 제정했지만 코로나19 사태 속에 우리 학교 어디에서도 자치를 찾아볼 수 없었다.

학교 교사들과 같이 의견을 나눌 기회조차 없어 답답해하다 다른 학교에 있는 친한 교사들을 만났다. 그 자리에서 같이 코로나19를 헤쳐 나가는 마을배움길 교사들의 실천에 대해 이야기했다.

"아이들이 사는 마을로 나가는 거 좋아요. 그런데 그러다가 혹시라도 문제가 생기면 그때는 어떻게 할 거예요?"

"매뉴얼이 있어야 우리를 보호할 수 있다고 생각해요. 매뉴얼에 따라서 했는데 문제가 생기면 할 말이 있지만 매뉴얼에도 없는 걸 했다가 문제가 생기면 그때는 누가 책임질 건데요?"

"나 혼자 하려면 얼마든지 할 수 있겠어요. 그런데 다른 교사들도 그렇게 하자고 어떻게 설득할 수 있죠?"

충분히 공감할 줄 알았던 교사들이 예상과 다르게 방어적인 태도를 보여 적잖이 놀랍고 실망스러웠다. 그런데 좀 더 생각해 보니 그 목소리들은 맨 처음 마을 나들이를 제안받았을 때 내가 했던 걱정이었고, 마을배움길 교사들끼리 토론하면서도 나왔던 목소리였다. 교사들 누구나 가지고 있던 그 걱정은 도대체 무엇 때문인지 생각해 보았다.

코로나19가 발생한 후부터 교육부는 교육 주체의 상황은 어떻고 요구는 무엇인지 의견을 묻지도 않고 일방적으로 결정하고 언론을 통해 통보했다. 그래서 '네이버 공문'이라는 신조어까지 등장할 정도였다. 교육부가 내놓은 주요 대책들은 결국 방역에 대한 책임을 학교로 떠넘기는 것들이었다. 그 결과 확진자가 발생하면 모든 비난과 책임을 교사들이 떠안게 될 것이라는 불안감이 퍼져 나갔다. 부산교육청에서 '확진자 발생 시 해당 학교를 엄중 문책'하겠다는 내용을 명시해 시행한 공문은 이런 불안감을 확신으로 만들었다. 이런 흐름 속에 대다수 학교는 수동적인 태도로 교육 당국이 지침을 내려주기만 기다렸고 교사들은 더욱 소극적이고 방어적인 태도를 보이게 되었다.

여기에 더해 제대로 된 준비 과정도 없이 내려온 비대면 교육 지침은 교육을 단지 교과 지식전달로 보는 교육부의 시대착오적 교육관을 그대로 반영하고 있었다. 열악한 상황에서도 교사들은 집단지성을 발휘해 다양한 방법을 찾아내고 공유하며 빠르게 원격 수업을 정착시키고 있다. 이것은 정말 대단한 성과이다. 하지만 그 것이 배움의 속살을 제대로 채우고 있는지는 같이 이야기해 봐야 할 문제라고 생각한다.

걸림돌을 디딤돌로

코로나19에 대한 교육부의 대처를 보면서 교육 당국에게 새로 운 교육을 기대할 수 없다는 생각은 더욱 굳어졌다. 교육 당국은 방역 통제 기관의 역할만 할 뿐 아이들이 처한 문제를 해결할 능력 도 의지도 보이지 않았다. 오히려 그들은 문제 해결의 걸림돌만 던 져 놓았다. 그러나 마을배움길 모임 교사들, 동료 교사들과 서로 협력하면서 마을로 나가니 아이들이 있었고 거기에 배움이 있었 다. 그리고 아이와 관계 맺기에서 출발하는 배움에 부모들은 뜨겁 게 호응했다.

길을 막는 걸림돌들을 뽑아내 잘 쌓으면 디딤돌이 될 수도 있 고 주춧돌이 될 수도 있다. 아이와 관계 맺기에서 출발하는 배움 을 시도하면서 앞길을 가로막는 걸림돌을 뽑아내려 함께 도전했던 과정들은 내가 성장할 수 있는 디딤돌이 되어 주었고 아이들과 부 모들은 든든한 버팀목이 되어 주었다. 우리 앞을 막고 있는 코로나

19라는 커다란 걸림돌도 배움의 본질을 찾아가는 사람들과 함께 연대하고 협력하면 튼튼한 디딤돌이 될 수 있음을 확인하는 즐거운 과정이었다.

코로나19로 인해 깨달은 배움의 비밀

김두환

가까이 있던 것들이
새롭게 다가옴

코로나19로 인해 집 밖을 벗어나기가 어려워졌고, 답답함과 무료함 가운데 가까이 있었지만 관심을 두지 않던 것들에 자연스레 눈길이 갔다. 내 방 책상 위에 있던 오래된 녹음기가 그랬다. 주로 클래식 FM을 듣는 용도로 사용하고 있었는데, CD와 카세트테이프도 재생할 수 있는 기능은 있었다. 제대로 작동하지 않았기에 사용하지 않고 있었는데 고쳐서라도 써야겠다는 생각이 들었다. 오래된 전자제품 고치는 곳을 수소문해 연락이 닿았고, 택배로 부치기 전 점검을 하던 중이었다. 그런데 카세트테이프가 제대로 재생되는 것이 아닌가! CD도 나름 들을 만하였다. 돌아가는 소리가 조금 크게 나기는 했지만. 당장 고이 꽂혀 있던 카세트테이프와 CD를 꺼내 추억과 아름다움을 만끽하였다. 오래된 녹음기는 깨끗이 닦였고 내 마음에 새롭게 자리를 잡았다.

소태봉과 옥녀봉이 있는 뒷산 또한 그랬다. 자주 산책을 하던 곳이었지만 익숙한 길만 다니던 터였다. 하지만 다람쥐 쳇바퀴 돌 듯 집 주위에만 머물러야 하는 답답한 현실을 벗어나고 싶었다. 그래서 안 가 보던 길로 이리저리 다니기 시작했고, 이곳저곳을 속속들이 알게 되었다. 뒷산은 대전 서구의 관저 1동, 가수원동, 도안동, 그리고 유성구의 대정동, 용계동에도 속해 있다. 나는 우리 집이 있는 관저 1동에서 산을 오른다. 새로운 길을 아는 기쁨과 함께 산길을 걸으며 내 감각들은 깨어났고, 산책 후 거울에 비친 모습은 건강하고 평안해 보였다. 이제 뒷산을 산책하는 일은 내 삶에서 빼놓을 수 없는 큰 기쁨이 되었다.

새에
관심을 갖게 됨

이날 아침도 어김없이 산에 올랐다. 평소와 달리, 뒷산 입구의 계단을 오르자마자 왼쪽으로 난 조그만 오솔길로 들어섰다. 한 사람이 걷기에 알맞은 길이다. 걷다 보면 조금 넓은 길이 이어지고 곧 두 갈래 길이 나타난다. 오던 길을 계속해서 가면 꾀꼬리 소리를 즐겨 듣던 숲이 나오고, 오른편으로 꺾으면 경사면을 따라 잘 정리된 사천 목씨 묘소 앞을 지나게 된다. 대정동에 사는 우진이네 가족묘이다. 마을 사람들은 이 묘소 앞을 지나는 길로 산책을 많이 다닌다.

두 갈래로 길이 나뉘는 이곳에서 나는 발걸음을 멈추었다. 새소리를 들었기 때문이다. 신록이 아름다운 숲속에 울리는 맑고 평안한 소리, 옥구슬이 구르는 듯한 소리를 들으며 나는 소리의 주인공을 보기 위해 한참 동안을 두리번거렸다. 하지만 찾지 못하고 발걸음을 돌려야만 했다. 그렇게 2주 동안 그곳에서 새소리를 들었다. '그래, 소리의 주인공을 볼 수 있으면 좋겠지만 이것으로도 충분해. 이 친구와 이렇게 관계를 맺어 가는 거야. 사람을 알아 가는 과정도 이처럼 시간이 많이 필요하잖아.' 그렇게 소리로만 알고 지내던 어느 날이었다. 갑자기 소리를 멈추고 나무 저편으로 휙 날아가는 것이 아닌가! 자세히 볼 수는 없었다. 다만 직박구리보다 조금 작은 크기의 새임은 알 수 있었다. 도감을 이리저리 뒤적였다. 그러다 우연한 기회에 본 유튜브 영상에서 소리의 주인공을 찾았다. '되지빠귀!' 나뭇잎이 무성한 가지 저편에서 노래하고 있었다. 변주곡처럼 다양한 지저귐이 이어졌다. 풍경도 소리도 아름답기 그지없었다. 소리로만 알던 새, 그 모습과 이름을 이제 알게 되었다. 얼마나 기쁘던지….

또 다른 감동이 나를 기다리고 있었다. 5월 5일, 조금 더 여유로운 산책을 즐길 수 있는 화창한 봄날이었다. 이날도 그 길을 걷고 있었는데, 멀리서 반가운 소리가 들렸다. 꾀꼬리! 지난가을에 떠난 꾀꼬리가 돌아온 것이다. 되지빠귀처럼 다양한 읊조림은 아니지만, 윤기 있고 공명이 잘된 소리는 멀리서도 잘 들렸다. 그 소리를 쫓아 대정동 산자락으로 발걸음을 옮겼다.

마을배움길반 수업 때 학생들과 함께 걸었던 대정동, 나는 '한우물'이라는 자연마을 이름이 더 좋다. 예전에는 큰 우물이 세 개 있었고, 집집마다 작은 우물이 있었던 물이 풍족한 마을이었다. 대전교도소가 이리로 옮겨 온 후 물길이 끊겼다고 하고, 현재는 오래된 팽나무 아래에 옛날 우물터가 남아 있을 뿐이다. 이 우물터를 지나 5분 정도쯤 걸으면 우진이네가 있는 원당마을에 이른다. 우물터 주위로 옛 마을의 모습을 간직하고 있어 아이들과 함께 걸었던 곳이다.

공방을 바라보며 오른쪽으로 꺾어 좁다란 길을 지나니 두 갈래의 길이 나타났다. 소리를 쫓아 오른쪽 길을 택했다. 얼마 걷지 않아 길 왼편에 나지막한 언덕, 제법 숲이 울창한 곳에서 꾀꼬리 소리가 가깝게 들린다. 자그마한 도랑을 뛰어 건넜다. 그리고 잠시 망설였다. '저 숲으로 들어가? 말아? 이까지 왔는데 가자!' 고개를 숙여 이리저리 숲을 헤쳐 나갔다. 마침내 꾀꼬리 바로 가까이에 이르렀다. 큰 나무들이 담을 이룬 건너편에서 꾀꼬리 소리가 들렸다. 휘파람처럼 들리는 전형적인 꾀꼬리 소리, 또 아악거리는 소리, 그리고 읊조리는 듯한 소리, 이 소리는 마치 음계를 빠르게 연주하는 듯한 소리 같기도 하고 로봇이 불빛을 반짝거리며 내는 전자음 같기도 하다. 한참을 숨죽이고 들었다. 얼마가 지났을까? 꾀꼬리의 노란 자태가 보고 싶어 꾀꼬리가 있는 곳으로 조심스럽게 향했다. 언뜻언뜻 비치는 노란 빛, 왼쪽 손에 들고 있던 쌍안경을 눈에 대었다. 하지만 속 시원하게 모습을 보여 주지 않는다. 가까이에서 소리를 듣기도 하고 모습도 보았지만 조금은 아쉬웠다. 하지만 제법 시간이 흘러 올라왔던 길 반대편으로 숲을 내려올 수밖에 없었다. 두 사람이 나란히 걷기에 알맞은 시골길이 나 있었다.

조금 걸어 내려오는 순간, 예기치 않게 황홀한 꾀꼬리 소리와 마주했다. 길옆에 서 있는 커다란 소나무와 상수리나무, 무성한 잎을 달고 있는 가지는 길 가운데까지 뻗어 있었다. 바로 거기에서 주위를 가득 채우는 꾀꼬리 소리가 울려 퍼졌다. 두 마리의 꾀꼬리 소리! 한 마리의 소리는 크게 울렸고, 그 소리에 대답하는 또 한 마리의 소리는 메아리처럼 울렸다. 주고받는 소리가 얼마나 아름다웠던지 마음이 감동으로 차올랐다. 불현듯 고등학교 다닐 때 배웠던 황조가가 생각났다. 사랑하는 여인을 쫓아갔으나 외로이 혼자 돌아올 수밖에 없었던 유리왕이 이 꾀꼬리의 주고받는 소리를 들었으니 얼마나 마음이 아팠을까? 꾀꼬리 소리를 듣고 나는 시인이 되어 유리왕의 마음에 공감했다.

바람이 났어요

아침 일찍 일어나 뒷산에 가는 일은 매일의 일과가 되었다. 퇴근 후, 저녁 먹기 전에도 산에 자주 올랐다. 그 모습을 보고 아내는 바람났다고 했다.

"느그 아버지 바람났다."

"예? 바람요?"

"응, 산바람, 그리고 새바람."

아내가 아이들 앞에서 이렇게 말해 함께 웃었다. 한번은 새 때문에 저녁 식사 시간을 훌쩍 넘겨 내려온 적도 있다. 1시간 또는 1시간 30분 다녀올 생각으로 뒷산에 올랐다. 그런데 내려가려면 자꾸 새들이 나를 붙잡는(?) 바람에 2시간 30분을 훨씬 넘겨서 내려왔고, 화난 아내를 진정시키기 위해 진땀을 빼야만 했다. 새들이 어떻게 붙잡느냐고? 몇 발 앞에서 들려오는 새들의 아름다운 노랫소리는 내 발을 땅에 찰싹 붙게 만든다.

이날 나를 붙잡은 새는 되지빠귀와 뻐꾸기 그리고 오색딱따구리이다. 무슨 일이 있었는지 되지빠귀가 내려가는 내 등 뒤에서 있는 힘을 다해서 울었고, 뻐꾹뻐꾹 하며 날아온 뻐꾸기가 바로 머리 위에서 '뻐꾹' 하고 소리를 질렀다. 덩달아 오색딱따구리가 울부짖으며 날아올랐다. 온몸의 감각을 깨우는 소리에 나는 전율했다. 이 일이 있은 후, 내 생활 태도는 많이 바뀌었다. 나는 소심한 성격이고 말소리도 크지 않다. 남들 앞에서 말하려면 용기를 많이 내야 한다. 피아노를 치거나 노래할 때도 조심스럽다. 그런데 이제는 크고 분명하게 말하고 노래하려고 애쓴다. 거침없는 소리가 주었던 감동 때문이다.

뒷산을 사랑하게 됨

뒷산은 산책하기에 좋은 아담한 산이다. 우리 집에서 가장 멀리 있는 옥녀봉까지도 빠른 걸음으로 다녀오면 40분이면 족하다. 나는 주로 중간 지점인 소태봉이 있는 곳까지만 다녀온다. 소태봉에 오르는 일도 별로 없다. 소태봉 근처에 새들이 많은 숲이 있기 때문에 거기에서 많은 시간을 보내고 온다. '새들의 숲', 내가 지은 이름이다. 아래로 조금 내려와서 새들의 숲을 넓게 바라보면 마치 무대에서 큰 연주 홀의 객석을 보는 듯하다. 거기에서 울려 퍼지는 새들의 지저귐은 아름답다는 말밖에 달리 표현할 방법이 없다. 녹음을 해 보지만, 숲에서 듣는 새소리와는 차원이 다르다.

새들의 숲에서 아래로 내려오면 텃밭을 가꾸시는 어르신을 만날 수 있다. 텃밭 가까이에 작은 거처도 있다. 가끔 라디오를 트시

면 새들의 숲에 크게 울리기 때문에 새소리를 듣는 데에는 방해가 된다. 나중에는 그것도 자연의 일부라고 스스로를 다독이며 듣는 해결책을 내었다.

거기에서 조금 더 내려오면 되지빠귀가 지저귀는 모습을 내 눈으로 직접 보았던 곳이 나온다. 처음 소리를 들은 뒤로부터 두 달이 다 지났을 때 비로소 모습을 보았으니 얼마나 기뻤겠는가? '새들의 숲'과 함께 내가 오래 머무는 곳이다. '가능골 농장' 근처의 숲이다. 농장 주인 어르신이 한번은 나를 보고 물으셨다.

"뭘 연구하시오?"

"그냥 새소리를 듣는 거예요. 이 주위에 새들이 많거든요."

왼손에는 쌍안경, 오른손에는 녹음기를 들고 한참을 서 있거나 쪼그려 앉아 있으니 궁금하셨던 모양이다.

이곳에서 큰유리새와 숲새를 듣고 보았다. 큰유리새 소리도 참 아름답다. 맑고 청아한 소리가 잘게 쪼개지며 사라진다. '점점 여리게'라는 음악 용어를 붙이면 어떨까? 작고 앙증맞은 숲새는 윈드 차임 소리를 연상시키며 점점 소리가 커진다. '점점 세게'라는 용어를 붙이면 딱 맞다. 그래서 '크레센도 새'라고 이름 붙였다. 때로는 동고비가 눈앞에서 한참을 지저귄다. 때로는 오색딱따구리, 청딱따구리가 모습을 드러내어 특유의 짧은소리로 숲을 울린다. 파랑새 소리와 모습도 가능골 농장에서 보았다. 파랑새 소리는 평화샘 회원인 영자샘의 흉내를 통해서 처음 알게 되었다. 개구리 소리와 흡사한 이 소리를 모임에서 듣고 한참을 웃었는데….

딱따구리의 드러밍, 물까치와 까마귀의 전투, 능청스러운 어치의 성대모사, 붉은머리오목눈이의 깜찍한 모습, 산에 오를 때마다 가장 먼저 인사하는 박새, 장난꾸러기 쇠박새, 딱 한 번, 잠깐 모습을 보여 주고 날아가 버려 아쉬움을 남긴 진박새까지. 나는 뒷산에서 날마다 새로운 감동을 받았다. 비 오는 어느 날, 허탕 친 마음으로 돌아올 때는 진한 꽃향기가 나를 위로했다. 이러니 뒷산을 사랑하지 않을 수 없다.

새들에게
노래를 배움

새들의 노랫소리를 자꾸 듣다 보니 나도 노래하고 싶은 마음이 자연스럽게 생겼다. 노래하는 자세도 새롭게 배웠다. 멧비둘기가 우는 모습을 보면, 먼저 머리를 들고 가슴을 쭉 편다. 두 발로는 가지를 꽉 붙잡고 꼬리로 중심을 잡는다. 그러고 멱 주위를 가능한 한 크게 부풀려서 소리를 낸다. 완벽한 자세이다. 학교 다닐 때 새에 대해 알았다면 멋진 가수가 되었을 텐데, 아쉽다. '훌륭한 음악가가 되려면 자연을 알아야 한다!'

새소리에 대한 관심은 다른 소리에 대한 관심으로 이어졌다. 멧비둘기가 멱을 부풀려서 소리 내는 것은 개구리와 닮았다. 모내기철 논에서 들려오는 청개구리와 참개구리 소리를 들은 것은 밤이었는데, 가까이에서 으드득 으드득거리는 참개구리 소리는 무섭기까지 하였다. 리듬감 있는 무당개구리 소리는 재미있다. 장마철에 듣게 된 맹꽁이의 떼창은 얼마나 놀라웠던지…. 부슬비가 내리는 산을 산책하다 저 아래 멀리서 들리는 그 소리에 이끌려 한참을 내려갔었다. 호기심에 불붙어 여기저기 공격적인 질문을 퍼부은 결과 알게 된 소리의 주인공들이다.

장마철 퍼붓는 빗소리를 들으러 산에 올라간 적도 있다. 강렬한 빗소리와 함께 터지는 천둥소리는 얼마나 짜릿했던지…. 마치 클라이맥스에 이른 오케스트라의 포르티시모를 듣는 느낌이었다.

내 삶의 변화, 그리고 깨달음

새소리에 흠뻑 빠진 나는 삶에 활력을 얻었다. 작은 실패에도 의기소침하던 나는 매일의 감동 덕분에 '그럴 수 있지. 다음에 잘하면 되잖아.' 하고 툴툴 털었다. 동료 교사와 학생들에게 밝은 얼굴로 먼저 인사하는 여유도 생겼다. 밝고 건강해졌다고, 비결이 뭐냐고 묻는 선생님도 있었다.

"비결요? 뒷산과 새소리 덕분입니다!"

배움의 과정에 대한 깨달음도 얻었다. 배움의 시작은 호기심이다. 그리고 그 과정은 일상적이고 지속적이어야 한다. 참고 기다리는 시간도 필요하지만, 내가 좋아하는 것이기에 충분히 인내할 수도 있고 복잡함도 헤쳐 나갈 수 있다. 함께 이야기를 나눌 수 있는 동료가 있다면 더욱 재미있게 배울 수 있다. 말할 것도 없이 배움의 주체는 내가 되어야 한다. 내 이야기여야 하고, 그렇기에 내가 선택한 주제여야 한다. 내 이야기를 온전히 받아들이는 사람들 앞에서 이야기보따리를 풀어놓을 수 있다면 그야말로 금상첨화이자 화룡점정의 순간이 될 것이다.

내 경우에 비추어 보면, 뒷산은 아파트 현관을 나서자마자 보이는 일상의 공간이다. 날마다 산책하며 새에 대한 호기심이 생겼고, 좋아하기에 기꺼이 참고 기다릴 수 있었다. 새의 크기를 가늠할 수 있을 때는 도감을 뒤적였고, 새소리를 듣고서는 새소리 CD와 하나하나 비교했으며, 유튜브도 참고했다. 유튜브 검색란에 도감에 있는 새의 학명을 입력하면 세계의 유튜버들이 올린 나양한 영상도 볼 수 있다.

새의 모습과 이름을 알게 되었을 때 그 기쁨은 참으로 큰 것이었는데, 그때는 마을배움길 동료들과 나누었고 기쁨은 배가 되었다. 물론 알아 가는 과정에서도 새에 관심이 많은 몇몇 선생님들에게 궁금한 점을 물어보기도 했다. 그동안 새에 대한 배움의 과정에 대해 마을배움길 모임에서 이야기할 기회도 있었는데, 30분 가까이 재미있게 이야기를 주고받았다.

모임 후 내가 발표한 부분을 들어 보았는데, 생기 있는 내 목소리에 내가 놀랐다. 동료들은 내 이야기를 경청하였을 뿐 아니라, 새소리에 나름 영감을 받아 함께 노래해 보자고 제안했을 때는 마스크를 쓴 채 기꺼이 노래까지 해 주었다. 글을 쓰기 위해 최근에 다시 들었는데, 그때에는 알아차리지 못한 재미있고 통찰력 있는 이야기들이 새롭게 귀에 들려온다. '아하, 나도 이야기를 재미있게 할 수 있어. 내가 좋아하고 직접 경험한 것들이어서 자신 있게 말할 수 있었던 거야!'

한번 호기심에 흠뻑 빠진 나는 다른 주제들에 대해서도 귀를 기울이는 여유가 생겼고, 내가 알고 있는 것들과 새로운 주제를 연결해 보기도 한다. 그리고 역시 소리에 관심이 많은 나는 요즈음 귀뚜라미 소리에 또 푹 빠졌다. 온도에 예민한 귀뚜라미의 세계는 또 다른 즐거움을 준다. 귀뚜라미에 대해 이야기하려면 또 한참이 걸리기 때문에 여기에서는 생략한다.

작은
실천

　일상적인 것에서 기쁨을 얻은 나는 학생들의 일상도 궁금해졌다. 내가 뒷산의 새소리에 기쁨을 얻고 배움을 확장해 나갔듯이 학생들도 자신이 사는 곳에서 배움의 주제를 발견하고 그 배움을 넓혀 갈 수 있지 않을까? 나는 학생들과도 기쁨을 나누기로 작정했다.

　3학년 수행평가 영역 중 하나를 '영상 작품 만들기'로 정했다. 내가 좋아하는 것, 내가 사는 곳, 내 일상의 이야기를 주제로 제시했다. 그리고 먼저 내 이야기를 영상으로 만들어 원격수업에 올렸다. 그동안 녹음해 두었던 새소리 가운데 음질이 좋은 것들을 선택하고 사진도 곁들였다. 더 필요한 사진과 동영상은 다시 뒷산에 올라가 새롭게 촬영하였다. 학생들의 작품은 다른 학생들에게는 비공개로 하기로 원칙을 정하였다. 다만 학생들과 나누고 싶은 작품은 본인의 허락을 받기로 했다. 학생들의 작품들이 하나둘 도착하기 시작했다. 그리고 나는 20여 년의 교직 경력 중 가장 행복한 순간들을 경험하였다.

　몇 작품을 소개한다. 내 마음을 사로잡은 가장 뛰어난 작품은 태석이의 것이다. 제목은 '성적표 나온 날'이다. 초라한 성적표를 받아 든 태석이는 걱정이 태산이다. '이걸 어떻게 어머니께 보여 드려야 하나?' 반면 가까운 어머니들과 전화를 주고받던 태석이의 어머니는 오늘이 성적표 받는 날인 것을 알게 된다.

"아, 그래요? 오늘이 성적표 받는 날이군요. 호호호."

잔뜩 기대하는 어머니. 하지만 성적표를 확인한 순간, 집안은 난리가 난다. 겨우겨우 어머니를 진정시키는 태석이. 당장 오늘부터 열심히 공부하겠다고 약속한다. 자기 방에 들어와 방문을 닫고 책상 앞에 앉았다. 그런데 게임 생각이 솔솔~~~ 참지 못하고 게임을 하기 시작한다. 신나게 카트라이더를 한다. 오늘따라 게임이 너무너무 잘된다. 1위에 자리 잡은 내 기록, 하하하. 그 순간, 방문이 열린다. '아아악…'

반전을 거듭하는 이야기도 재미있지만 검정색, 빨강색 볼펜으로 낙서하듯이 그린 그림이 압권이다. 상황에 딱 맞는 기발한 그림이다.

두 번째 작품은 현주의 것이다. 휴일의 일상을 담았다. 정오가 다 되어 일어난다. 피아노를 한 곡 연주하다 보니 배가 고프다. 점심을 직접 만들었는데 조금 타 버린 음식도 있다. 하지만 메뉴는 다채롭다. 밥을 먹었으니 강아지 코코를 데리고 등산을 간다. 산장산 입구에 도착. 개망초와 나비, 그리고 옥수수가 길가에 서서 현주를 반긴다. 무서운, 사실은 귀엽게 꾸민 허수아비도 보인다. '새소리와 매미 소리의 조화(?)'라는 자막이 뜨고, 영상은 소리를 쫓아 숲을 이루고 있는 나무의 높은 가지들을 보여 준다. 새소리를 올린 내 영상에 대한 답인 셈이다. 이후 힘들게 정상에 올랐다. '너무너무 이쁜 view'라는 자막과 함께 구름, 가까운 산자락 그리고 멀리 실루엣처럼 보이는 산봉우리들이 화면에 담겼다. 등산 후의 휴식 타임. 좋아하는 음악들이 영상과 함께 이어진다. 휴식 후 얼마

남지 않은 시험에 대비해 열심히 공부하는 현주, 해야 하는 숙제도 넘쳐난다. 등교 수업이 있던 날 현주에게 제안했다.

"네 작품 너무 좋아. 다른 애들에게도 보여 주자."

태석이와 달리 현주는 고개를 가로저었다. 아쉬웠지만 현주의 의사를 존중할 수밖에… 하지만 다른 아이들은 모르는 현주의 일상. 현주와 재미있게 수다를 떤 느낌이다.

세 번째 작품의 주인공은 희주이다. 제목은 '내가 좋아하는 길'. 학원 갈 때 걷는 길을 소개한다. 네 번째 길까지 있다. 첫 번째 길, 학원 가기 전에 가장 먼저 만나는 길이다. 기분 좋은 새소리, 바람이 나무에 스치는 소리 같은 평화로운 소리가 들려서 좋아하는 길이다. 두 번째 길, 길가에 무성하게 자란 나무, 조그만 밭, 뵙게 되는 어른들, 그 어른들에게 인사드릴 때의 복작복작한 분위기가 좋다고 한다. 어른들께 인사 안 드리면 어른들에게 아버지가 혼난다는 말을 덧붙인다. 정겨운 분위기가 느껴진다. 세 번째 길, 가장 좋아하는 길이다. 비 온 후 약간 촉촉한 것이 이쁜 길인데, 이 길을 걸을 때는 차분하고 슬픈 노래를 듣는다고 한다. 네 번째 길, 오르막길이라 힘들지만 예뻐서 마지막 힘을 내는 길이다. 정말 희주의 발걸음 소리와 함께 거친 숨소리가 들린다. 영상에서는 희주의 발걸음 소리, 바람 소리, 새소리, 풀벌레 소리, 특히 여치 소리가 크게 들린다. 자연의 소리가 배경음악인 셈이다. 마지막 영상, 하늘에 아름다운 구름은 팁이다

언젠가 학교 동료와 함께 진잠의 가장 서쪽 마을인 송정동부터 시작하여 세동, 성북동, 교촌동, 그리고 학교가 있는 원내동으로 이

어지는 숲길과 마을길을 걸은 적이 있다. 진잠은 대전의 서쪽, 옛 마을의 모습을 간직한 아름다운 고장이다. 이날도 그 아름다움을 만끽하며 교촌동에서 원내동으로 들어서던 참이었다. 순간, 그 길이 희주가 소개한 길임을 알아챘다. '아, 희주가 영상에 담았던 길이네. 그 길을 내가 지금 걷고 있다니, 신기해라.' 이후 아침에 등교하는 희주를 만났다.

"희주야, 네가 영상에 담았던 길, 어제 내가 걸은 거 있지. 정말 예쁘더라."

"그쵸? 진짜 이쁘죠?"

네 번째 작품의 주인공은 보미이다. 제목은 '내 방 창문에서 보이는 풍경과 소리'이다. 비 오는 소리, 새소리, 매미 소리, 개 짖는 소리, 방구차 소리(소독차가 약을 분무하는 소리), 전투기 소리(진잠은 계룡시와 멀지 않다), 트럭 소리, 아이들 떠드는 소리, 폭우 소리를 녹음한 날짜와 함께 소개하고 있다. 수많은 소리가 자기 방 창문에서 들리는데, 들었을 때 좋은 소리가 많아서 영상을 만들었다는 소감이 마지막 자막으로 붙는다. 늘 들려오던 주위의 소리를 듣기 좋은 소리로 새롭게 발견한 것이다.

이 외에도 화가인 어머니의 아름다운 작품을 담은 영상, 길가에 핀 꽃들, 갑천에서 만난 새들, 자신이 연주한 피아노곡들, 아이들이 풀어내는 다양한 이야기들을 시간 가는 줄 모르고 재미있게 보고 들었다.

"선생님, 저 음악 교사인 것이 너무너무 행복해요. 틀에 갇히지 않은 아이들의 이야기를 보고 듣는 것이 너무 재미있거든요. 지난번 가창 수행평가 영상에서도 아이들 모습이 너무나 편안해 보였어요. 열창한 학생들도 있었고요. 춤과 함께 다양한 퍼포먼스를 연출한 학생들도 있었어요. 교실에서는 볼 수 없는 모습이죠. 집이 주는 편안함과 함께 선생님만 본다는 사실에 더 많은 시도를 하나 봐요."

국어 선생님과 수다를 떨면서 한 이야기다.

사실 올해 어떤 수행평가를 해야 하나 고민이 많았다. 영상 작품 만들기는 이전에는 모둠수업으로 진행했는데, 코로나19로 인해 모둠수업을 할 수 없는 상황에서도 가능한가 싶었다. 하지만 자신의 일상을 소박하게 영상으로 만드는 일은 가능하겠다 싶어 시작했는데, 의외로 좋은 결과를 얻었다. 그리고 얻은 깨달음! '사람의 관계는 1:1로 시작하는 거야. 교실에서 한꺼번에 많은 학생을 대상으로 수업해야 하는 교사가 놓치기 쉬운 사실이지.' 코로나19로 인해 일상적으로 누리던 것들이 얼마나 소중했던가를 절감하는 지금, 배움의 바탕이 되는 학생과의 관계도 1:1로 시작해서 점차 확장되는 것임을 깨닫는다.

등교 수업에서 제출한 영상작품에 대한 보고서를 쓰는 것으로 수행평가를 마무리하였다. 그리고 보고서를 쓰고 있는 학생 한 명 한 명에게 다가가 나지막한 소리로 소감을 이야기하며 칭찬을 해 주었다. 그때 뿌듯해하던 학생들의 표정이 눈에 선하다.

상상

즐거운 상상을 한다. 학생들과 나누었던 기쁨을 선생님들과도 누려 보고 싶은 것이다.

같은 학년을 담당하는 교과 선생님들이 모였다.

"선생님, 지난번 산장산에 오르기 전에 새소리 영상을 카톡으로 보내 주셨잖아요. 그 이후에 새소리가 들리기 시작했어요. 꾀꼬리 소리가 가장 아름다워요."

친목회 주관으로 학교에서 가까운 산장산에 오른 적이 있다. 산에 오르면 들릴 만한 새소리와 모습을 미리 영상으로 제작하여 카톡방에 올렸는데, 그것이 계기가 되어 이제 새소리가 들린다는 국어 선생님의 이야기였다.

"큰일 났네요. 새소리에 빠지면 헤어 나오기가 어려운데요."

나는 우스갯소리로 받으며 올해 처음 꾀꼬리 소리를 들었을 때의 감동을 전했다. 두 마리가 서로 주고받는 소리여서 더욱 아름다웠다는 말에 국어 선생님이 감정을 담아 「황조가」를 읊었다.

"훨훨 나는 저 꾀꼬리 암수 서로 정다운데 외로워라 이 내 몸은 뉘와 함께 돌아갈까."

시를 가만히 감상하고 있던 역사 선생님은 『삼국사기』에 실린 고구려의 유리왕과 치희의 이야기를 들려주었다. 시의 역사적 배경을 알고 나니 시의 내용이 더 애틋하게 느껴진다.

항상 짧고 요점 있게 말하는 과학 선생님이 말했다.

"꾀꼬리는 여름 철새예요. 봄에 왔다가 가을에 다시 따뜻한 나라로 떠나죠. 그러니까 유리왕이 황조가를 읊었을 때는 늦은 봄이거나 여름인 거죠."

점점 황조가가 생생해진다. 그리고 다음과 같이 덧붙인다.

"예전에 학생들에게 학교 가까이에서 볼 수 있는 새들에 대해 수업한 적이 있었어요. 그런데 진잠중학교에서는 더 많은 새를 이야기할 수 있을 것 같아요. 계절별로 볼 수 있는 새들을 조사하게 한다면 텃새와 철새에 대해 자연스럽게 알게 되겠죠."

내가 말을 받았다.

"새의 크기에 따라 소리의 높낮이가 달라요. 클수록 낮고 작을수록 높죠. 악기의 원리와 같아요. 학생들에게 새소리를 들려주며 음역을 정해 보도록 하면 재미있겠어요. 예를 들어, 꾀꼬리는 매혹적인 메조소프라노, 이런 식으로요."

미술 선생님이 내 말을 받았다.

"새마다 꼬리 모양이 다르잖아요. 그것들을 그려 보는 것도 재미있겠네요. 그리고 옛 그림 속에 나오는 새는 각기 상징하는 바가 있다는 것을 들은 적이 있는데요. 그걸 찾아봐도 좋겠고요."

마지막으로 도덕 선생님은 남한과 북한에서 사용하는 새의 이름을 서로 비교해 보면 훌륭한 통일교육이 될 수 있겠다고 한다.

"우리가 나눈 이야기들을 학생들과 나눌 수 있다면 훌륭한 통합수업이 될 수 있지 않을까요? 주제는 '우리 마을 새 이야기' 어때요?"

내 제안에 선생님들은 그것 좋겠다고 한번 해 보자고 한다.

나 혼자 상상한 이야기이지만 우리 마을에서 발견할 수 있는 주제가 새뿐만이겠는가? 다양한 주제에 대해 각 교과의 눈으로 본 깊고 풍성한 이야기들이 넘쳐난다면 학교는 정말 매력적인 곳이 되지 않을까? 각 교과의 전문가로 이루어진 중등학교는 큰 잠재력을 지닌 셈이다.

즐거운 상상 가운데 떠오른 또 다른 상상! '코로나19'가 배움의 주제면 어떨까? 당면한 우리 모두의 문제이기에 그 배움의 과정은 매우 생생하지 않을까? 각 교과에서 코로나19 관련 소재들을 찾아 이야기한다면? 그 이야기를 학생들과도 나눌 수 있다면? '발상의 전환'으로 인해 두려워했던 전염병은 오히려 매력적인 배움의 주제가 되었다. 그리고 우리 학교는 삶의 문제를 고민하고 해결하기 위해 함께 실천해 나가는 역동적이고 창조적인 배움의 장으로 다시 태어난다.

너리기 편지기와 강강술래

'너리기 편지기'는 1학년 학생들과 첫 음악 시간에 하는 놀이이자 수업이다. 2박자의 리듬, '라와 미' 두 음으로 이루어진 가락, 단순하지만 흥겨운 이 노래에 맞춰 함께 손을 맞잡고 원을 이루어 춤을 춘다. 춤이라기에는 너무나 단순한 동작이지만. 한 사람이 여러 사람을 이끌고 두 사람 사이를 통과하면 모든 사람이 바깥쪽을 바라보게 된다. 다시 여러 사람을 이끌고 또 다른 두 사람 사이를 통과하면 모든 사람이 안쪽을 향하여 서로를 바라보게 된다. 이렇게 움직이다 보면 팔이 꼬이는 두 사람이 생기기 마련인데, 이럴 때 '실꾸리 똘똘, 명주꾸리 똘똘'의 동작으로 꼬인 팔을 푼다.

이 놀이를 하다 보면 첫 만남의 긴장과 어색함은 어디론가 사라지고 활기차고 화기애애한 분위기가 된다. 이른바 '환대의 놀이'이다. 재미있는 가사와 흥겨운 가락, 춤이 어우러져 서로를 받아들이게 되는 것이다. 춤 또는 동작과 함께 노래할 때 더욱 흥겹다는 사실을 깨닫게 한 놀이이기도 하다.

그런데 올해에는 학생들과 이 놀이를 할 수가 없었다. 등교는 자꾸 미루어지고 원격수업이 시작되었기 때문이다. 고민하다가 1학년 선생님들에게 도움을 구했다.

"학생들 수업을 위한 것인데 도와주실 수 있을까요?"

적극적인 1학년 선생님들은 두말없이 응했다. 잠깐 노래와 동작을 설명하고 연습한 후 촬영을 했다. '너리기 펀지기 장딴지 소래기 꼭꼭 숨어라 머리카락 보일라.' 마스크를 쓰고 있어 불편했지만, 선생님들의 밝은 표정과 웃음소리가 음악실을 가득 채웠다. 이 분위기로 우리는 함께 1학년 학생들을 반갑게 맞이하였다.

2학기 들어서도 코로나19는 수그러들지 않았다. 오히려 3분의 1 등교라는 강도 높은 대책이 발표되었다. 학생들을 만나기가 더욱 힘들어졌다. 추석이 가까워지던 어느 날, 또 한 번 용기를 내어 1학년 선생님들에게 도움을 구했다.

"선생님, 제가 2학기 자유학기제 수업 가운데 놀이예술반과 마을배움길반을 맡고 있잖아요. 추석을 맞아 강강술래를 하고 싶은데 학생들과는 할 수 없는 상황이어서요. 대신 선생님들과 함께 하고 그 영상을 학생들에게 보여 주는 것은 어떨까요?"

이번에도 두말없이 OK! 1학년 선생님들의 적극성과 제자 사랑에 놀랄 뿐이다.

다시 음악실에 모였다. 마스크를 다시 한 번 잘 고쳐 쓰고 손소독도 꼼꼼히 하였다. 이번에도 간단하게 노래와 동작을 연습하고 바로 촬영에 들어갔다. "강강술래~", 메기는 내 소리에 선생님들의 받는소리가 이어진다. 중중모리의 강강술래 걷기와 자진모리의 강강술래 뛰기, 고사리 끊기, 청어 엮기, 덕석 몰기가 이어졌다. 마지막은 제자리에 멈춰 서서 '술래'를 부를 차례, 숨이 가쁘다.

"우리 동네 아이들은 공부 땜에 걱정이요. 우리 동네 어른들은 일자리 땜에 걱정이요. 우리 겨레는 분단 땜에 걱정이요. 높은 나무 앉은 새는 떨어질까 걱정이요. 물꼬 밑에 미꾸라지 가뭄 들까 걱정이요. 온 세상이 걱정일 때 우리 모두 손을 잡고 함께 맘을 모은다면 새로운 세상이 온다네."

한 소절 한 소절 메길 때마다 "술래~" 하고 받는소리가 이어졌고 마지막은 "술래~" 하고 소리치며 모두가 하늘을 향해 뛰어올랐다. 단 한 번의 촬영으로 성공! 우리는 모두 환호하며 손뼉을 쳤다.

강강술래를 하고 선생님들께 간단한 소감을 영상에 덧붙여 달라고 부탁을 드렸다. 부담스러워하시는 표정, 그리고 잠깐의 어색한 분위기. 하지만 세 분의 선생님이 나섰다. 과학, 국어, 영어 선생님이다.

"강강술래 처음 해 봤는데요. 엄청 더워요, 마스크를 쓰고 해서. 강강술래는 여러분 알다시피 추석 때 하는 놀이고요. 음력 8월 15일이 추석인 거는 알죠? 15일은 보름달이 동그랗게 뜨죠. 그런 동그란 보름달을 형상화해서 다 같이 노는 놀이가 강강술래예요. 여러분도 기회 닿으면 해 봤으면 좋겠어요. 빠이~"

과학 선생님의 정겨운 인사가 인상적이다.

"코로나가 아니었다면 여러분도 이 즐거운 놀이를 할 수 있었을 텐데, 아쉬워요. 여러분 1학기 국어 수업할 때 '비유와 상징' 배웠던 거 기억나나요? 시를 배웠는데요. 시 안에 문장이나 단어가 반복되면 운율이 형성된다고 했잖아요. 이 강강술래가 운율, 리듬감이 형성되는 것을 보여 준다고 생각합니다. 강강술래라는 단어가 반복되고 있잖아요? 또 시와 문학은 우리의 현실을 반영하는데요. 음악 선생님이 크게 노래를 불러 주었는데, 그 안에 우리의 현실이 반영되어 있었어요. 여러분도 이 영상을 보면서 시와도 접목을 시켜 보고 우리의 현실이 어떻게 반영되어 있나 생각해 보면 좋겠습니다."

늘 활기찬 국어 선생님의 인터뷰이다.

"오늘 강강술래를 배워 보았는데요. 조금 숨이 차고 힘들지만 쉽게 배울 수 있고, 너무너무 재미있고, 같이 노래 부르며 하니까 서로 친해지고 좋았는데요. 지금은 코로나 때문에 여러분이 함께 손잡고 강강술래를 배우지는 못하지만, 나중에 기회가 되면 꼭 해 봤으면 좋겠고. 그리고 외국의 어떤 놀이에 비해서도 전혀 뒤처지지 않는 훌륭한 놀이라는 생각이 들었어요. 나중에 외국 친구들에게도 여러분이 영어로 당당히 소개할 수 있었으면 좋겠어요. 지금 코로나로 여러분도 힘들고 서로 떨어져 있지만 이렇게 강강술래처럼 손잡고 열심히, 함께 이겨 냈으면 좋겠습니다. 안녕~"

강강술래를 영어로 소개하려면 영어를 열심히 해야 한다는 메시지를 담은 감동적인 영어 선생님의 인터뷰이다.

강강술래와 인터뷰가 담긴 이 영상은 놀이예술반과 마을배움길반에 각기 다른 관점과 설명을 덧붙여서 올렸을 뿐 아니라, 마을교육공동체 씨앗동아리 '깍두기' 회원들의 단톡방에도 올려 그 감동을 함께 나누었다.

내가 사는 마을과 학교가 있는 마을을 걷는 이유

코로나19로 인해 우리 사회가 힘들고, 교육현장 역시 몹시도 힘이 든다. 나는 이것을 이겨 낼 열쇠를 협력에서 찾는다. 1학년 선생님들과 강강술래를 하며 마음을 하나로 모으고, 각 교과 교사로서 보고 느낀 것을 나누는 장면에서 협력의 가능성을 발견한다. 교사들이 자신들의 삶에서 얻은 배움의 즐거움과 깨달음을 함께 나눌 기회가 더 많으면 좋겠다. 또 그 기쁨을 아이들과도 나누면 좋겠다. 그러면 아이들도 자신들의 삶을 담은 이야기보따리를 풀어놓지 않을까? 눈을 크게 뜨고 생기 있는 목소리로 수다를 떠는 학생들의 사랑스러운 모습과 그것을 들으며 흐뭇한 미소를 짓는 교사들의 인자한 모습이 그려진다.

걸으면, 우리 가까이에 있지만 우리가 보지 못하던 것, 들을 수 없던 것들을 보고 들을 수 있다. 그래서 나는 오늘도 내가 사는 마을과 아이들이 사는 마을을 걷는다. 내 이야기를 하기 위해서, 또 내게 이야기해 줄 한 아이를 기대하며….

코로나19 시대, 교사와 아이들, 마을이 함께 빚은 신나는 배움

김미자

코로나19도 이기는
시니어 할머니들

"아침 8시까지는 출근해서 부랴부랴 제가 맡은 장소로 달려가요. 오자마자 각자 맡은 위치에 가서 발열 체크와 손 소독 지도해야 하고, 우리 반 아이들이 등교하지 않을 때는 다른 반 아이들 급식 지도도 해야 했어요. 손 소독제 짜 주고, 거리 유지하라고 하고, 밥 먹고 나서 마스크 하라고 하고. 그러고 나면 긴급돌봄 아이들 급식 지도도 해야 했어요. 업무 전담 선생님들은 일시적 관찰실에서 항상 대기하고 있어야 하니 그것도 힘드셨을 거 같아요. 처음에는 소독약 주면서 교실 문고리와 틈틈이 화장실 소독도 하라고 하는데 그럴 정신이 어딨어요. 정말 몸이 열 개라도 모자라는 상황이었어요. 아마 어린 자녀가 있는 선생님들은 더 힘드셨을 거예요."

다른 학교로 전근 간 임 선생과 오랜만에 통화를 하며 어떻게 지내느냐고 했더니 말도 말라며 한참을 하소연했다. 그나마 지금은 열화상 카메라가 보급되었으니 망정이지 그전에는 일일이 체온 재느라 정신이 하나도 없었다고 했다. 학교도 동료 교사도 다 낯선 데다 코로나19까지 겹쳐 힘들어하는 임 선생 이야기에 안타까운 마음이 들었다. 전국 대다수 학교가 다 비슷할 텐데 내가 다니는 한솔초*는 조금 다른 풍경이 펼쳐졌다. 우여곡절 끝에 아이들이 등교를 한 5월 27일부터 우리 학교에는 열여섯 분의 시니어 할머니들도 오셨다. 할머니들께서는 방역과 학습준비물실 관리, 유치원과 1학년 교육활동을 지원해 주었다. 오전과 오후로 나누어 화장실 앞에서 아이들이 방역 수칙을 지키며 이용할 수 있도록 알려 주고 가끔 장난이 지나친 아이들에게는 조용히 타일러 주셨다. 아이들이 수업 중일 때는 잠시도 쉬지 않고 복도 바닥과 창틀, 신발장, 사물함 등을 소독하고 닦아 주셔서 먼지 하나 발견하기 힘들었다.

어느 날 출근을 하는데 현관 앞에서 한 여자아이가 엄마를 끌어안고 울고 있었다. 엄마가 아무리 타일러도 소리 없이 눈물만 흘리는 아이를 안쓰러운 눈으로 쳐다보는 교장 선생님이 보였다. 교장 선생님께 왜 그러느냐고 물었더니 코로나19로 입학식도 제대로 못 한 데다 친구도 사귀지 못한 1학년 아이가 엄마와 떨어지기 싫어 아침마다 눈물바다가 된다는 것이었다. 그런데 그때 1학년 교실 앞을 지키는 할머니께서 얼른 오시더니 아이 손을 잡고 등을 토닥였다.

"울 애기 왜 울어? 할머니랑 같이 갈까?"

---

* 한솔초등학교는 청주시 서원구 수곡동에 위치하고, 14학급 290여 명의 아이가 다니는 중소 규모 학교이다.

그제야 아이는 눈물 콧물 범벅이 된 얼굴을 들어 할머니를 쳐다보더니 엄마에게서 겨우 떨어져 할머니 손을 잡고 교실로 걸어갔다. 아침마다 반갑게 맞아 주시는 할머니와 그새 친근해진 것 같다. 엄마는 아이 손을 잡고 가는 할머니께 연신 고맙다고 인사를 했다. 교장 선생님도 나도 다행이라는 생각에 웃음이 났다.

이렇게 많은 할머니가 오신 것은 올해 서원 시니어 클럽과 연계하여 '친구야, 학교 가자!' 프로그램을 시범 운영하게 되었기 때문이다. 우리 학교도 다른 학교와 마찬가지로 몇 년 전부터 서원 시니어 클럽과 교통지도, 급식 도우미, 도서 도우미 등의 협력 사업을 진행하고 있다.

지난해 말 교장 선생님은 서원 시니어 클럽의 담당자와 협력 사업에 대한 이야기를 나누다 담당자가 시니어분들이 쓰레기 줍기나 교통봉사 같은 일 말고 교육적으로 의미 있고 보람을 찾을 수 있는 일자리가 있으면 좋겠다는 바람을 이야기했다고 한다.

마침 입학하는 아이들 가운데 갈수록 보살핌이 필요한 아이들이 많아서 고심하던 교장 선생님이 흔쾌히 받아 시작하게 되었다고 한다. 원래는 병설 유치원과 1, 2학년 아이들과는 나들이와 놀이, 이야기를 들려주고, 고학년하고는 세시풍속, 텃밭 농사, 뜨개질이나 바느질 같은 것을 알려 주기로 했다. 하지만 코로나19로 인해 주로 방역 지원과 유치원, 1학년 아이들을 보살피는 일을 하고 있다.

코로나19로 정신없이 보낸 한 학기를 마무리하며 할머니들의 활동에 대해 학교 구성원들과 이야기를 나누었다. 할머니들과 만남이 많았던 1학년 교사들이 가장 고마워했다.

"학기 초 적응이 힘들 때 시니어 할머니들께서 따뜻하게 맞아 주셔서 아이들이 편안하게 학교에 올 수 있었어요. 신발장에 신발 넣는 것도 어려워하는데 현관 앞에서 기다리시다 아이가 오면 반겨 주시고, 신발장 정리를 도와주셨어요. 화장실도 함께 가 주시고, 우는 아이도 달래 주셔서 참 감사했어요."

다른 교사들도 하나같이 할머니들이 계셔서 든든하고 안심이 되었다고 했다.

"올해 할머니들 안 계셨으면 어쩔 뻔했어요? 늘 가깝게 계시면서 꼭 필요한 도움을 주시니 진짜 살 것 같아요."

"쉬는 시간에 할머니들이 아이들과 실뜨기를 하며 놀아 주시는 모습이 인상적이었어요. 그리고 올해 우리 학교는 공사 때문에 어려움이 겹쳤는데 학교 주변 정리와 방역 활동에 정말 큰 도움이 되었어요."

발령 난 지 1년 만에 코로나19와 싸워야 했던 보건 교사도 그나마 숨통이 트였던 것은 시니어 할머니들 덕분이었다고 했다.

"코로나19와 관련해서 가장 많은 업무를 해야 하는 담당자로서 정말 든든했어요. 다른 학교 보건 샘들은 정신없다며 힘들어했는데 우리 학교는 시니어 할머니께서 입구에서 손 소독해 주시고, 교직원들이 미처 신경 쓰지 못하는 부분까지 세심하게 신경 써 주시니 완전 감사해요. 시니어 할머니 덕분에 업무 스트레스가 정말 많이 줄었어요."

코로나19로 방역 대책을 세울 때 많은 교사들이 방역을 강조

하다 보면 아이들에게 잔소리하고 관계가 나빠질 것을 걱정했는데, 시니어분들이 이렇게 아이들과 함께해 주니 그럴 일이 없었다.

우리 학교 사례를 마을배움길 모임이나 주변의 선생님들에게 이야기하면 우리 학교도 그랬으면 좋겠다고 하나같이 부러워했다. 할머니, 할아버지들은 적어도 대여섯 명의 아이를 기르고 수십 명의 아이가 자라는 것을 지켜본 육아의 달인이고, 공동체의 지혜를 몸에 담고 있는 분들이다. 그런 어르신들이 계신 시니어 클럽이 전국에 있고, 초등학교와 유치원도 전국 곳곳에 있다. 그렇다면 이런 상상과 바람을 가진 사람이 누구든 먼저 서로의 문을 두드릴 수 있지 않을까? 전국 방방곡곡에서 보살핌이 필요한 아이들에게 할머니와 할아버지의 따뜻한 손길이 닿을 수 있으면 좋겠다.

유치원 박 선생은 할머니들에 대한 고마움을 글로 써서 보내왔다.

할머니와 유치원 아이들은 찰떡궁합

박은정

시니어 자원봉사자들께서 유치원을 도와주신다는 소식은 사실 기쁨보다는 걱정이 앞섰다. 아무래도 유치원에 대해서 잘 모르시는 분들께서 방문하시면 도움보다는 교사의 행동을 평가할 거라는 선입견이 앞섰다. 그래서 할머니들이 오신다는 얘기를 듣고 방과후 선생님과 나는 할머니께서 아이들 화장실 도우미 및 방역 업무(아이들이 화장실을 다녀온 후 손잡이를 닦거나 세면대를 정리)를 하시면 좋겠다는 생각을 했다. 그래서 할머니께서 앉을 책상도 교실과는 거리가 먼 복도에 놓아두었다.

할머니들께서 처음 유치원에 오셨던 날 서글서글한 인상의 할머니 한 분이 우리에게 인사를 하면서 유치원에 배정받아서 참 좋다고 얘기하셨다. 그때 우리 유치원은 화장실 리모델링 공사를 막 끝내고 난 뒤였는데, 할머니께서는 아이들 손을 한 명 한 명 잡고 화장실을 둘러보게 하고 아이들이 화장실에 가면 뒤처리까지 손수 도와주셨다. 게다가 복도를 닦고 난 후 물티슈가 아깝다며 빨아서 사용하셨다. 며칠이 지난 후 할머니의 그런 모습이 우리에게 신뢰를 주긴 했지만 그래도 나는 할머니가 앉아 계시는 의자와 책상을 여전히 교실과 거리가 먼 복도에 놓아두었다.

어느 날 교장 선생님께서 시니어분들이 일하시는 모습을 보기 위해 유치원을 방문하셨고 시니어분의 책상을 교실 옆 놀이방에 두면 어떨까 제안하셨다. 그러면 아이들이 놀이하는 모습도 살펴볼 수 있고 심심하지 않으실 것 같다고 하셨다. 사실 우리 유치원은 한 학급이고 아이들도 12명이라 화장실 가는 아이들도 많지 않아서 할머니께서는 복도 청소를 끝내고 책상에 앉아 계시는 경우가 많았다. 할머니의 책상이 놀이방으로 옮겨진 후 할머니는 먼발치에서 아이들이 노는 모습을 살펴보셨고, 가끔 교실 가까이 오셔서 아이들의 모습을 살펴보기도 하셨다.

그 모습을 보고 할머께 교실에서 아이들과 함께 놀이해도 괜찮다고 말씀드리니 할머니께서는 흔쾌히 아이들 옆으로 다가가 아이들에게 다정하게 말도 붙이고 아이들의 이야기를 귀 기울여 들어주었다. 레고로 집을 짓던 주희가 할머니에게 말했다.

"요즘 비도 많이 오고 풀도 많이 자라서 풀을 잘라야 해요."

제법 의젓하게 말하는 주희의 모습이 기특하신지 흐뭇하게 웃으며 칭찬해 주셨다.

"우리 주희는 그런 것도 다 알아?"

"제가 뭐 만드는지 아세요?"

"글쎄, 뭘 만드나? 주희네 집인가?"

주희는 자기가 만든 레고를 이리저리 가리키며 야무지게 말했다.

"코로나 없는 세상에서 살고 싶어요."

할머니는 그런 주희를 한없이 다정하게 바라보시더니 말씀하셨다.

"주희야, 할머니도 마스크 안 쓰고 주희랑 이야기하면 좋겠다."

할머니와 주희의 말을 들으며 뭔가 코끝이 찡해졌다.

다음 날 주희가 할머니에게 다가가 뭔가를 선물했는데 집에서 구슬로 만든 팔찌였다. 주희는 코로나19로 인해 유치원에서 긴급돌봄을 했을 때 혼자서 유치원에 나왔던 아이다. 맞벌이로 바쁜 부모님과 뒤늦은 황혼 육아(주희, 주희 동생)에 지친 할머니가 주희를 돌보고 계신다. 늘 적극적이고 밝은 성격의 주희는 사람들에게 스스럼없이 다가간다. 때

로는 동생 때문에 유치원에서 응석을 부릴 때가 많은데, 그런 주희가 선생님들에게도 선물한 적이 없는데 할머니에게 선물을 주는 모습이 대견하면서도 나 자신이 부끄러워졌다.

어떤 날은 매봉산 근처에 있는 놀이터에도 함께 갔다. 이곳은 학교와 조금 거리가 있어서 아이들과 오기 힘든 곳이었다. 그런데 할머니께서 아이들 손을 잡고 도와주시니 용기가 생겼다. 아이들도 늘 가던 놀이터가 아니라 새로운 장소여서 그런지 즐거워하였다.

개학 이후 아이들과 할머니가 생활한 지 2개월 정도가 되어 가는데 할머니께서는 아이들 이름을 다 외우시고 누가 늦게 등원하는지 왜 결석했는지 늘 궁금해하며 아이들 한 명 한 명에 관심을 두신다. 이번에 만 3세(5살) 아이가 유치원에 입학했는데, 이 아이는 늘 누군가와 함께 놀기를 원한다. 특히 교사에게 항상 같이 놀자고 이야기하는 편인데 이 아이의 전담은 할머니가 되었다.

어느 날 바깥 놀이를 했을 때 고무줄을 하게 되었다. 평소 고무줄놀이하면 아이들이 고무줄을 잡는 걸 싫어해서 교사가 한쪽을 잡고 다른 한쪽은 늘 나무나 벤치 기둥에 묶어 두는 편이었다. 특히 고무줄을 하다가 교사가 시범을 보이거나 갈등을 중재할 때는 고무줄놀이를 지속할 수 없었는데 할머니께서 한쪽을 잡아 주시니 수월했다. 7살인 수연이가 월화수목금토일을 하며 펄쩍펄쩍 뛰니 5살인 예리도 그것을 보고 언니처럼 하고 싶어 했다. 그때 할머니가 예리가 머뭇거리는 모습을 보시고는 예리에게 말씀하셨다.

"예리야~ 언니처럼 해 봐!"

말이 끝나자마자 예리도 언니를 제법 흉내 내었다. 할머니께서는 예리와 수연이의 모습을 보고 더 부추겨 주셨다.

"아이고 잘한다. 예리랑 수연이가 높이높이 잘 뛴다. 아유 잘하네."

그러자 아이들은 더욱더 적극적으로 하고 걸려도 다시 도전하며 신나 했다. 이뿐만 아니라 할머니께서는 항상 그네를 밀어 주시고 교실에서는 소꿉놀이, 병원 놀이를 할 때 손님이 되어 주신다.

아이들뿐만 아니라 내가 아이들과 지내면서 힘든 일이 있거나 속상해할 때 좋은 이야기도 많이 들려주신다. 항상 교사가 고생한다고 얘기해 주시면서, 아이와 내가 갈등이 있으면 아이들이 어려서 그럴 뿐이지 크면 성장할 거라는 이야기를 많이 해 주신다. 그래서 여러모로 많은 부분 도움을 받고 있다. 할머니의 지혜와 연륜이 우리 유치원 아이들과 교사에게 얼마나 큰 안정감과 믿음을 주는지 모르겠다.

학교는 마을로,
마을은 학교로

줄탁동시

한솔초는 시니어 클럽뿐만 아니라 다양한 지역사회 기관과 협력하여 아이들을 돕는 마을 속 학교로 알려져 있다. 한솔초가 이렇게 되기까지 7~8년 전으로 거슬러 올라간다. 나는 놀이를 바탕으로 왕따 문제도 해결하고 통합교육을 실천하는 평화샘 모임을 하면서 한솔초 교사들과 수곡동 마을 활동가가 협력하여 마을 속 학교를 만들어 가는 감동적인 이야기를 곁에서 보아 왔다. '줄탁동시'란 말은 꼭 이런 상황을 두고 하는 말인 거 같다. 병아리가 알 안에서 쪼고, 바깥에서 어미 닭이 함께 쪼아 부화를 돕듯이 마을로 나가려는 한솔초 교사들의 노력이 있었고 이를 지원하는 지역사회 활동가가 있었기에 마을 속 학교가 가능했다.

5~6년 전 함께 평화샘 모임을 하는 서 선생이 사진 한 장을 보여 주며 했던 이야기가 정말 인상적이었다. 그 사진에는 지역아동센터에서 비석치기를 하며 환호하는 아이들의 모습이 담겨 있었다. 서 선생은 반 아이들이 다니는 지역아동센터에 기회가 있을 때마다 갔고 6개월 이상 꾸준히 가서 아이들과 놀고 밥도 함께 먹었다고 한다. 그런데 놀라운 변화가 일어났다. 휴대전화를 잡고 있던 아이들이 삼삼오오 고무줄이며 사방치기를 하기 시작했다. 아이들 사이에 다툼이 줄었고, 다투는 일이 생겨도 쉽게 해결이 되었다.

이 모습을 보며, 지역아동센터 다른 선생님들은 처음에는 놀이하는 것을 부담스러워했는데 어느새 아이들과 놀기 시작했고, 놀이가 얼마나 좋은지 누구에게나 이야기하는 놀이 전도사가 되었다. 이렇게 지역아동센터와 학교를 넘나드는 놀이 공동체가 만들어지는 여정을 평화샘 모임에서 들었을 때 가슴이 뛰었다. 늘 학교 안에 머물며 내 반 아이들 생각에 갇혀 지내는 나를 보게 되었고, 교사가 마을로 나간다는 것에 대해 깊은 생각을 하게 되었다. 마을 속 학교를 만들려면 마을 속 교사가 되어야 한다는 사실을. 그 뒤로도 한솔초에는 여러 명의 평화샘 교사가 가게 되었고, 놀이문화를 기반으로 서로 협력하는 마을배움길을 만들어 가고 있다.

마을배움길연구소 마을 활동가 신 선생은 가출 청소년의 딱한 처지와 어려움을 알게 되었다고 한다. 그동안 수곡동에서 장애 인권운동과 작은 산 살리기 운동 등을 통해 마을 주민과 관계 맺고 있었던 신 선생은 위기 청소년을 돕기 위해 함께 모여 보자고 지역사회에 제안했다고 한다. 이 제안에 복지관, 지역아동센터, 주민센터, 통장협의회, 영구임대아파트 관리사무소, 지구대, 학교, 시니어 클럽 등 33개 단체와 개인이 적극적으로 참여하여 '건강한 마을 만들기 수곡동 주민 네트워크'*가 만들어졌다. 이런 노력이 마을 사람들의 마음을 움직였고 한솔초가 마을 속 학교가 되는 첫걸음이 시작되었다. 이런 한솔초와 수곡동 이야기를 접하면서 기회가 닿는다면 그곳에 가겠다고 마음먹었다.

---

* '건강한 마을 만들기 수곡동 주민 네트워크'의 이야기는 『아이들을 살리는 동네』(2013, 살림터), 『우리는 마을에 산다』(2018, 살림터)에 자세히 나와 있다.

드디어 2017년 한솔초에 오게 되었다. 바라던 학교에 오게 되었지만, 출근 첫날, 낯선 상황에 대한 스트레스로 떨리고 긴장이 되는 건 마찬가지였다. 이런 상황은 전국의 모든 학교에서 3월마다 반복되었고, 우리 평화샘이 있는 학교에서는 환대의 문화를 만들어 보자고 몇 년 전부터 실천해 왔다. 하지만 새로 오는 교사들을 놀이로 맞이해 본 적은 있지만 내가 직접 그런 환대를 받아 본 적은 없다. 그런데 한솔초에서 환대를 받는다는 것이 얼마나 행복한 일인지를 경험했다. 새 학년 맞이 연수 첫날, 잔뜩 긴장해서 연수 장소로 들어섰는데 한 젊은 후배 교사가 환하게 웃으며 맞이해 주었다. 한 손에 들고 있던 분홍 꽃을 건네주며 내 팔짱을 끼는데 순간 마음이 편안해졌다. 그러고는 강당으로 가서 달팽이 진 놀이와 비석치기를 했는데 역시 놀이의 힘! 와자지껄 떠들며 몸을 부대끼고 놀다 보니 금방 하나로 섞이는 신기한 경험이었다. 그렇게 3일 동안 진행된 새 학년 준비 연수는 마을 나들이, 서로가 가진 자원탐색, 생활지도의 어려움을 나누고 대안을 찾는 자리로 그칠 줄 모르는 이야기판이 만들어졌고, 서로의 이야기가 수용되는 분위기가 참 좋고 편안했다. 나와 함께 전입해 온 임 선생의 말이 정말 인상적이었다.

"이전에 학교를 옮기면 이미 결정된 사항을 전달받는 문화여서 내 이야기를 들어주고, 내 의견이 반영될 거란 기대가 없었어요. 근데 한솔초는 자유롭게 서로의 이야기를 나누고, 모두 같은 무게로 결정하는 분위기가 신선하고 감동이었어요. 전에 있던 학교 선생님들이랑 만났는데 나도 모르게 '우리 한솔초는 말이야'라고 말하고 있더라고요."

우리 학교에 와서 가장 좋았던 것은 동학년 선생님들과 마음이 잘 맞아서 '혼자가 아닌 함께하는 기쁨'을 맛본 것이다. 평화샘을 하며 아이들과 놀이, 나들이를 해 왔지만 튀지 말라는 주변의 암묵적인 압력은 늘 신경이 쓰였다. 그런데 우리 학교는 대다수 교사가 놀이와 나들이는 물론 삼짇날, 단오, 한가위, 동지, 대보름 같은 세시를 함께 진행했다. 힘들어하는 아이들이 생기면 그 아이와 담임교사를 어떻게 도울 수 있을지 함께 모여 이야기하고 해결해 갔다. 날마다 학교 가는 발걸음이 가볍고, 동료 교사와 협력한다는 것이 이렇게 신나는 일인지, 그동안 일이 많아 힘든 것이 아니라 서로 마음을 맞추지 못해 힘든 시간이었다는 것을 알았다. 자연스럽게 내 반이 아닌 동학년, 그리고 학교 전체가 눈에 들어오기 시작하는 기분 좋은 변화가 생겼다.

우리 학교가 마을 속 학교라는 것을 실감하고 그 속살을 제대로 이해하게 된 것은 몇 가지 계기를 통해서이다. 그 첫 번째가 지역사회 차원의 통합 사례회의이다.

작년 2월에 교육복지사 박 선생에게 연락이 왔다. 우리 반으로 입학할 아이 가운데 한 아이를 위한 지역통합 사례회의가 있는데 같이 가겠느냐는 것이다. 엄마가 장애인이고, 아빠는 건강이 아주 좋지 않아 아이를 보살피지 못해 어린이집 시절부터 아이와 가족을 도와줄 수 있는 기관과 사람들이 모여 상황을 공유하고 도울 방법을 찾아 왔다고 했다. 우리 학교가 지역과 협력이 잘된다고 듣기는 했지만, 교직에 있으면서 처음 받은 제안이라 궁금하기도 하고 긴장되기도 했다. 박 선생과 함께 사례회의 장소인 산남복지관 회의실에 들어서니 드림스타트(사례관리 서비스), 아동보호전문기관, 산남복지관, 수곡2동행정복지센터, 한국장애인부모회 충청북도지회, 청주시 장애인 가족지원센터 담당자들이 기다리고 있었다. 처음 분위기는 어색했지만, 시간이 흐를수록 아이와 가족을 염려하며 도울 방법을 찾는 열띤 이야기에 나도 자연스럽게 참여할 수 있었다. 헤어질 때는 서로 연락처를 주고받으며 작은 일이라도 생기면 공유하자는 약속도 잊지 않았다. 다른 학교 같으면 담임교사 혼자 고군분투하며 힘들었을 텐데 이렇게 많은 기관과 사람들이 돕고 있다고 생각하니 정말 든든했다.

내가 교사 다모임에서 이 이야기를 했더니 나와 전입 동기인 6학년 담임 정 선생도 비슷한 경험을 이야기했다.

"우리 반에 특수반 영선이라는 아이가 있어요. 아버지가 알코올 의존성이고, 엄마는 지적 장애가 있는데 오늘 영선이가 열이 펄펄 끓는 거예요. 그래서 학교 근처 병원에 데리고 갔는데 진료를 마치고 돈을 내려고 했더니 간호사가 '영선이 잘 알아요. 그냥 가세요.' 하는 거예요. '어? 뭐지?' 하고 의아했는데, 이번에는 처방전을 가지고 약국에 갔더니 약사도 '영선이구나!' 하면서 그냥 가라고 하는 거예요. 그때 제 느낌은 나뿐만 아니라, 온 동네가 영선이를 보살피는구나, 한솔초가 지역사회와 함께한다고 하는데, 바로 이런 거구나! 하는 생각이 들었어요. 영선이뿐만 아니라 제가 지지 받는 느낌이었어요."

이 이야기를 들으며 '한 아이를 키우기 위해 온 마을이 필요하다'라는 아프리카 속담을 굳이 가져다 쓰지 않아도 우리나라 사람들은 어려움에 부닥친 사람을 서로 도우려는 마음이 있다는 것을 느꼈다.

두 번째는 학교에서 벌어지는 대보름 쥐불놀이와 단오 축제이다. 쥐불놀이는 구제역이나 코로나19 같은 일이 없으면 해마다 열렸고, 작년 단오 축제는 지역 어린이집과 유치원까지 500~600명이 모여 풍성한 마을 축제가 되었다.

처음 쥐불놀이 이야기를 들었을 때 도심 학교 운동장에서 쥐불놀이를 한다는 것이 놀라웠다. 근데 찬 바람이 불기 시작하자 반 아이들이 깡통을 모으는 모습을 보며 쥐불놀이하는 학교에 발령받았다는 사실이 실감 났다. 학교에서 마을 축제를 하면 교사가 힘들지 않을까 은근 걱정도 되었는데 직접 참여해 보니 전혀 아니었다. 화재 위험을 대비해서 소방차와 소방대원이, 참가자의 안전을 위해서는 자율방범대가, 먹거리는 부녀회가, 진행은 마을에 소극장을 두고 있는 극단 사람들이, 학교는 장소만 빌려주면 모두 마을 사람들이 자신들이 가지고 있는 재능을 보태며 만들어 가는 마을 축제가 옛날 마을공동체의 모습을 보는 듯했다. 나도 어릴 적 추억을 떠올려 아이처럼 신나게 깡통을 던졌다. 깡통을 따라 포물선을 그리며 떨어지는 불꽃은 마치 밤하늘에 빛나는 용 같았다. 활활 타오르는 달집을 중심으로 둥글게 원을 만들고 마을 사람들이 손

을 잡고 한판 벌이는 강강술래도 잊을 수가 없다.

세 번째는 매주 목요일에 열리는 '목요놀이터'이다. 학교가 끝나고 갈 곳 없는 아이들이 언제든지 참여할 수 있는 마을 놀이터인데 자발적으로 참여한 부모들의 안전하고 따뜻한 지지 아래 유치원부터 중학생까지 맘껏 뛰어놀 수 있는 놀이마당이다. 아이들은 목요놀이터를 손꼽아 기다렸고, 코로나19로 하지 못하게 되자 아이들은 틈만 나면 언제부터 하느냐고 묻는다.

'목요놀이터' 하면 떠오르는 아이가 있다. 아버지의 가정폭력으로 우리 학교로 전학을 왔는데 말도 잘 하지 않고 화가 나면 책상 밑이나 교실 문 뒤에 숨어 잔뜩 가시 돋친 모습이 고슴도치 같았다. 단오 즈음 부모들이 아이들을 위해 화채와 떡을 준비해 주신다고 하기에 아이를 달래서 목요놀이터에 갔다. 동네 형들과 부모들이 놀이에 끼워 주고, 원하는 대로 먹을 것을 주시는 넉넉한 인심에 아이는 7시가 넘어 어두컴컴해지도록 집에 갈 생각을 하지 않아 간신히 집에 바래다주었다. 그 뒤로 목요놀이터에는 무슨 일이 있어도 참여하는 열성 참가자가 되었다. 한번은 천둥 번개가 치고 비가 세차게 오는 목요일이었다. 교실에서 업무를 보고 있는데 아이가 비를 쫄딱 맞고 교실에 들어서는 게 아닌가.

"선생님, 오늘 목요놀이 안 해요? 우산을 썼는데도 비가 너무 아파요."

비가 아프다는 말에 순간 울컥했다. 오늘은 목요놀이터를 열 수 없다고 이야기했지만 듣지 못했던 모양이다.

이렇게 목요놀이터를 통해 많은 아이가 마을 형, 동생들과 사회적 형제자매 관계를 맺고, 사회적 부모 역할을 하는 부모들의 보살핌을 받으며 자라고 있다. 이 목요놀이터와 한솔초의 놀이문화는 입소문으로 알려져 2019년 1월에는 EBS 신년 특별기획 〈놀이의 힘〉에 방영되기도 했는데, 아이들이 신명 나게 놀이하는 모습을 해설자는 이렇게 말했다.

"그렇죠. 이게 진짜 놀이죠."

2년 전 우리 학교는 학교 구성원들이 논의하여 마을배움길을 주제로 하는 자율학교를 신청하였고 내부형 공모로 교장을 초빙하였다. 교장 공모 과정에서 아이들, 교사, 부모는 '내가 원하는 교장 선생님은'이라는 주제로 각각의 다모임에서 의견을 나누었다. 그러고 모인 의견을 교장 공모 심사 과정에 적극 반영하였다. 이 과정은 학교 구성원들이 마을배움길 학교의 비전을 공유하고 역량을 만들어 가는 공동체의 축제 같았다.

이런 과정을 통해 초빙된 교장 선생님은 구성원들의 목소리를 듣고 함께 이야기하는 것과 지역사회와 소통하고 협력하는 것을 가장 중요하게 여긴다. 이렇게 서로 돕는 학교와 지역사회, 그리고 그것을 적극적으로 지지하는 관리자가 있어 나와 우리 학교 교사들은 처음 겪는 코로나19의 긴 터널을 뚫고 나갈 수 있다는 자신감을 가지게 되었다.

관계의 오솔길, 일대일 나들이

3월 초 아이들과 전화 통화로 연결되었던 마음의 회로가 시간이 지나니 점점 흐릿해지는 느낌이 들었다. 여느 때 같으면 3월 말 정도면 한창 아이들과 신나게 놀고 나들이하며 친해져 있어야 할 때인데 아직 얼굴도 보지 못했으니 조급한 마음도 들었다. 게다가 교육복지사 박 선생이 학교 밴드에 올린 글은 나를 더 불안하게 만들었다.

"아이들 사례관리 차원에서 전화 상담을 진행하고 있는데 문제가 심각한 거 같아 공유해요. 아이들 대다수가 밤낮이 바뀌어 생활 패턴이 문제가 많았어요. 또, 게임이나 유튜브 시청 등 미디어에 과몰입하고, 집에만 있으니 비만인 아이가 많고요, 학습은 거의 안 된다고 합니다."

우리 반 아이들은 어떻게 지내고 있을까 걱정이 되었다. 때마침 마을배움길 모임에서 아이들과 일대일 마을 나들이로 관계를 만들어 가자는 제안이 있었다. 걱정되면 찾아가 만나면 될 일인데 혼자 끙끙거린 시간이 아까웠다. 다음 날 등교하자마자 먼저 동학년 선생님들에게 일대일 마을 나들이를 제안했더니 좋을 것 같은데 어떤 얘기를 할지, 어떻게 진행할지 걱정이 되니 내가 하는 것을 보고 해 보겠다고 했다. 옆 반 민 선생은 올해 처음 한솔초로 왔고 한 번도 해 본 적이 없으니 당연한 걱정이었다. 다른 학년 선생님들에게도 제안했더니 1학년은 같은 어린이집을 다녔던 아이들을 묶어 학교로 오라고 해서 집으로 데려다주며 함께 마을 나들이를 하겠다고 했다. 그런데 다른 선생님들은 선뜻 대답하지 못하였다. 작년까지 3월에는 아이들과 일대일 마을 나들이를 했던 선생님들조차 망설이길래 어떤 걱정이 있는지 궁금해서 교실로 찾아가 물었다.

"제가 코로나19를 전염시키는 매개체가 될까 무서워요."

생각해 보니 날이 갈수록 늘어 가는 확진자와 일거수일투족이 드러나는 동선, 그리고 빗발치는 비난이 댓글로 달리는 상황에 교사들은 위축될 수밖에 없었다. 거기에 교육부는 전염병 시대에 교육의 본질인 만남과 관계 형성을 어떻게 해야 하는지는 한마디도 하지 않고 학교 차원의 방역과 온라인 수업 운운하며 학교현장에 책임을 떠넘기니 불안해지는 것은 당연한 일이었다.

　나들이를 동료 교사들과 함께 가면 좋겠지만 당장 엄두를 내지 못하는 것 같아 우선 나부터 시작했다. 코로나19 상황이 아니라면 학교에 오는 아이와 집이나 학원 가는 길을 함께 걸으면 됐다. 하지만 지금은 내가 찾아가야 하니 아이들이 어디에 사는지 확인하는 일이 먼저였다. 그래서 인터넷에서 수곡동 지도를 캡처하여 아이들이 사는 곳을 표시해 보았다. 학교를 중심으로 4단지 무터골에 가장 많이 살고, 1단지 3명, 새텃말 3명, 대림아파트가 있는 안숙골 근처에 4명이 살고 있었다. 아이들의 이름으로 가득 채워진

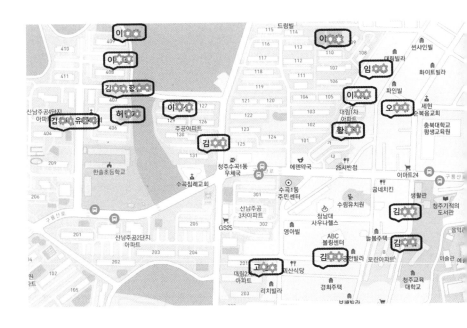

지도를 보니 설레는 마음에 가슴이 뛰기 시작했다.

마을 나들이 계획을 세워 부모 밴드에 올리고, 부모님들께 먼저 전화를 걸어 취지를 설명한 뒤 아이들과 통화를 하기로 했다. 어떤 반응일까 기대도 되었지만 한 번도 보지 못했기 때문에 긴장이 되었다. 먼저 우리 반 1번인 은호 엄마에게 전화를 걸었는데 굉장히 반가워하셨다.

"이렇게 전화 주시고 만나 주시니 정말 감사하죠. 코로나로 학교도 정신없으실 텐데, 은호가 정말 좋아할 거 같아요."

시작이 반이라고 출발선에서 공감적인 반응을 만나니 왠지 술술 잘 풀릴 것 같은 예감이 들었다. 은호도 조금 긴장한 목소리지만 좋다고 했다. 나들이할 때는 마스크 꼭 쓰기, 손등이나 팔꿈치로 인사하기, 같은 방향으로 1미터 이상 거리 두고 나란히 걷기 등을 약속했다. 그렇게 하루에 한 명씩 달력에 아이들과 만날 날을 빼곡하게 기록해 갔다.

아이들 세계로 들어가는 문, 마을 나들이

'6학년 아이들이 말을 잘할까? 둘이 아무 말도 없이 걷기만 하는 어색한 상황이 생기면 어쩌지?'

9년 가까이 1학년과 지내다가 6학년 아이들과 대화를 나누려니 긴장이 되었다. 그러나 결론부터 말하자면 이런 내 걱정은 쓸데없는 기우였다. 힙합을 좋아하고 자유를 만끽하고 싶다는 아이, 태몽을 물었더니 열세 살 인생에서 만난 모든 친구를 이야기하는 아이, 매봉산 오솔길은 모두 안다며 매봉산에서 일출과 일몰을 보는 것이 꿈이라는 아이, 웹툰을 좋아하고 작품을 만들고 있다는 아이, 3학년 때 왕따를 당해서 힘들었다는 아이. 아이들은 쉼 없이 자기 이야기를 해서 나에게 말할 틈을 주지 않았다. 물론 너무 말이 없어서 처음엔 애를 먹인 아이도 있었다. 4월 2일부터 시작한 일대일 마을 나들이의 마지막 차례인 현수가 그랬다.

현수를 만난 건 입하 즈음이었다. 거리가 온통 이팝나무 흰 꽃으로 뒤덮여 있었다. 따가운 햇볕을 피해 나무 그늘로 들어서니 제법 시원하게 느껴졌다. 초록 이파리와 보슬보슬한 흰 꽃, 그리고 그 사이로 보이는 파란 하늘을 보니 더위가 싹 가시는 거 같다. 저 멀리 뿔테 안경을 끼고, 곱슬머리에 마스크, 반바지를 입고 터덜터덜 걸어오는 모습이 딱 현수다. 자신이 사는 마을을 친구들에게 라이브로 소개하는 '나 홀로 마을 나들이' 영상에서 보았던 터라 바로 알아볼 수 있었다. 활짝 웃으며 인사를 건넸건만 현수는 무뚝뚝한 표정으로 고개만 끄덕였다.

"음…. 어디로 가요?"

"다른 친구들은 친구들이 선생님을 안내해 줬어. 네가 좋아하는 장소나 시간 날 때 산책하던 길? 뭐 그런 곳."

잠시 고민에 잠긴 듯 고개를 숙이고 발로 땅바닥을 툭툭 차더니 혼잣말처럼 말했다.

"아, 게임 하고 싶은데…. 귀찮은데…. 저쪽으로 가요."

마지못해 나를 안내하는 현수에게 살짝 서운한 마음이 들었다. 앞장서서 걷는 현수가 너무 빨리 걸어 거의 종종걸음으로 뛰다시 피 해야 했다.

"잠깐만, 현수야! 선생님이랑 나들이 싫으면 억지로 하지 않아도 돼."

내 얘기에 민망해하며 웃더니 속도를 늦추었다. 걸음을 멈추고 잠시 생각하더니 슬며시 웃으며 말했다.

"아니에요. 제가 평소 걸음이 좀 빠른 편이에요."

그때였다. 길 건너 놀이터에 규석이와 윤혁이 모습이 보였다. 규석이가 현수를 알아보고는 신이 나서 손을 흔들며 부르자 놀이터로 달려갔다. 아이들이 시소도 타고 그네도 타기에 그늘에서 기다렸다. 천진난만한 아이들 모습 그대로다. 현수는 친구들과 10여 분을 이리저리 다니며 놀더니 그늘에 있는 내게 다가와 말했다.

"선생님, 이제 가고 싶은 곳 생각났어요. 가요!"

그 말이 어찌나 반갑던지. 집에서 게임만 하다가 친구들을 만나니 이제 활기가 생기나 보다. 조금 기다리면 되는데 조바심을 친 거 같아 살짝 미안했다. 놀이터에 있는 아이들에게 아이스크림을 사 주고, 물을 챙겨 현수와 함께 걸었다. 5월의 햇볕은 정말 따가웠다.

"하루에 게임 얼마나 해?"

"한 300분?"

"정말? 300분이면 5시간인데."

"그래도 전 중독은 아니에요."

"왜 그렇게 생각해?"

"제가 할 일은 다 하니까요."

하긴 온라인 수업 기간에 출석도 가장 먼저 하고, 그날 할 과제를 빠짐없이 해결해 온 현수였다. 무엇을 하다 모르면 전화해서 이해가 될 때까지 묻고, 어려워하는 친구에게 잔소리하기도 하지만 도움을 많이 주는 편이다. 그래도 하루 5시간이라니. 얼마 전 규석이는 친구랑 친구 형이랑 게임을 하며 밤을 새웠다는 얘기를 했는데, 온라인 수업 기간 중 아이들의 생활이 정말 걱정이 되었다.

"가 보고 싶은 곳이 어디야?"

"거기, 하얀 다리요. 한번 올라가고 싶었어요."

아마 누에머리 산을 깎아 아파트를 짓고 예전에 있던 출렁다리를 없앤 뒤 만들어 놓은 누에 모양 다리를 말하는 것 같았다.

"다 왔다!"

길 건너편에 29층짜리 아파트가 보이고 그 앞에 흰색 철근을 얽어 만든 누에 모양 다리가 보였다. 다리에 도착해서 서너 걸음을 앞서 걷다가 왠지 허전해서 뒤를 돌아보니 현수가 제자리에서 꼼짝 않고 서 있었다.

"선생님, 안 되겠어요."

현수는 얼굴이 하얗게 질려 있었다. 얼른 돌아가서 괜찮으냐고 물었다.

"저 사실은 고소공포증 있어요."

"그런데 왜 여기 오고 싶었어?"

"이 정도는 괜찮지 않을까 해서⋯. 근데 안 되겠어요."

나보다 덩치만 컸지 아이 같은 모습이 귀엽기도 하고, 그래도 고소공포증을 극복해 보고 싶은 현수의 마음이 느껴져 짠하기도 했다. 현수와 일대일 마을 나들이를 마치며 수곡동 경계 답사를 해 보자고 제안했다. 함께 산을 오르고 걷다 보면 고소공포증을 극복하는 데도 도움이 되고 게임을 하는 시간도 줄여 볼 수 있지 않을까 하는 생각에서였다.

"음… 생각 좀 해 볼게요. 게임이냐, 나들이냐."

현수가 어떤 결정을 내릴지 궁금했다. 학교로 오는 길에 규석이를 만났던 놀이터로 다시 가겠다고 했다. 게임보다 친구가 좋은 건 확실한 거 같다.

다음 날, 교실에 있는데 문자가 왔다. 게임의 유혹을 이기고 월요일에 수곡동 경계길 걷기를 하겠다는 것이다. 월요일이 기다려진다. 내가 현수에게 좋은 길동무가 될 수 있으면 좋겠다.

함께 놓는 관계의 주춧돌

일대일 마을 나들이에서 아이들과 접속된 느낌도 좋았지만 동학년 민 선생과 경 선생이 함께하는 과정은 또 다른 힘을 주었다. 옆 반 민 선생이 처음 일대일 마을 나들이를 다녀왔을 때 일이 생생하다. 발갛게 상기된 얼굴로 너무 좋다며 입을 다물지 못했다. 처음 만날 아이가 작년까지 학급에서 나름 센 척을 하는 남자아이여서 걱정을 하고 나갔는데 결과가 너무 좋았나 보다. 생일인 아이에게 줄 초콜릿을 들고 그 아이 집 앞에서 만나 학교로, 학교에서 아이가 다니는 지역아동센터로, 그리고도 아쉬워 아이가 즐겨 다니던 코인 노래방까지 2시간을 넘게 걸었다고 했다.

"처음에는 걱정했거든요. 근데 아이가 헤어질 때 기분이 너무 좋다는 거예요. 예전에도 사제동행으로 같이 영화 보고 집 앞까지 데려다준 적은 있었지만 이건 정말 달라요. 아이 집을 찾아 걷는 길이 낯설었지만, 아이들의 마을, 세계로 들어가는 것 같아 재미있고 설렜어요."

3반 경 선생도 아주 적극적이었다. 4월 16일 온라인 개학을 앞두고 거의 매일 마을 나들이를 나가서 온라인 개학 전에 모든 아이를 만났다. 어느 날 교장 선생님이 경 선생에게 한 부모의 이야기를 전했다.

"어제 경 선생 반 엄마를 만났는데 너무 좋아하시더라고요. 딸아이가 선생님을 만나고 와서는 우리 선생님 너무 좋다고. 다른 학교 안 가셨으면 좋겠다고 했대요."

교사가 교직 생활하면서 우리 선생님이 너무 좋아서 다른 학교에 안 가면 좋겠다는 말을 몇 번이나 들을 수 있을까? 일대일 마을 나들이를 하다가 아이와 함께 걷고 있는 다른 교사를 보면 정말 반가웠다. 서로 사진도 찍어 주고, 돌아와서는 아이들과 있었던 일을 수다 떨며 손발을 맞춰 나갈 수 있었다. 이렇게 마음이 맞으니 온라인 상황에서 어떻게 배움을 만들어 갈까 궁리하고 서로 해 보고 싶은 것도 많아졌다. 그리고 일대일 마을 나들이는 온라인 개학 첫날 그 진가를 발휘하기도 했다.

온라인 개학 날 아침, PC 버전으로 밴드 라이브를 준비했지만 동시에 여럿이 접속하니 속도가 느려 휴대전화로 바꿔서 해야 했고, 동영상은 함께 볼 수도 없어 나중에 보라고 하고 말로 설명하는 상황이 벌어졌다. 땀이 비 오듯 등줄기를 타고 흘렀다. 당황해서 횡설수설 우왕좌왕하는데 아이들은 아직 8명이나 접속하지 않았다. 그때였다.

'선생님, 누구누구 안 들어왔어요? 전화하고 올게요.'

'○○이 전번 있어요. 제가 전화할게요.'

그동안 마을 나들이에서 만난 아이들이 발 벗고 나서니 10분 만에 모두 출석할 수 있었다. 어찌나 고맙던지. 친구들이 묻는 말을 내가 놓치면 알려 주기도 했다. 어느새 나도 평온을 되찾고 아이들과 나머지 수업을 무사히 마칠 수 있었다. 오후에 동학년 교사들에게 이 이야기를 하니 자신들도 그랬다며 맞장구를 쳤다.

"아, 맞아요. 우리 반도 저랑 만났던 애들이 적극적이니까 버퍼링 걸려도 분위기는 좋았어요."

아이들과 관계가 형성되지 않았다면 한 학기를 어떻게 보냈을까 상상만 해도 아찔하다.

그러던 어느 날, 1단지에 사는 규성이를 만나러 갔는데 단풍나무 아래 벤치에서 반 아이와 다정하게 이야기를 나누고 있는 4학년 송 선생이 보였다. 코로나19 매개체가 될 것 같아 일대일 마을 나들이를 하는 것이 두렵다고 했는데, 학교 밴드에 6학년 아이들과 나들이했던 이야기를 올렸더니 용기를 낸 것 같다. 걱정하던 표정은 온데간데없고 마스크 뒤로 환하게 웃는 얼굴이 빛나 보였다. 교사는 아이들과 접속되었을 때 가장 행복하고, 관계가 배움의 속살이라는 것을 다시 한 번 깨닫는 순간이었다.

모르는 사람한테
어떻게 말을 걸어요?

　오늘은 안숙골 쪽에 사는 윤혁이가 '마을 나들이 라이브'를 하는 날이다. 마을 나들이 라이브는 밴드 라이브 기능을 이용해서 아이들이 실시간 영상으로 자기가 사는 마을을 친구들에게 소개하는 활동이다. 영동 학산초 4학년 아이가 자기 마을을 혼자 걸으며 찍은 동영상을 보며 도시에 사는 6학년 아이들은 자신이 사는 마을을 어떻게 소개할까 궁금해서 아이들에게 제안했다.

　윤혁이가 네 번째인데 집 골목에서 나와 청렴연수원을 한 바퀴 돌기에 댓글을 달았다.

　"윤혁아, 거기가 옛날에는 물길이었대. 저기 운동하는 할아버지께 한번 여쭤 봐."

　"모르는 사람한테 어떻게 말을 걸어요?"

　윤혁이는 난감해하며 고개를 세차게 가로저었다. 윤혁이뿐만 아니라 다른 아이들도 지나가는 어른들께 길을 묻거나 궁금한 것을 물으라고 하면 어쩔 줄 몰라 하며 말을 걸지 못했다. 왜 말 걸기를 어려워할까? 문득 몇 해 전 1학년 아이들과 '이웃'에 대해 이야기를 나눌 때가 생각났다. 아이들은 이웃이 무슨 뜻인지 물었고, 내가 설명해 주자 자신은 이웃이 없다며 울먹이기까지 했다. 우리 반 아이들도 이웃에 대한 경험이 다르지 않을 텐데 그런 아이들에게 무턱대고 말을 걸라고 했던 것이 미안했다.

　내가 어렸을 때는 마을길을 걸으면 평상에 나와 계시던 어른들이 "장천네 막내딸이네. 어디 가는 거여?" 하며 먼저 말을 걸어 주셨다. 끼니때가 되면 들어와 밥 먹고 가라고 붙잡기도 하시는 넉넉한 인심 덕분에 나는 반갑게 인사도 하고 모르는 것이 있으면 자연스럽게 물을 수도 있었다. 그런 나에 비해 서로 얼굴도 잘 모르는 삭막한 도시에서 살아가는 아이들이 안타까웠다.

어떻게 하면 아이들이 내가 경험했던 따뜻한 느낌을 받으며 마을길을 걷고, 자연스럽게 마을 어른들에게 말을 걸 수 있을까? 내가 무엇을 도울 수 있을까? 고민이 되었다. 그래서 주변 사람들에게도 물어보고 내 경험도 살려 두 가지 길을 찾았다. 하나는 아이들이 마음 편히 말을 걸고, 그 말을 따뜻하게 받아 줄 수 있는 가족과 먼저 인터뷰를 해 보는 것이고, 다른 하나는 내가 마을 사람과 인사하고 묻는 과정에 아이가 자연스럽게 참여하게 하는 것이다.

먼저 '가족이란 창을 통해 세상 보기'라고 이름 붙이고 아이들이 가족에게 궁금해하는 질문을 모아 비슷한 것끼리 묶어 보았다. 부모 밴드에도 취지를 알리고 아이들과 적극적으로 반응하고 이야기 나누어 달라고 부탁을 해 두었다. 부모님의 고향, 학교생활, 취미, 직업 등에 관해 물었는데 아이들은 그 가운데 부모님이 했던 놀이를 가장 궁금해했다.

1. 어떤 놀이를 가장 좋아했나요?
2. 어디에서 놀았나요?
3. 주로 누구랑 놀았나요?

4. 놀이 도구는 어떤 것이 필요했나요?

5. 놀이 방법을 알려 주세요.

6. 저와 어릴 때 놀았던 경험을 나누었는데 기분이 어떤가요?

7. 이렇게 이야기를 나눈 후 내 기분은 어떤가요?

　엄마, 아빠, 이모, 누나까지 다양한 대상과 이야기를 나누었다. 공기놀이, 땅따먹기, 고무줄놀이, 자치기, 구슬치기, 술래잡기 등의 놀이가 나왔는데 6번과 7번의 대답이 인상적이었다. 아이와 어릴 때 놀았던 경험을 나누었는데 기분은 어떠냐는 질문에 즐겁게 놀았던 추억이 새록새록 떠오른다는 이야기가 가장 많았다. 우리 아이들도 어른들이 어렸을 때 놀았던 것처럼 놀았으면 좋겠다고 한 말을 듣고 많은 생각을 했다. 그렇게 가족과 이야기 나눈 후 자신의 기분은 어떤지 묻자 이렇게 답했다.

　"나도 나가서 놀아 보고 싶다."

　"난 아직도 공기놀이할 줄 모르는데 엄마만 신났다."

　"예전에는 휴대폰도 게임기도 없었지만 그래도 매일매일 재밌었을 것 같다."

　"엄마의 어린 시절을 훔쳐본 것 같다."

　연서는 아빠와 공기놀이 이야기를 하다 바닥의 돌을 주워 공기놀이를 했다고 한다. 오랜만에 아빠와 딸이 놀아서 좋았다는 말을 들으니 웃음이 났다. 가족과 나눈 대화 내용을 들으며 세대 간 기억상실이 느껴져 안타깝기도 했지만, 이번 대화로 다시 연결될 가능성도 확인했다. 직접 눈으로 보진 않았지만, 부모와 자식 사이에

꿀이 뚝뚝 떨어지는 모습이 상상이 되었다.

'가족 인터뷰' 주제 두 번째가 부모님의 학창 시절 이야기인데, 한 아이가 엄마와 인터뷰 내용을 정말 멋지게 동영상으로 편집해서 모두를 놀라게 했다. 우연히 이 엄마와 통화를 하게 되었다.

"처음에는 선생님이 너무 사적인 것을 과제로 내주신다고 생각했어요. 근데 아이와 대화하면서 선생님이 왜 이런 숙제를 냈는지 이해가 갔어요. 아이와 대화하는 시간이 정말 따뜻하고 좋았어요."

엄마의 이야기 속에서 가족 인터뷰가 마을 사람에게 말을 걸 수 있는 감각을 키워 줄 뿐만 아니라 아이와 부모가 접속되는 계기가 된 것 같아 뿌듯했다.

"선생님, 이럴 땐 물어봐야지요."

내가 마을 사람과 이야기 나누고 그 대화에 아이가 자연스럽게 참여하는 과정을 어떻게 만들까 생각만 하고 있었는데 우연한 기회가 찾아왔다.

은호가 마을 나들이 라이브를 해야 하는데 휴대전화 데이터가 없어 어렵다고 했다. 그래서 내 휴대전화를 빌려주러 은호네 집과 학교 중간에 있는 '배꼽 어린이집' 앞에서 만나기로 했다. 어린이집 앞에 먼저 도착해서 은호를 기다리는데 작은 화단에서 일하는 두 사람이 눈에 띄었다.

"안녕하세요? 여기 지나다니면서 참 잘 가꾸어졌다고 생각했는데 이 근처에 사시는 분이세요?"

"아, 저는 여기 어린이집 원장이고요. 이분은 선생님이세요."

나도 한솔초 교사라고 소개하며 이런저런 이야기를 더 나누게 되었는데 문득 은호가 어린이집 원장과 인터뷰를 하면 좋겠다는 생각이 들었다. 게다가 은호는 붙임성이 좋으니 충분히 해낼 수 있을 거 같았다. 그래서 코로나19로 원격수업 기간 중 아이가 자신이 사는 마을을 라이브로 친구에게 소개하는 활동을 하고 있는데, 마을 사람들에게 말을 걸기 어려워하니 원장 선생님께서 인터뷰를 해 주실 수 있겠느냐고 부탁을 했다.

"물론이지요. 얼마든지요."

잠시 후 도착한 은호도 자연스럽게 대화에 끼어 궁금한 것을 묻게 되었다. 이 분위기를 몰아서 배꼽 어린이집 원장님과 인터뷰로 라이브를 시작하면 어떻겠냐고 제안했더니 은호는 흔쾌히 알겠다고 했다.

"자, 라이브를 시작합니다. 지금 뭐 하고 계세요?"

"아, 풀을 뽑고 있어요. 이렇게 비가 온 뒤에 뽑으면 쏙쏙 잘 뽑혀요."

"이게 무슨 꽃이에요?"

"꽃잔디, 프리지어, 카네이션, 튤립…. 애기들이 나오면 좋아할 거예요."

어린이집 원장 선생님이라 그런지 친절하고 쉽게 잘 설명해 주셨다.

"좋은 일 하시네요. 전 여기 지나갈 때마다 누가 가꾸는지 궁금했어요."

은호는 어린이집도 휴원인지, 그 밖에 어떻게 관리를 하는지 등 궁금한 것을 묻더니 고맙다는 인사도 잊지 않았다. 아름다운 길을 따라 잠두 공원까지 다녀오는 길에 은호는 만나는 어른들에게 모두 인사를 했고, 어른들도 반갑게 받아 주셨다. 친구들이 쑥스럽지 않으냐고 묻자, 자꾸 하니까 괜찮고 다들 친절하게 받아 주시니 기분도 좋다고 대답했다.

며칠 뒤, 은호가 교실로 들어오며 웃는 얼굴로 말했다.

"배꼽 어린이집 원장 선생님을 만났는데 정성껏 가꾼 꽃을 누가 자꾸 캐 간다고 속상해하셨어요."

은호에게 오며 가며 말을 걸고 걱정을 나눌 수 있는 이웃이 생겨서 나도 기분이 좋았다. 은호의 라이브 이후 몇몇 아이들이 지나가는 마을 사람들에게 인사도 하고 길을 묻기도 했다. 아이들이 마을 사람들에게 말을 거는 것에 조금씩 자신감을 얻고 있다고 느낀 것은 나들이 동아리 때였다.

매봉산 능선을 걸어 구룡산으로 가 보기로 한 날인데, 사람들이 거미줄처럼 등산로를 만들어 놓은 바람에 어느 길로 가야 할지 헷갈렸다. 그때 윤혁이가 내게 다가오더니 말했다.

"선생님, 이럴 땐 물어봐야지요."

"윤혁이가 여쭤 볼래?"

내 말이 끝나기도 전에 의자에 앉아 계시는 할아버지께 다가가더니 여쭤 보았다.

"할아버지, 안녕하세요? 구룡산으로 가려면 어느 길로 가야 해요?"

할아버지는 인자한 웃음을 머금고 손가락으로 가리키며 알려주셨다. 윤혁이는 고맙다는 인사를 하고 내게 와서는 역시 친절하시다며 뿌듯해했다.

"전에는 모르는 사람한테 어떻게 말을 거느냐고 그랬잖아. 지금은 어때?"

윤혁이는 대답 대신 빙긋 웃더니 다시 할아버지께 가서 이것저것 더 물어보았다. 무덤이 왜 저렇게 생겼는지, 할아버지도 구룡산에 가시는 건지, 매봉산에는 자주 오시는지. 늘 느끼는 거지만 마을 사람들은 아이들의 질문을 정말 좋아한다. 이렇게 누구나 서로인사하고 이야기를 나누는 관계를 맺는 것이 오늘날 도시에서 만들어 가야 할 공동체의 속살이 아닐까.

또한, 이번 과정에서 6년 동안 국어 교육을 받아 온 아이들이마을 사람들에게 말을 걸지 못하는 것을 보며 그동안 우리가 수업시간에 하는 국어 교육이 얼마나 현실에 발 딛고 있지 못한지 실감할 수 있었다.

온라인에서
동아리가 가능할까?

오랜만에 고학년을 맡으면서 가장 기대했던 것이 동아리 활동이다. 평화샘 프로젝트를 하며 아이들이 관심 있는 주제로 동아리를 만들어 꾸려 갔는데 그 기억이 정말 인상적이었기 때문이다. 아이들은 좋아하는 주제를 중심으로 친구들을 모으고, 스스로 규칙을 정했으며, 문제가 생기면 적극적으로 토론하여 해결했고, 주말도 마다하지 않고 참여했다. 학년 말 가장 인상 깊은 활동으로 단연 동아리 활동을 손꼽았다. 그런데 코로나19로 동아리의 꿈은 한쪽에 접어 둘 수밖에 없었다.

동아리 할 사람, 여기 여기 붙어라!

일대일 마을 나들이, 라이브로 자기 마을 소개하기 등 아이들이 발신하며 소통하려 노력했지만 긴병에 효자 없다고 온라인 수업이 길어지자 아이들도 나도 힘이 떨어져 가고 있었다. 온라인 개학을 하고 보름 정도 지나자 아이들은 아주 단순한 형태의 댓글 달기도 숙제로 느끼며 참여하지 않고, 나는 힘들어도 해 보자며 잔소리 아닌 잔소리를 하게 되었다. 고민이 되어 평화샘 단톡방에 올렸더니 다른 선생님들도 상황은 비슷했다. 그 가운데 어떤 선생님이 아이들이 스스로 하고 싶은 것을 온라인으로 해 보면 어떻겠냐는 이야기를 했다. 그때 떠오른 것이 동아리 활동이었다. 온라인 동아리!

먼저 라이브로 '자원탐색'을 해 보았다. 자원탐색은 평화샘 프로젝트가 진행되는 교실에서 협력 학습을 더 발전시키기 위한 프로그램으로 아이들의 장점과 개성, 관심과 취미를 공유하여 배움의 잠재력을 제대로 발휘하기 위한 것이다. 그리고 교사 혼자 가르치는 것이 아니라 관심사에 따라 누구나 서로에게 배울 수 있다는 것을 공유하는 과정이기도 하다.

> 내가 가진 자원, 친구들과 나누고 싶은 자원!
> 1. 내가 즐겁게 할 수 있는 것은?
> 1. 함께 나누고 싶은 것은?
> 1. 내가 도움을 줄 수 있는 교과는?
> 1. 내가 좋아하는 것은?(계절, 음식)

아이들의 반응은 폭발적이었다. 3분의 2 정도가 댓글을 달았고, 그룹콜에서 다시 한 번 자신의 자원을 소개하는 시간을 가지며 나머지 친구들도 자신이 가진 자원을 이야기했다. 이야기를 나누어 보니 그림 그리기, 자전거 타기 등 비슷한 취미를 가진 아이들이 보였다. 이 아이들이 동아리를 만들어 보면 좋겠다는 생각이 들어 제안했다. 그러고는 '우리 반 자원탐색' 표를 만들어 학급 밴드에 공유했다.

그런데 하루가 지나도 선뜻 동아리를 제안하는 아이가 나타나지 않았다. 작년까지만 해도 반 친구들을 어느 정도 아는 상황이어서 쉬웠을 텐데, 올해는 같은 반이 되고도 한 번도 만난 적이 없으니 어색해하는 것도 이해가 되었다. 여유를 가지고 좀 더 기다려 보기로 했다.

마침 온라인 수업 기간이지만 교실로 찾아와 모르는 것을 묻는 아이들이 더러 있었다. 그 가운데 형민이는 학교에 공부하러 와서도 틈만 나면 그림을 그렸다. 그래서 그림 동아리를 만들어 보면 어떻겠냐고 제안했다.

"형민아, 그림 그리는 거 좋아하면 동아리 만들어 봐. 지난번 자원탐색을 해 보니까 그림 그리기 좋아하는 친구 많던데."

형민이는 잠시 망설이더니 집에 가서 생각해 보겠다고 하고는 교실 문을 나섰다. 저녁때쯤 되었을까? 형민이가 '그림 동아리 할 사람 여기 여기 붙어라'라고 학급 밴드에 글을 올렸다. 대여섯 명의 아이들이 무얼 어떻게 할 건지 궁금증을 댓글로 달았고 8명이 그림 동아리를 하겠다고 나섰다. 이 모습을 본 다른 아이들도 용기를 내기 시작했다. 자전거 동아리, 요리 동아리, 시나리오 동아리, 사진 동아리가 제안되었다.

요리 동아리는 코로나19 상황에서 어떻게 할 건지 물었더니 각자 집에서 요리하는 것을 라이브나 동영상으로 공유하겠다고 했다. 사진 동아리는 나들이 동아리와 연합을 해서 나들이&사진 동아리가 되었다. 매주 목요일 가까운 수곡동과 좀 더 먼 청주 시내를 번갈아 나들이하기로 했다. 수곡동 경계길을 걸으며 만들어진 동아리라 어른이지만 특별히 끼워 준다고 해서 나도 동아리 회원이 되었다. 동영상 편집 동아리는 좋아하는 노래 편집, 게임 동영상 만들기, 다른 동아리 홍보 영상 만들어 주기 등을 진행하고 있고, 올해가 끝날 즈음에는 6학년의 추억을 동영상으로 만들기로 했다. 시나리오 동아리도 주제를 정해 시나리오를 연재하고 있는데, 덕분에 다른 친구들이 자연스럽게 극본에 대해서 배우는 기회가 되었다. 그림 동아리는 가장 많은 아이가 참여하고 있는데 일주일에 한 편씩 단톡방에 서로 그림을 올리고 이야기를 나누고 있다. 자전거 동아리는 2주에 한 번씩 자전거를 타는데 무심천 자전거 도로를 따라 문암생태공원, 수암골, 청주 남쪽 장평교, 이마트 등을 다녀왔다. 안전이 가장 걱정되는 동아리였는데 안전모 꼭 쓰기, 안전거리 유지하기, 순서를 정해서 속도 맞추어 타기 등 세심하게 규칙을 정하는 모습에 놀랐다. 동아리가 안정화될 때까지 두세 차례 나도 함께 갔다. 거의 10년 만에 자전거를 타고 무심천 자전거 도로를 달리는데 코로나19로 답답했던 마음이 확 풀어지는 느낌이었다.

지금도 계속 동아리는 없어지기도 하고 새로 만들어지기도 한다. 요리 동아리와 그림 동아리, 시나리오 동아리는 없어지고, 텃밭 동아리, 영화 동아리, 뜨개질 동아리, 만화 동아리가 새로 생겼다.

아이들은 대표를 어떻게 정할지, 동아리 가입을 중복해도 될지 등에 대해서 댓글로 토론을 벌이기도 했다. 이제까지 휴대전화는 갈등의 원인이었다. 그러나 아이들이 온라인에서 소통하는 힘을 갖고, 기술과 도구를 활용할 수 있는 역량을 높인다면 모바일을 친구들과 소모임 운영을 위한 소통 도구, 잘 모르는 것을 검색하는 학습 도구로 제대로 활용할 수 있겠다는 생각이 들었다.

동아리 활동을 시작하고 무기력했던 아이들은 활력을 찾기 시작했다. '몰라요', '귀찮아요'를 입에 달고 살던 연서는 텃밭에 심은 작물이 걱정된다며 빗속을 뚫고 학교에 오기도 했고, 자전거 동아리 아이들은 기어가 없는 자전거를 타는 친구를 위해 비탈길을 피해 멀리 있는 길로 돌아오는 감동을 주기도 했다. 가끔 있는 오프라인 동아리 모임에도 일정이 맞지 않는 아이를 빼고는 거의 다 참석하였다.

우리가 만들었고, 스스로 하는 거니까요

8월 중순, 여름 방학을 앞두고 아이들은 동아리 활동에 대해 어떻게 생각하고 있는지 궁금했다. 그래서 학기 초에 시민의 참여를 주제로 공부하며 다루었던 '참여의 사다리'를 다시 보여 주고 우리 동아리는 어느 단계에 있는지 물었다. 참여의 사다리(그림 참고)는 하트[Hart, 1992]가 제안한 것으로 스스로 어딘가에 어느 수준의 참여를 하고 있는지 알아보는 데 좋은 기준을 제공한다. 동영상 편집 동아리 대표를 맡은 현수는 7단계라고 이야기했다.

"우리가 스스로 만들었고, 스스로 하는 거니까요."

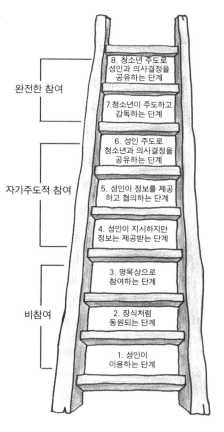

완전한 참여
8. 청소년 주도로 성인과 의사결정을 공유하는 단계
7.청소년이 주도하고 감독하는 단계

자기주도적 참여
6. 성인 주도로 청소년과 의사결정을 공유하는 단계
5. 성인이 정보를 제공하고 협의하는 단계
4. 성인이 지시하지만 정보는 제공받는 단계

비참여
3. 명목상으로 참여하는 단계
2. 장식처럼 동원되는 단계
1. 성인이 이용하는 단계

나들이&사진 동아리를 하는 윤혁이는 망설임 없이 8단계라고 말했다.

"8단계요. 선생님도 똑같이 참여해서 갈 곳도 같이 정하고, 가면서 길도 같이 찾고 같이 결정하고, 무엇이든 같이 공유를 하니까요."

전반적인 양상은 자기 주도적 참여, 또는 완전한 참여라고 대답했고, 이 모습을 보며 자신들의 동아리 활동에 대해 얼마나 자부심이 큰지 느낄 수 있었다. 그리고 동아리를 시작하려고 하는 친구들에게 해 주고 싶은 말이 있느냐고 물었다.

"자기가 좋아하는 주제를 찾는 게 중요해요. 또 그걸 포기하지 않고 계속할 수 있어야 해요."

윤혁이는 자기 생각을 야무지게 말했다. 진짜 배움이란 어떤 것인지를 내게 알려 주는 것 같았다.

마을을 함께 걷는다는 것은 관계가 열린다는 것

코로나19로 내게 찾아온 가장 큰 변화는 마을 나들이의 맛을 알게 되었다는 것이다. 원격수업으로 답답함은 컸지만, 아이들이 사는 마을을 탐색할 수 있는 여유가 생겼다. 작년까지는 바쁘다는 핑계를 대며 마을 나들이는 주로 수업과 연관 지어서 다녔다. 그런데 올해는 우리 학교 평화샘 선생님들과 수곡동 토박이분과 서낭

당 가는 길, 장터 가는 길, 학교 가는 길, 수곡동의 물길 등 다양한 주제로 나들이를 했는데 그 과정이 정말 정겹고 신이 났다. 걸으면서 함께 나누는 소소한 일상 이야기, 함께 보는 봄꽃과 나무, 곤충들, 함께 걷는 길 이야기 등 나들잇길은 서로의 이야기로 가득 차 나들이가 있는 토요일이 기다려졌다. 얼마 전까지 주변 사람들에게 '나 코로나 블루 같애'라며 우울해했는데, 어느새 호기심과 설렘으로 요동치는 내 변화가 신기하기만 했다.

그렇게 길을 따라 걸으며 어디부터 어디까지가 수곡동인지 궁금해져서 경계길을 혼자 걸어 보기로 마음먹었다. 그러다 혹시나 하는 마음에 학급 밴드에 함께 할 사람은 댓글로 달라고 했더니 네 명의 아이들이 신청했고, 그 아이들과 4주간 수곡동 경계길을 걸으며 동아리가 만들어졌다. 마을길을 함께 걸으며 나뿐만 아니라 아이들의 관계가 조금씩 변하는 게 느껴졌다.

서진이는 나들이 동아리의 유일한 여자아이다. 원래도 말이 없는 편인 데다가 남자아이들 틈이라 더욱더 말이 없어 걱정했는데 요즘은 조잘조잘 새처럼 이야기한다. 남자아이들은 서진이를 '매봉산의 자연인'이라고 부르며 산길은 무조건 서진이를 따라가야 한다고 인정해 주었다. 윤혁이는 말과 행동이 느리고 땀 흘리는 것이 가장 싫다고 했던 아이이다. 조금만 걸어도 '발이 아프다, 덥다, 땀이 나서 짜증 난다'고 투덜대던 윤혁이가 수곡동 경계 걷기 마지막 날에는 이렇게 말했다.

"마을길을 걸으면서 자세도 바르게 되었고, 재밌고, 내가 몰랐던 것도 알고, 할아버지께 배우고, 친구들하고 전망대길, 해넘이길 같은 진짜 이쁜 장소도 가 보고. 수곡동에 멋진 곳이 이렇게 많은 줄 처음 알았어요. 암튼 수곡동 경계 걷기는 저에게 많이 필요한 거였고 나중에도 수곡동 말고 다른 곳도 경계 걷기를 해 보고 싶어요."

윤혁이의 얼굴에는 자부심이 가득했다. 무엇보다 가장 많이 변한 것은 정환이와 친구들의 관계이다.

감꽃이 한창인 5월 마지막 날, 매봉산에서 구룡산으로 나들이 하는 날에 있었던 일이다.

"저 며칠 전에 진짜 억울한 일 있었어요."

"무슨 일인데?"

우리는 모두 정환이를 쳐다보았다.

"윤혁이랑 영찬이랑 태성이랑 자전거 타러 간다고 해서 나도 따라갔거든요. 근데 2반 상진이가 '야, 왜 찌질한 애도 데리고 왔냐?' 면서 윤혁이한테 뭐라 하는 거예요."

"그게 너보고 한 말이야?"

너무 황당한 상황이어서 서진이랑 나는 눈을 동그랗게 뜨고 물었다. 윤혁이는 어쩔 줄 몰라 하며 손을 만지작거렸다.

"어떻게 사람을 두고 그런 말을 할 수가 있어? 그건 괴롭힘 이지."

내가 흥분해서 큰 소리로 말했더니 정환이는 목소리가 더 커졌다.

"진짜 내가 얼마나 열 받은 줄 알아요? 나쁜 놈들."

"거기 우리 반 친구들도 있었는데 방어 행동을 아무도 안

했어?"

내 얘기에 윤혁이가 기어들어 가는 소리로 말했다.

"상진이가 무서워요. 6학년에서 제일 세요."

"음…. 그건 6학년 선생님들하고 같이 얘기하고 풀어야겠다. 친구는 평등해야 하는데, 상진이는 그렇지 않은 거 같아."

옆에서 듣고 있던 서진이가 맞장구를 쳤다.

"맞아요. 계급이 있으면 안 되는데."

윤혁이는 미안한 듯 정환이를 쳐다보며 말했다.

"정환이 착한데. 미안해."

그러자 정환이는 너는 이제 괜찮다며 상진이를 죽이고 싶다고 더 심한 욕설을 퍼부었다. 그런 정환이를 향해 서진이가 나직하고 또렷한 목소리로 말했다.

"정환아, 걔들이 너를 담을 그릇이 못 돼서 그러는 거야."

순간 분노가 가득했던 정환이 표정이 스르르 풀렸다. 그러고는 한결 편안한 목소리로 우리 모두를 향해 말했다.

"자, 그럼 이제 우리 얘기를 해 볼까요? 누가 썰 좀 풀어 볼 사람?"

다들 서로 바라보며 잠시 말이 없자 정환이가 이야기를 시작했다.

"내가 먼저 시작하지. 옛날에 나는 서울에서 살았고, 유치원 때 이곳으로 이사를 왔지."

이사는 왜 했느냐고 서진이가 물었다.

"음…. 이런 얘기까지 해야 하나? 아빠가 하는 일에 좀 문제가 생겼어. 지금도 아빠는 서울에서 일주일에 한 번 오고, 엄마는 일찍 일 나가서 밤늦게 오기 때문에 나랑 동생이랑 할머니 이렇게 셋이 같이 있는 시간이 가장 많아."

정환이는 마음에 담아 두었던 이야기를 담담하게 풀어놓았다. 나와 친구들을 믿고 속 이야기를 하는 정환이가 고마웠다. 그렇게 이야기를 나누며 산을 내려왔다.

"우아! 여기 우리 학원 있는 곳인데!"

정환이와 윤혁이가 쌍둥이처럼 합창했다.

"저쪽에 재미있는 놀이터 있는데 거기서 놀다 가면 안 돼요?"

대답 대신 고개를 끄덕이자 둘은 신이 나서 달려갔고, 서진이도 따라갔다. 셋은 시간 가는 줄 모르고 이곳저곳을 뛰어다니며 신나게 놀았다. 내가 기다리다 지쳐 먼저 가겠다고 하자 아이들은 서로 눈짓을 주고받더니 더 놀다 가겠다고 한다. 헤어지기 아쉬워하는 마음이 느껴졌다. 나중에 등교 개학을 하면 한 반을 둘로 나눌 예정이라고 하니 우리 셋은 꼭 같은 반으로 넣어 달라고 신신당부를 했다.

익숙한 마을길을 함께 걷다 보면 마법 같은 일이 생기는 것 같다. 낯선 길을 갈 때는 예쁜 꽃도 멋진 건물도 그저 지나치는 배경에 지나지 않는다. 목적지를 가는 데 필요한 정보를 수집하기에 여념이 없기 때문이다. 마치 초보 운전자의 시야가 좁은 것처럼. 그런데 익숙한 마을길은 발아래 풀꽃, 곤충, 주변 나무, 사람들과 관련된 감각들이 열려 온통 나에게 밀려온다. 그것이 모두 통합되어서 자연스럽게 서로에게 무장 해제되는 경험을 한다.

아이들과 마을길을 걷는 동안 아니 걷는 시간이 많아질수록 그 느낌은 더욱 깊어졌다. 내가 만약 교실에서 정환이를 만났다면 어땠을까? 끊이지 않는 다툼과 괴롭힘을 해결하기 위해 오랜 시간, 많은 에너지 소모로 힘들어했을 것 같다.

나래를 펴는 정환이

등교 개학 이후에 정환이는 훨씬 편안해 보였다. 정환이를 놀렸던 상진이에게 사과를 받고는 요즘은 억울한 일이 없다고 했다. 여전히 엉뚱한 이야기는 하지만 그래도 다른 아이들이 '지금은 그 애기를 할 때 아닌 거 같은데'라고 한마디 하면 조절하려고 노력한다.

얼마 전에는 정환이가 텃밭 동아리를 만들어 보고 싶다고 했다. 듣던 중 반가운 말이라 얼른 학급 밴드에 공지를 올려 보라고 부추겼다. 그런데 밴드에 올리지는 않고 밴드 라이브로 하루 안내를 하는데 댓글로 '텃밭 동아리 할 사람?'이라고 달았다. 한두 명의 아이들이 관심을 보였지만 정환이는 별 반응이 없었다. 좀 더 적극적으로 모아 가면 만들어질 것도 같은데 그런 모습이 보이지 않아 혼자 속만 끓이고 있었다.

다음 날 경진이가 '내가 정환이 대신 올리는 거다. 텃밭 동아리 할 사람 여기 여기 붙어라'라고 학급 밴드에 공지를 올렸고, 한 시간 후 동영상 편집 동아리를 하는 현수는 '내가 텃밭 동아리 하고 싶어서 만든 건 아님'이라고 하고는 텃밭 동아리 홍보 영상을 만들어 올렸다. 이걸 두고 이심전심이라고 하는 걸까? 연서와 경진이가 댓글을 달았고, 민철이에게는 정환이가 직접 하자고 제안해서 드디어 4명의 아이가 참여하는 텃밭 동아리가 만들어졌다. 친구들의 부추김과 지지로 동아리가 만들어지자 정환이는 자신감을 갖기 시작했다. 정환이 특유의 친화력은 텃밭 동아리의 활력소가 되었다.

텃밭 작물을 사기 위해 육거리 시장에 갔을 때였다. 종묘상회를 미리 검색해서 가긴 했지만, 막상 복잡한 육거리 시장 안으로 들어서니 찾기가 쉽지 않았다. 다른 친구들은 두리번거리며 정신이 없는데 정환이가 생선 가게 아저씨, 떡집 아줌마 할 것 없이 적극적으로 물어서 가게를 찾을 수 있었다. 종묘상회에 가서도 이것저것 물으니 아저씨와도 금방 친해졌다. 아저씨는 작물의 특성을 친절하게 설명해 주시고 아이들이 키우기에 적합한 작물도 추천해 주셨다.

"선생님, 이 친구 물건이네요. 더운데 아이스크림 하나씩 먹고 가세요."

아저씨는 맘씨 좋게 웃으시더니 나와 아이들에게 아이스크림콘을 하나씩 사 주셨고, 아이들은 정환이 덕에 먹는다며 좋아했다.

교실에서 놀지 못하는 아이가 있으면 왕따인 것이고, 다른 아이들이 그 아이를 놀이에 초대하면 왕따 문제는 해결되기 시작한 것이며, 놀지 못하는 아이가 다른 아이들에게 놀이를 제안하고 그것이 수용된다면 왕따 문제는 실질적으로 해결된 것이나 다름없다. 이번에 왕따를 당하던 정환이가 동아리를 제안하고, 친구들이 그 목소리에 반응하여 텃밭 동아리가 만들어지고, 친구들과 협력하여 동아리를 꾸려 가는 과정은 왕따를 해결할 수 있는 또 다른 차원의 지평이 아닐까?

마을에는 전문가가 가득하다

등잔 밑이 어둡다

"나 옥수수 심을래. 옥수수 좋아해."

"나는 방울토마토!"

7월 중순쯤에 만들어진 텃밭 동아리에서 무엇을 심을지 의견을 나누었다. 그러자 할머니가 가까이 사셔서 자주 농사일을 돕는 연서가 말했다.

"옥수수도 방울토마토도 안 될걸? 내가 할머니한테 여쭤 봤는데 너무 늦었다고 했어."

시끌벅적 이야기 나누는 아이들을 보며 조금 걱정이 되었다. 이미 파종 시기를 놓쳐서 나도 무얼 심을지 바로 떠오르지 않았다. 연서가 시무룩한 얼굴로 내게 도움을 청했다.

"선생님, 우리 뭐 심을 수 있을까요?"

"글쎄…. 인터넷에 검색해 볼래?"

별 고민 없이 늘 하던 방식대로 인터넷 검색을 권했다. 그랬더니 연서는 7월에 심을 수 있는 작물을 검색해서 단체 채팅방에 올렸다. 연서는 뭘 해 보자고 해도 고개만 잘래잘래 흔들고, '배고파요', '심심해요', '힘들어요', '더워요'라고 하면서 투덜거리기 일쑤였다. 그랬던 연서가 적극적으로 참여하는 모습을 보니 기뻤다. 연서는 밴드도 만들었으면 좋겠다고 제안한 뒤 밴드를 만들고 친구들을 초대했다. 자신은 당근을 심어 보겠다고 하고는 당근을 심는 방법, 관리하기, 병충해 관리, 수확하기 등의 자료를 조사해서 밴드에 올리자, 현진이는 당근으로 만들 수 있는 음식을 검색해서 댓글로 달았다. 그리고 모종을 사서 심자는 약속까지 일사천리로 손발을 맞춰 가는 '텃밭 동아리'의 활약이 은근 기대가 되었다.

이때까지만 해도 아이들이 스스로 잘하고 있다는 생각에 흐뭇

했던 내 생각은 반나절도 채 지나지 않아서 부서졌다. 협의실에서 차를 마시며 동료 교사들에게 아이들과 있었던 일을 이야기했더니 농사 경험이 많은 윤 선생이 말했다.

"당근이 잘될까? 요즘 인터넷 정보는 잘못된 것이 많아서. 농사 짓는 분들께 여쭤 보면 잘 아실 텐데."

윤 선생의 말에 순간 연서에게 별생각 없이 인터넷을 검색해 보라고 했던 말이 다시 떠올랐다. '난 왜 마을 분들께 여쭈어 볼 생각을 못 했을까?' 인터넷에서 검색한 작물은 전국적으로 표준화된 것이고, 수곡동의 땅과 기후에서 재배할 수 있는 작물은 마을 사람들이 더 잘 알 것이다. 그리고 마을 사람들과 관계를 맺은 아이들은 궁금하면 언제든지 찾아가 물을 수 있고, 그 지혜를 배울 수 있을 텐데.

쉽게 얻을 수 있는 명시적 지식을 먼저 떠올리고 아이들에게 안내했던 그간의 과정을 되돌아보았다. 넓은 세상에서 벌어지는 일들을 교실 안에서 해결하려고 하니 정보 검색, 도서관 책 찾기 정도의 한정된 접근 방법으로 세상을 대했다. 교사는 끊임없이 성찰하지 않으면 원래대로 돌아갈 수밖에 없다는 말도 떠올랐다. 시간표와 교과 진도, 지식전달 등 학교를 지배하는 이 모든 틀이 바뀌지 않고서는 말이다.

서둘러 텃밭 밴드에 학교 뒤쪽 매봉산 자락에는 텃밭이 많으니 농사짓는 분들을 직접 만나 보면 어떻겠냐고 제안을 했다. 아이들의 반응은 적극적이었다. 학원 때문에 시간을 내지 못하는 경진이를 제외하고는 모두 조절해 보겠다고 했다. 마침 텃밭을 경작하는 분 가운데 잘 아는 분이 계셔서 쉽게 약속을 잡을 수 있었다. 그리고 아이들과 마을 사람이 연결되는 행운을 만들 수 있었다.

할머니들이 선생님이시지요

"이 커다란 나무가 오이예요?"

연서가 눈을 동그랗게 뜨고 물었다. 연서, 민철이, 경진이, 정환이 이렇게 네 명의 텃밭 동아리 아이들과 수곡동에서 텃밭 농사를 짓는 아저씨를 만나러 갔다. 텃밭 주인아저씨는 인심 좋게 웃으시더니 맨 앞에 있는 민철이에게 한번 따 보라고 권하셨다.

"오이 나무? 허허. 이리 와 봐. 네가 이거 한번 따 봐."

민철이는 아저씨가 손으로 가리키는 오이를 뚝 따더니 기분 좋게 웃으며 높이 치켜들었다. 마치 승전고를 울리는 장수처럼.

"나도 좀 보여 줘."

"우아, 되게 크다. 이거 애호박 아니에요?"

정환이가 제법 자라서 노각이 되려고 하는 오이를 가리키며 물었다.

"이게 우리나라 조선오이야. 가느다란 왜오이가 아니라."

아저씨는 귀찮으실 법도 한데 아이들이 묻는 말에 친절하게 대답해 주셨다. 하나라도 더 알려 주시려고 땀을 비 오듯 흘리시며 그 작은 텃밭을 이리저리 바쁘게 다니셨다. 당귀, 들깨, 팥, 아주까리, 돼지감자, 근대, 파, 실파, 부추, 오이, 강낭콩 등 스무 평 남짓 작은 밭에 어떻게 그 많은 종류의 작물을 심었는지 참 알뜰도 하

셨다. 그러고는 자신보다 더 많이 알고 계신 분들이 있다며 그늘에
서 쉬고 계시는 네 분의 할머니들을 소개해 주셨다. 인사를 드리
고 준비한 음료수를 드리니 "우리가 대접해야지. 선상님이 이런 걸
다 사서 오셨네." 하며 미안해하셨다. 늘 느끼는 거지만 따뜻한 할
머니들의 환대는 정말 푸근하고 기분이 좋다. 앞으로 궁금한 거 있
으면 여쭤어 보러 오겠다고 하니 손사래를 치며 말씀하셨다.

"아이고, 내가 뭘 알어? 선상님이 더 잘 알지."

"농사도 지어 보시고, 마을에 오래 사셔서 더 잘 아시니까 할머
니들이 선생님이시지요. 요즘은 이렇게 마을에 사시는 할머니, 할
아버지께 배우라고 되어 있어요."

그제야 "그랴?" 하며 웃으셨다. 마을에 나가 할머니, 할아버지를 만나 궁금한 것을 여쭈어 보면 '뭘 그런 걸 물어? 그런 거 알아서 뭐하게'라고 하시며, 당신들의 삶을 낮추어 얘기하실 때가 많다. 학교에서 배우는 것만이 교육이라는 인식과 우리 것은 미개하고 하찮게 여기는 식민 잔재가 뿌리 깊게 자리 잡고 있다는 생각이 들었다. 내가 할머니들과 나누는 대화를 듣고 있던 정환이가 할머니께 여쭈었다.

"할머니, 요즘에 심을 수 있는 게 뭐가 있을까요?"

"지금은 심을 수 있는 게 많이 없어. 좀 더 이따가 무수, 배차 뭐 이런 거 심어야 혀."

할머니 말씀에 아이들 얼굴은 실망한 표정이 역력했다.

"선생님, 역시 농사는 늦으면 안 돼요."

연서의 말에 백배 공감이 되었다. 때를 아는 사람, 철을 아는 철든 사람에 대해 다 함께 깊이 배우는 순간이었다. 그 모습이 안타까웠는지 텃밭 주인아저씨가 우리 앞의 작은 밭을 가리키며 말씀하셨다.

"여긴 뭐 심었나 볼까요? 조금 전에 심었어. 뭐가 나오나 봐."

아저씨 말씀에 금방 기분이 좋아진 정환이가 우린 운이 좋다며 신이 나서 말했다. 보슬보슬한 밭 흙을 손가락으로 조금 파 보니 마늘같이 생긴 것이 나왔다.

"마늘이다!"

아이들은 합창하듯 말했다.

"봐. 이게 골파야. 이렇게 세 개씩 꼭꼭 눌러서 심으면 되는 거야."

아저씨의 이야기에 우리도 골파를 심으면 되겠다며 빙긋 웃었다. 다음에 또 놀러 와도 되느냐고 여쭈었더니, 거의 매일 3시부터 6시까지는 텃밭에 있으니까 언제든지 보러 오라고 흔쾌히 말씀해 주셨다. 아이들 모두 무척 재미있는 시간이었다고 했다. 덥다고 꾀를 내던 민철이도 활짝 웃으며 말했다.

"재밌어요. 오길 정말 잘했어요."

민철이의 말이 꼭 내 마음이다. 이렇게 신나는 배움의 순간을 하마터면 놓칠 뻔했다.

텃밭에서 만난 아저씨처럼 마을에는 아이들에게 배움길을 열어 줄 전문가가 넘쳐난다. 할머니와 할아버지에게 배우는 육아와 마을 역사, 아저씨와 아줌마에게 배우는 진로교육과 직업체험 등. 앞으로는 '이 문제는 마을에서 누가 가장 잘 알까? 무엇을 질문할까? 어떻게 만날까?'를 늘 떠올리며 배움의 기회를 만들어야겠다고 다짐했다.

"선생님, 우리 같이 마을길을 걸어요"

아이들이 사는 마을을 걷다 보니 내 고향 마을이 생각났다. 우리 마을 이름은 두 개이다. 백석지기와 진개장. 그 가운데 난 진개장이란 이름을 싫어했다. 포털사이트에서 진개장을 검색하면 '쓰레기를 버리는 곳'이라고 나온다. 하필 마을 이름이 왜 이 모양일까 생각했다. 그래서 소극적인 저항을 해 보았지만, 주변의 시선에 무너지기 일쑤였다.

"백석지기에서 내려 주세요."

나는 잔뜩 긴장한 목소리로 버스 기사에게 용기를 내어 말했다.

"백석지기는 무슨. 진개장이지."

비아냥거리는 운전기사의 말에 내 얼굴은 귀까지 빨갛게 달아올라 도망치듯 버스에서 뛰어내렸다. 원래는 백석지기였지만 미군부대가 생기고 우리 마을 어귀에 쓰레기를 버리기 시작하면서 사람들은 우리 동네를 '진개장'이라고 불렀다고 한다. 쓰레기라는 이미지가 먼저 떠올라 창피했다.

내가 우리 마을에 대한 부정적인 인식에서 벗어날 수 있었던 것은 얼마 전의 일이었다. 마을배움길 모임에서는 그동안 마을에서 배움의 길을 만들기 위해 노력해 왔지만, 여전히 교사 중심의 한계를 벗어나지 못했던 것이 사실이며, 아이들이 마을에 있는 지금이야말로 코로나19라는 위기를 기회로 바꿀 수 있다고 이야기했다. 그래서 아이들이 사는 마을을 즐겁게 탐색하고 아이가 사는 마을을 함께 걷고 이야기하는 일대일 마을 나들이를 제안했다. 무엇보다 교사가 한 인간으로 온전해지려면 고향 마을, 현재 사는 마을, 아이들이 사는 마을을 균형 있게 이해할 필요가 있다고 보았다. 그래서 이 세 가지 마을의 마음 지도(심상 지도)를 그리고 따뜻하고 신났던 경험을 떠올려 함께 이야기 마당을 벌였다.

고향 마을의 마음 지도를 그리고 대다수 사람은 어릴 저 놀았던 장소와 장면을 떠올리며 신났는데, 나는 놀았던 장소와 미군 부대 쓰레기장이 함께 떠올라 즐겁지만은 않았다. 이런 이야기를 듣고 있던 마을배움길연구소 문재현 소장이 나에게 말했다.

"'진개장'을 창피해하는 마음이 김 선생을 지배하고 있는 것 같아요. 그러니 마음속에 어두운 면이 자꾸 생기는 거고요. 그 프레임이 김 선생의 정서를 결정하거든요. 우리 이야기는 여러 층, 여러 겹이 있어서 그 가운데 어떤 이야기가 지배적인데 그것은 구조와 연결되어 있어요. 억압적 요소가 있지요. 근데 그 이야기는 바뀔 수 있어요. 새로운 이야기를 함으로써 또 다른 가능성을 열어 갈 수 있거든요."

이 이야기는 며칠을 내 뇌리에서 떠나지 않았다. 곰곰이 생각해 보니 진개장처럼 창피한 얘기만 있는 것은 아니었다. 친구들과 신나게 놀던 마을 어귀가 떠올랐다. 우리 마을 어귀는 그리 넓지 않은 장소이지만 곳곳이 놀이터였다. 하나밖에 없는 또래 친구 현희네 집으로 가는 가파른 언덕길에서는 주로 '비행기 낙하산'을 했다. 술래가 '비행기'라고 외치면 술래가 잡을 수 없도록 높이 올라가야 했다. 술래가 까치발을 뛰고 폴짝폴짝 뛰며 우리를 잡으려고 안간힘을 쓰는 모습에서 묘한 쾌감도 느껴졌다. '낙하산'이라고 외치면 술래가 달려오기 전에 땅바닥에 내려와 있어야 한다. 지금도 내 왼쪽 무릎에는 그때 뛰어 내려오다 다친 상처가 남아 있다. 바닥에는 오징어 가이생, 십자 가이생, 열 발 뛰기, 뺀 치기, 고무줄놀이, 구슬치기 등 곳곳에 놀이판이 펼쳐졌다. 그 가운데에서 나는 고무줄놀이를 가장 좋아했다. '월계화계수수목단금단초단일' 하는 두 줄 고무줄부터 '구두 발자국', '삼월 하늘' 이 곡의 원래 제목은 '유관순'이지만 우리는 첫 소절을 제목처럼 불렀다. 또 '금강산', '산 골짝에 다람쥐' 등 수없이 많은 고무줄놀이를 했다. 그 가운데 내가 가장 자신 있게 할 수 있었던 고무줄은 '푸른 잔디'였다. 지금 생각하니 다른 곡들은 네 박자인데 이 곡만 유독 세박자였다. 쿵작쿵작 딱 떨어지는 박자가 아니라 부드러운 선처럼 흐르는 노랫말과 움직임이 나를 사로잡았던 것 같다.

"푸울 냄새 피어나는 잔디에 누워~"

허리까지 올라가는 단계가 되면 다리도 쭉쭉 올라가야 했고, 노래가 길어 지구력도 좋아야 했다. 그야말로 나에게 딱 맞는 고무줄놀이였다.

"미자야, 살려 줘~"

먼저 죽은 아이들이 두 손을 모으고 간절하게 바라보면 왠지 어깨가 으쓱했다. 마지막 노랫말인 '노오래 불러요오오오오' 할 때 제자리에서 세 바퀴를 돌아야 하는데, 한 번도 걸리지 않고 끝 음절인 '오'와 내 오른발이 땅을 짚는 순간 우리 편 아이들은 '우아' 소리를 질렀다. 숨은 턱까지 차올랐지만, 세상을 다 가진 느낌이었다.

그런데 참 이상하다. 이렇게 신나는 순간이 많은데 난 왜 마을을 떠올리면 진개장과 더불어 부끄러운 느낌을 더 먼저 떠올렸을까? 어린 시절을 함께 보냈던 언니들도 나와 같은 생각일까 궁금해서 두 살 터울인 넷째 언니에게 전화를 걸었다. 내가 고향 마을에 대해 떠오르는 느낌을 이야기하며 언니도 그랬는지 물었다.

"나도 창피하긴 했지. 근데 가만히 생각해 보면 그런 느낌은 내가 학교에 들어가면서 들었던 거 같아. 그전에는 둘도 없이 재미있는 놀이터였잖아."

'학교에 들어가면서부터'라는 말에 뒤통수를 맞은 느낌이었다. 학교에서 공부하는 교과서에는 깔끔한 옷차림과 번듯한 양옥집들이 나왔다. 그런데 우리 동네는 '백석지기' 그리고 '진개장'이라는 이름처럼 대다수는 작지만 알차게 농사를 짓는 사람들과 몇몇은 미군 부대에서 허드렛일하며 살아가는 사람들이 산다. 집은 기와집도 있지만 슬레이트 지붕에 쓰레기장 냄새와 돼지우리 냄새가 섞여 큼큼한 냄새가 난다. 마을 위치상으로는 능서면에 있는 학교에 가야 했지만, 우리 엄마와 동네 아줌마들은 더 큰 학교에 가서 배워야 훌륭한 사람이 된다며 여주읍에 있는 학교에 보냈다. 매일 한 시간 넘게 걸어 다녔기 때문에 여름이면 땀범벅이 되어 신작로 먼지를 뿌옇게 뒤집어쓴 채 학교에 갔다. 선생님들은 내가 시험이라도 잘 보면 "진개장 촌놈이 제법인데." 하며 친구들 앞에서 창피를 주었다. 선생님들이 우리에게 하는 얘기 대부분은 "공부 열심히 해서 서울에 있는 대학 가야지 여기서 농사나 짓고 살래?"였다. 학교에 다니기 시작하면서부터 우리 동네는 촌 동네고 농사짓는 아버지는 시골 무지렁이라는 말과 함께 무시당했다. 마을은 뭔가 보잘것없고 미개한 느낌, 이것이 학교가 나에게 마을에 대해 심어 준 뿌리 깊은 상처였다. 이러한 학교 교육이 일본의 식민지 교육에서 시작되었고, 해방된 후에도 여전히 이 시대를 살아가는 우리를 지배하고 있다는 것을 사범학교의 역사를 공부하며 알게 되었다. 그런데 마을을 걷고 마을에서 배움을 찾으면서 나도, 마을에서 만난 할머니도 그 식민의 상처가 치유되기 시작했다.

나는 50살이 다 되어서야 내 마을 경험을 제대로 돌아볼 수 있었다. 나를 온통 지배하고 있는 마을에 대한 부끄러움, 뿌리 깊은 식민성을 제대로 들여다보니 그동안 눌려 있던 신나는 마을 경험이 떠올랐다. 나를 지배하고 있는 패배주의 같은 어둡고 무거운 정체성을 걷어 내고 고무줄을 끝까지 해냈을 때 즐겁고 신나는 진짜 '나'를 찾는 해방의 과정이었다. 요즘은 허물을 벗은 나비처럼 자유로운 느낌이다.

만약 내가 우리 반 아이들과 했던 것처럼 단 한 명의 선생님이 어린 미자와 나란히 백석지기 마을길을 함께 걸었다면 어땠을까. 전국의 모든 아이가 자기 마을에 관심을 두는 선생님 손을 잡고 마을길을 걷는다면 어떤 세상이 펼쳐질까.

온라인 교육의 바탕도 관계 맺기

최진숙

참신하고 즐거운
공개수업

    교직 생활 23년 동안 수없이 많은 공개수업과 수업 참관을 했다. 그때마다 얼른 해치워야 할 숙제처럼 느껴졌지 정말 의미 있다고 생각한 적은 거의 없다. 수업 내내 나를 보고 있는 사람들을 의식하느라 아이들의 요구와 반응에 신경 쓸 겨를이 없었고 심지어 아이들이 한참 활동 중이어도 지도안에 짜인 시간에 맞추느라 서둘러 마쳐야 했다. 동료 교사의 수업을 참관하는 일도 부담스럽긴 마찬가지였다. 다른 교사들의 생각도 나와 별반 다르지 않았다.

    "저는 다 쓸데없는 짓이라고 생각해요. 평소 선생님들과 나누는 수업 이야기가 훨씬 도움이 됐어요."

    공개수업에 대한 부정적인 생각은 아이들도 마찬가지였다.

    "선생님, 갑자기 왜 친절하게 말해요? 선생님들이 오셔서 그래요?"

공개수업은 하는 것도 보는 것도 부담스럽고 늘 피해 가고 싶은 일이었다.

그런데 올봄, 정말 특별한 공개수업을 경험하게 되었다. 대면 수업이 아닌 원격수업 장면을 공개한 것도 그렇고 교사들이 고민하는 지점을 함께 이야기면서 자연스럽게 이루어졌다는 것도 특별했다. 온라인 개학이 시작되면서 교사들이 모이기만 하면 원격수업에 대한 어려움을 토로할 때 6학년 이 선생이 실시간 쌍방향 수업으로 아이들과 교감을 나눈다고 했다. 그 수업이 궁금해서 좀 볼 수 있느냐고 요청하자 이 선생은 흔쾌히 동의하였다.

5월 8일 공개수업 당일, 교감을 비롯한 여덟 명의 교사들이 6학년 교실에 모였다. 그 가운데는 특수반 교사와 특수지도사도 있었는데 일반적인 공개수업이라면 이렇게 자유롭게 와 볼 생각도 못 해 봤을 거라며 일반 학급에서 그것도 원격수업이 어떻게 진행되는지 궁금해서 왔다고 했다.

컴퓨터 모니터에 비친 14명의 아이와 이 선생이 이야기를 주고받았다.

"선생님, 오늘 교실에 사람이 많은 것 같아요."

"얘들아, 오늘 너희들과 수업하는 걸 보려고 선생님들이 우리 반에 오셨어. 너희들 아직 선생님들 못 뵈었지?"

이 선생이 웹카메라로 수업을 참관하려고 모인 우리를 비추자 아이들이 알아보았다.

"선생님, 안녕하세요?"

아이들은 저마다 아는 선생님 이름을 부르며 들뜬 목소리로 인

사를 했고 교사들도 환하게 웃으며 인사를 건넸다. 이렇게나마 아이들을 만날 수 있어서 정말 반가웠다.

"요즘 우리가 시 수업을 계속하고 있잖아. 오늘은 선생님이 고른 시를 하나 소개해 줄게. 먼저 그림을 보자. 선생님이 준비한 시에 그려져 있는 그림이야."

이 선생은 시를 읽기 전에 그림을 먼저 보고 아이들이 시 내용을 유추하게 했다. 누군가의 손에 들려 있는 그물 안에 슬픈 표정의 초록색 공 모양이 팔과 다리를 늘어뜨리고 있었다. 그 모습을 보고 수박 같다는 아이도 있었고 군인이 전쟁터로 끌려가는 것 같다는 아이도 있었다. 초록빛 지구가 환경오염으로 아파하는 모습

같다고 말하는 아이도 있었다. 이 선생이 그림을 더 축소하자 잔뜩 쌓인 수박 더미 위로 비닐 끈에 매달려 가는 수박의 모습이 드러났다.

"이젠 이게 어떤 그림인지 알겠지? 그럼 선생님이 고른 시를 읽어 줄게. 김륭 시인의 '아빠와 수박'이라는 작품이야."

아빠와 수박*

수박을 먹다가
아빠가 묻는다.

넌 커서 뭐 할래?

선생님.

의사 같은 걸 해야지
아빠처럼 될래?
빨리 들어가서 공부해!

칫! 묻지나 말지.

---

* 김륭, 『엄마의 법칙』, 문학동네, 2014.

아빠는 내 머리를
자기 마음대로 교실에서
병원으로 옮겨 놓는다.

비닐 끈으로 묶은
수박처럼.

　이 선생이 '아빠와 수박'이라는 시를 읽어 주자 그림 속 수박이
왜 그리 슬픈 표정을 짓고 있는지 이해가 되었다. 이 선생이 수박
먹다가 아빠가 갑자기 이렇게 물으면 어떨 거 같으냐고 묻자, 한 아
이가 수박 먹다가 체할 것 같다고 해서 모두 웃었다.
　"선생님도 좋은 꿈 아닌가요?"
　"제 물건을 살 때도 결국 엄마가 결정해요. 그러려면 왜 묻는지
모르겠어요."
　"학원 다니기 싫은데 엄마는 자꾸 다니라고 해요."
　처음에 다른 교사들을 의식해서 쭈뼛대던 모습은 온데간데없
고 자식의 꿈을 부정하는 아버지에 대한 성토와 자기 의견이 무시
되었던 사례들이 오고 갔다.
　"선생님이 시를 들려준 건 시가 이렇게 재미있다는 걸 알려 주
고 싶어서야. 너희에게 나눠 주려고 도서관에서 시집을 빌렸어. 오
후에 만나서 한 권씩 나눠 줄 거니까 다음 주까지 시집을 읽고 각
자 마음에 드는 시를 한 가지씩 고르는 거야. 그리고 온라인 수업
시간에 시를 낭송하고 왜 그 시를 골랐는지 이야기하면 돼. 그럼

오늘 수업은 여기서 끝내자."

이 선생과 아이들이 온라인에서 얼굴을 보고 친근하고 편안하게 이야기를 나누는 장면은 정말 인상적이었다. 물론 실시간 수업이 갖는 불편함도 있었다. 질문과 반응 사이에 약간의 시간차가 느껴졌고 목소리가 섞여 뭐라고 말하는지 알아듣지 못하는 경우가 생겨서 교사가 발표할 아이를 일일이 지목해야 했다.

수업을 마치고 그 자리에서 자연스럽게 수업 협의가 이루어졌다. 수업을 진행한 이 선생이 먼저 말을 했다.

"저는 온라인 개학이 발표되자마자 실시간 수업을 준비했어요. 모바일 기기가 있는지, 인터넷은 되는지 일일이 조사하고 기기가 없는 애한테 찾아가 태블릿도 주고 사용법도 알려 주면서 어떻게 해서든 아이들이 온라인 수업에 참여하도록 애를 썼어요. 초기에는 접속하는 아이들이 몇 명 없다가 내가 마을로 나가 아이들을 만나고 나서부터 출석률이 굉장히 높아지기 시작해서 전원 출석을 하게 되었는데 그날이 4월 29일이었어요. 제가 선생님들께 이수업을 통해서 진짜 하고 싶은 이야기는 아이들을 만나고 나서야 그렇게 꼬셔도 들어오지 않던 아이들이 접속해 왔다는 겁니다. 마을에서 만난 아이는 화면에서 봤을 때 표정도 달라지고 저랑 얘기하는 것도 달라진 걸 느꼈어요."

이 선생의 말이 끝나자 교사들은 고개를 끄덕였고 원격수업에 대한 생각을 자유롭게 말하기 시작했다.

"과제 올리라고 아이한테 전화하는 것도 하루 이틀이지. 안 하는 애는 맨날 안 해요. 이거 정말 못 할 짓이에요."

"저는 나름 열심히 영상 제작하고 학습꾸러미를 올렸는데 조회 수를 보니 다섯 명만 봤더라고요. 정말 힘 빠져요."

"저도 얼마 전부터 화상수업을 시작했어요. 전화 통화만 했을 때보다 얼굴 보고 이야기하니까 확실히 그다음 수업 참여율이 좋아요. 진즉에 화상수업을 할걸. 내가 왜 엄마들하고만 통화했을까 싶어요."

"오늘 실시간 수업을 참관하면서 아이들하고 소통하는 이런 수업도 가능하다는 걸 알게 되긴 했는데 과연 온라인 수업으로 학교 수업이 대체 가능할지는 여전히 의문이에요."

"얼마 전에 누가 저에게 온라인 수업이 학교 수업의 대체재가 될 것 같으냐고 물은 적이 있어요. 저는 단순하게 생각해서 '대체재지 왜 보완재야' 이랬거든요. 물론 만나서 수업을 했을 때 더 질적으로 높아지겠지만 학교에서 하는 거나 온라인으로 하는 거나 전달하고자 하는 메시지는 같다고 생각했거든요. 교실 안에서 수업할 때도 받아들이는 아이, 안 받아들이는 아이가 있는 것처럼 온라인 수업도 마찬가지다. 그래서 저는 대체재가 될 거라고 가볍게 대답했어요. 그런데 아이들을 만나고 나서 온라인 수업 참여율이 높아졌다는 이야기를 듣고 내가 잘못 대답했다는 생각이 갑자기 들었어요. 이건 그냥 보완재구나."

그 말을 들은 이 선생이 말을 이었다.

"온라인 수업을 실시간으로 해 보니 기술적으로 접근하면 한도 끝도 없고 이걸로 6교시까지 진도를 나간다는 건 정말 힘들다는 걸 알게 되었어요. 우리 반에서 실시간 수업이 되는 이유는 아이들과 만났기 때문이고 계속 만날 거기 때문이라고 생각해요."

공개수업에 참여하는 내내 우리가 함께 고민을 나누며 성장하고 있고 새로운 길을 열고 있다는 생각에 즐겁고 설렜다. 다른 학교 교사에게 우리 학교 공개수업 이야기를 했을 때 이런 말을 들었다.

"정말 부러운데요. 다들 자기 교실 밖을 안 나오는데, 문제를 해결하려고 모이는 거 자체가 대단해요. 이게 정말 협력이라는 생각이 들어요. 그 학교 선생님들처럼 하면 안 될 일이 없겠어요."

코로나19가 만들어 준
교사연대

연대의 씨앗

서로의 교실을 넘나드는 공개수업이 가능했던 힘이 어디 있었나 생각해 보니 2월 새 학년 맞이 연수가 떠올랐다. 올해 새 학년 맞이 연수 때 생활지도에서 가장 힘들어하는 왕따 문제를 다뤄 보자고 제안을 했다. 왕따 문제는 학교 구성원들이 같은 원칙으로 공동 대응할 때 해결할 수 있기 때문에 새 학년을 준비하는 시기야말로 그런 합의를 하기에 가장 좋은 때라고 생각했다. 이번엔 특별히 마을배움길 모임 신 선생을 강사로 초대해 진행했다.

신 선생은 교사들에게 왕따에 대한 경험을 물었다.

"야단도 치고, 때로는 호소도 해 보았지만 그때뿐이었어요. 오히려 아이들이 그 애만 편애한다고 저를 원망하더라고요."

"쟤랑 안 친한데 꼭 같이 놀아야 하느냐고 하면 할 말이 없었어요."

정말 캄캄한 터널을 걷는 듯한 어려움으로 다들 왕따 문제를 힘들어하는 게 느껴졌다. 그 해결 방법으로 왕따예방역할극을 해 보기로 했다. 왕따예방역할극은 평화샘 프로젝트에서 가해자나 방관자가 피해자의 아픔에 공감하면서 방어자로 나서게 하는 프로그램이다.

가장 먼저 피해자 역할을 한 사람은 이 선생이었다. 이 선생을 잠깐 교실 밖으로 내보내고 그사이 교사들이 어떤 왕따 상황으로 할지 간단하게 구성했다. 이 선생이 교실로 들어오자 다들 이 선생을 힐끗거리며 수군댔다. 순간 이 선생은 어리둥절한 표정을 짓더니 뭘 해야 할지 모른다는 듯이 가만히 서 있다가 이내 자기 자리로 가서 앉았다.

"쟤 들어오니까 무슨 냄새 나지 않아? 옷 입은 거 봐. 저거 어제도 입지 않았어?"

"아이, 기분 더러워."

이 선생 옆자리에 있던 교사가 한마디 내뱉더니 자리에서 일어나 다른 곳으로 갔다. 역할극을 마치고 신 선생이 소감을 물었다.

"굉장히 충격적인데요. 담담해지려고 해도 담담해지지 않아요. 정말 눈물 날 것 같아요."

자기주장이 뚜렷하고 당당한 사람이라고 생각했기 때문에 이 선생이 저런 반응을 하는 것이 더 놀라웠다. 그다음 역할극에서 피해자 역할을 맡았던 장 선생은 결국 울음을 터뜨렸다.

"저는 한 번도 친구들에게 따돌림을 당한 적이 없어서 이런 느낌은 처음이에요. 가짜인 거 다 아는데 평소에 이 사람들이 나를 이렇게 생각하고 있었나, 이런 생각이 들었어요."

여러 교사가 피해자 역할을 해 보고 소감을 나누는 자리에서 말했다.

"개학하면 아이들하고 꼭 왕따예방역할극을 해 봐야겠어요."

"작년에 우리 반에 따돌림당하는 아이가 있어서 최 선생님께 도움을 요청한 적이 있는데, 그때 아이들과 역할극 하는 걸 봤어요. 저도 아이들하고 하고 싶은데 아직은 자신이 없어요."

"그럼 우리 평화샘 프로젝트를 주제로 모임 하나 만들면 어떨까요? 반 아이들과 직접 해 보고 어려운 지점을 같이 이야기하면 좋을 것 같아요."

내 제안에 교사들이 흔쾌히 동의해서 '평화를 보라' 소모임이 꾸려졌다. 새로운 학기가 그 어느 때보다 기대되었다.

신규 교사와 함께 하는 학구 나들이

코로나19로 개학은 자꾸 미루어졌다. 아이들뿐 아니라 교사들도 재택근무에 들어갔기 때문에 서로 얼굴도 못 보고 기대했던 소모임은 꿈도 꾸기 어려웠다. 곰곰이 생각해 보니 3월에 발령받은 신규 교사는 더 힘들겠다는 생각이 들었다. 신규 교사는 한 달이 넘도록 아이들을 못 만나니까 아직 교사라는 게 실감이 나지 않는다고 했는데 아이들이 어디에 살고 있는지 살펴보는 것부터 하자고 하니 좋아했다.

4월 중순, 학구 나들이 날은 봄볕이 따사로왔다. 다섯 명의 교사가 모였는데 '평화를 보라' 소모임에 참여하겠다고 한 교사들이었다. 코로나19로 집 안에만 갇혀 지내다가 같이 나들이를 한다는 것만으로도 너무 좋았다. 우리는 학구에서 가장 먼 거리에 있는 하갈동까지 다녀오기로 했다. 용구대로를 따라 걷다가 보라동 통미마을 입구를 지날 때 커다란 마을 표지석을 보았다. 이 선생은 여기는 도시화가 되었어도 이런 마을 표지석을 종종 볼 수 있다며 신기해했다. 통미마을 뒷산이 통산이라고 하자 작년에 3, 4학년 교사들이 아이들이랑 국악당에 갔을 때 넘어 봤는데 험하지 않아 걷기 좋았다고 했다.

하갈동은 어른 걸음으로도 40분 정도를 걸어야 갈 수 있는 곳이다. 길게 늘어선 연립주택 단지 옆으로 맑은 지곡천이 흐르고 하천가에 핀 이른 봄꽃이 무척이나 예쁜 마을이다. 우리 학교에 3년 동안 있었던 유 선생이 신기한 듯 말했다.

"기흥장례식장은 몇 번 와 봤는데 이 뒤쪽까지 우리 학구인 줄 몰랐네요."

"재작년에 여기 우리 반 소홍이가 살아서 한번 다녀간 적 있어요. 그때는 차 타고 왔는데도 멀다고 생각했거든요. 여기 애들은 다 차 타고 통학할 수밖에 없어요."

권 선생 말처럼 실제 걸어 보니 정말 멀었다. 연립주택 단지 바로 근처에서 지곡천과 신갈천이 만났는데 그곳은 탁 트인 전망도 좋고 왜가리와 오리 떼를 보는 재미도 있었다.

하갈동으로 갈 때는 큰길을 따라갔지만 올 때는 전원주택 단지가 있는 길을 따라왔다. 선생님들은 자기 반 아이들이 사는 곳을 가게 될 때마다 좋아했다.

"작년 우리 반 성현이가 메종 주택단지에 산다고 했는데 거기가 여기였구나."

"저는 처음으로 용인을 제대로 본 거 같아요. 그동안 출퇴근하면서 본 아파트가 전부라 조금은 삭막한 곳이었거든요. 새로 와서 뭔가 학교 밖 외부인 같았는데 지금은 학교에 속한 사람이 된 것 같아요."

나들이를 마치며 신규 교사가 환한 얼굴로 이야기했다.

누군가를 환영한다는 건 각자의 마음자리에 서로를 들이는 것이라는 생각이 들었다. 새로운 것을 알게 된 것보다 함께 걸으면서 마음이 연결된 것이 나에게는 더 큰 의미였다.

새로운 길을 여는 돌파구

4월 말이 되어서야 본격적으로 소모임을 할 수 있었다. 학구 나들이를 같이 했던 교사들을 모임에서 다시 보니 왠지 더 반갑고 친근하게 느껴졌다. 사람들이 하나, 둘 모이면서 자연스럽게 아이들을 만나지 못해 생기는 어려움을 이야기했다.

"생기부 사진도 보고 아이들하고 통화도 했지만, 도대체 실체가 있는 아이들이라고 안 느껴져요."

"우리 반에 잘 있는지 걱정되는 애가 있어요. 그 아이는 휴대폰도 없지, 엄마랑 연락도 안 되지, 집도 이 동네가 아니라 기흥구청 근처에 산다는 거예요. 그래서 이대로는 안 되겠다 싶어서 아이가 사는 곳을 수소문해서 찾아갔는데 무사한 걸 보니까 그제야 안심이 됐어요."

얼마 전까지 나도 같은 고민을 했는데 마을배움길 모임의 제안으로 일대일 마을 나들이를 하면서 답답한 것이 확 풀리는 기분이었다. 그래서 소모임 사람들에게도 마을 나들이를 제안했다.

"아이들을 직접 만나는 건 어때요? 저 요즘 일대일 마을 나들이하고 있는데 아이들을 보고 나면 잘 지내고 있구나 싶어서 안심이 되거든요."

"교사 단톡방에 올려 주신 나들이 사진 봤어요. 아이들 만나면 뭘 하세요?"

내 이야기에 권 선생이 구체적으로 물어보기 시작했다. 그동안 많은 교사에게 마을 나들이를 권했지만 내게 진지하게 물어온 경우는 처음이었다.

"위험하다고 학부모들이 꺼리지는 않나요?"

"순서는 어떻게 정해요? 반 애들 다 하나요?"

다른 교사들도 질문하면서 모두의 관심은 마을 나들이가 되었다. 눈을 반짝이며 집중하는 선생님들의 모습을 보면서 다른 교사들도 곧 함께 마을 나들이를 하겠구나 하는 기대가 되었다.

"나들이, 정말 좋은데요. 저도 마을에 가서 아이들을 만나야겠
어요."

교사들과 점심을 같이 먹을 때, 내가 나들이를 하며 누구를 만
났는지, 뭘 했는지 미주알고주알 수다를 떨었는데 내 이야기를 듣
고는 특수반 조 선생이 눈을 크게 뜨며 말했다.

조 선생은 올해 새로 와서 아이들 얼굴도 모르고 부모와 관계
도 전혀 없는 상태여서 막막하기만 했는데 마을 나들이가 아이들
과 연결될 수 있는 좋은 계기가 될 것 같다며 좋아했다. 나들이 이
야기에 이렇게 즉각적이고 공감적인 반응은 처음이었다. 반응만큼
이나 행동도 빨랐다. 나들이 계획을 짜더니 다음 날 아이를 만나
러 나갔고 가장 먼저 마을 나들이 사진을 교사 단톡방에 올려서
나들이 소식을 알렸다.

단톡방에 특수반 아이 두 명과 함께 조 선생이 활짝 웃는 사진
이 올라왔을 때 가장 먼저 담임교사들이 반응했다. 처음 보는 아
이 사진에 정말 고맙다며 다음엔 같이 가겠다는 글과 귀염둥이들
이 완전 기분이 좋았겠다는 글이 올라왔다. 잇따라 다른 교사들
도 아이들의 환한 모습이 보기 좋다는 댓글을 썼다. 전에 없던 교
사들의 반응이 반갑고 신이 났다. 조 선생이 물꼬를 트자 며칠 뒤
6학년, 3학년 담임이, 그다음 날에는 2학년 담임이 나들이 사진을
올리기 시작했다. 그러면서 마을 나들이의 흐름이 만들어졌다.

소모임 대다수 교사가 마을로 나가면서 모임은 자연스럽게 나

들이 이야기로 시작되었다. 마을 나들이를 다녀온 날에는 꿀잠을 잔다는 이야기, 학구 어디까지 갔다는 이야기가 나왔다. 코끼리 놀이터에서 옆 학교 학생들과 서로 욕하는 낙서를 봤다는 이야기가 나왔는데 다음 날 나들이하던 교사가 낙서 사진을 단톡방에 올렸다. 그러면서 코끼리 놀이터 낙서 문제가 모든 교사에게 공유되어 아이들과 함께 해결할 수 있었다. 교사들은 모일 때마다 이런 학교는 우리밖에 없을 거라면서 뿌듯해했다. 11학급의 작은 학교에서 여덟 명의 교사가 마을로 나갈 수 있었던 건 아이와 깊게 관계 맺는 기쁨과 나들이가 주는 즐거움, 그리고 그것을 함께 나눌 수 있는 동료 교사가 있었기 때문이 아닐까.

나들이, 원격수업과 대면 수업의 연결고리

'평화를 보라' 소모임을 하던 교사 가운데 특별히 나들이에 관심을 보인 교사들이 있었다. 일대일 마을 나들이 이후에도 꾸준히 아이들과 마을을 탐색했고 아이들 스스로 마을에서 표현하고 발신하는 내용으로 온라인 수업을 진행하려고 노력했다. 우리는 자주 모여 이야기를 나누었고, 만날 때마다 즐거웠다. 코로나19 상황에서 나들이 교사 모임은 학교생활의 활력이 되었다.

7월 초, 학기를 마무리하면서 우리는 자연스럽게 나들이에 대한 평가 시간을 가졌다. 이야기를 나누면서 교사가 협력하면 어떠한 위기도 기회로 바꾸어 대안을 만들 가능성을 확인하였다. 현장의 교사들 누구나 공감할 이야기라 생각했고, 우리의 실천을 더 많은 사람과 공유하기 위해서 참여한 교사들의 동의를 받아 대화 과정을 싣기로 했다. 다만 정리하는 과정에서 교사들이 나눈 이야기를 주제별로 묶어 다시 편집했다. 그 자리에는 2학년 최진숙, 3학년 권용련, 5학년 고동욱, 6학년 이동근 선생님이 참여하였다.

온라인 수업의 한계

최진숙 5월에 이동근 선생님이 쌍방향 온라인 수업 공개했던 거 기억하시나요?

이동근 벌써 두 달이 지났네요. 그때 저는 온라인 실시간 수업을 기술적으로 접근하면 한도 끝도 없다 이런 이야기를 했어요. 실제로 그렇게 하시는 분들이 많잖아요.

권용련 저는 온라인 수업 초반에 수학 동영상을 만들어 올렸어요. 처음에 내가 영상을 만들 때 기술이 부족해서 하나를 만드는 데 네 시간 정도 걸렸어요. 처음엔 계속 틀리니까 계속 오류도 많고. 그런데 만들어 놓으면 길어야 10분. 효과도 떨어지고. 그러면서도 한편으로 무슨 생각을 했느냐면 내가 지금 하는 일이 그저 비난 면피용이구나. 나 스스로 만족을 위한 거지. 아이들에게 교육적 효과가 전혀 없구나! 이런 생각을 했어요.

이동근 온라인 수업으로 학교 수업이 대체 가능하다면 온라인 수업이 대면 수업만큼 교육 효과가 있어야 하잖아요. 그런데 아이들도 그렇고 나도 그렇고 '진도 위주의 수업을 하면 할수록 못 할 짓이구나.' 이런 생각이 들어요. 지난주 금요일이었나? 애들이 너무 피곤해 보이는 거예요. 중간에 화면을 끄는 애도 있고 내가 뭔가 질문을 하면 대답도 없고. 쌍방향 수업을 할 때 아이들이 다 모이면 생각보다 잡음이 엄청 심해요. 그래서 마이크를 끄기 시작했는데 마이크를 끄고 나면 수업 질문에 대답하지 않아도 된다는 생각이 들잖아요. 그러면서 수업 효과는 점점 없어지는 거지요.

권용련 온라인 카페에 올라온 건데 자기 아이 담임 선생님이 실시간 수업을 6교시까지 하는데 진짜 환장하겠다는 이야기였어요. 애도 너무 힘들고 담임 선생님도 힘들고. 애가 아침부터 접속해서 중간에 밥 먹고 난 다음에 다시 6교시까지 꽉 차게 온라인 수업을 하다 보니 아이가 눈이 너무 아프다고 하고 머리가 아프다고 하고. 그 학부모가 이야기하길 그런데 효과가 있는지는 잘 모르겠다고 하는 거예요.

고동욱 큰 학교에서는 과목별로 다 나누잖아요. 한 선생님은 사회만 올리면 일주일에 세 시간만 만들면 자기 일이 끝나는 거지요. 전체 학년이 공유하니까.

이동근 한 학년 일고여덟 반 되는 학교는 과목을 나눠서 e학습터에 있는 동영상을 끌어다가 붙이는 경우가 있어요.

그럼 정말 교사가 편하죠. 내가 본 어떤 혁신 학교는 실시간 수업은 자기들이 유튜버가 되는 것이 싫다고 거부하고 동영상 끌어다 쓰는 건 너무 가책이 느껴지니까 자기들이 만드는 거예요. 과목 하나씩 맡아서. 선생님들이 동학년 회의 때 모이면 교육을 이야기하는 게 아니라 '그 동영상 어떻게 만드는 거야?' 이런 콘텐츠 제작 기술 회의를 하고 있다는 거예요. 그래서 그 학교 지금은 실시간 수업으로 바꾸는 거에 대해서 굉장히 진지하게 고민하고 있어요.

권용련 처음엔 온라인 수업에 대한 거부감, 실시간 수업에 대한 거부감이 엄청 났잖아요. 우리보고 유튜버가 되라는 거야? 한 달 정도 지나니 익숙해지고 책임질 일도 없어지고 과제만 내면 되는 거니까. 그리고 학습 책임이 온전히 가정과 학생한테 넘어가는 거니까. 처음에 실시간 수업하기 전에 저도 온라인 수업을 과제형으로만 제시할 때 '야, 이거 선생님들이 콘텐츠만 잘 갖다 쓰면 엄청 편한 구조구나.' 했어요. 결국 이런 상황의 바탕은 과목 중심, 지식 중심 교육철학이라고 생각해요.

고동욱 쌍방향 수업에서 아이들 불만이 입 모양이랑 소리랑 다르게 들어오는 거예요.

최진숙 그게 실시간 수업이라고는 하지만 온라인으로 진행하면 어쨌든 시간차가 있잖아요. 사람은 다른 이의 표정이나 이야기에 0.5초 이내에 반응한다고 해요. 그런데 온라인 학습에서는 상대방이 말하고 한참 뒤에 소리가 전달되는데 우리 뇌는 그런 상황이 익숙하지 않으니 엄청난 스트레스인 거지요.

고동욱 진짜 1, 2초의 차이긴 하지만 오프라인과 온라인 반응의 차이는 큰 거 같아요. 교실에서 아이 반응을 놓치는 거랑 온라인 실시간 수업하면서 반응을 못 하는 건 차이가 있어요. 영상으로 보면 말소리가 안 들려도 스피커가 깜빡깜빡하니까 걔가 말하는 걸 알아채긴 하지만 즉각 반응이 아니니까 아이들도 말할 재미가 없는 거예요.

권용련 동시다발적으로 이야기가 들어오는 경우가 있잖아요. 교실에서는 여러 사람이 이야기하면 눈을 맞추고 잠깐 기다리자고 하면 되지만 쌍방향 수업에서 동시다발로 얘기를 해 버리면 교사는 누가 얘기하는지 알아채기 어렵고 그러는 사이 선생님 반응을 기다리던 애는 하고 싶은 의욕도 없어지고. 교실 상황에서는 굳이 안 해도 되는 이야기, 신경 쓰지 않아도 될 부분까지 챙기다 보니 엄청난 에너지가 소모된다고 할까?

고동욱 쌍방향이 쌍방향이 아니고 온라인 수업하다 보면 결국 한 방향. 교사만 계속 말하고 있다는 게 느껴져서 하여튼 힘 빠져요.

최진숙 많은 사람이 온라인으로 소통할 수 있다고 말하잖아요. 저는 온라인 소통은 분명히 한계가 있다고 느끼거든요. 사람들이 말하는 의사소통 개념이 서로 다르다는 생각이 들어요.

이동근   온라인으로 지식적인 정보는 주고받을 수는 있다고 생각해요. 하지만 교사와 아이들 관계가 정보만 주고받는 사이는 아니잖아요. 교사는 아이들과 어떻게 해서든 애착을 형성하고 지속적인 관계를 유지해야 한다고 생각해요.

권용련   맞아요. 우리 엄마하고 화상통화를 하면서도 좋은 이유가 엄마가 나에게 의미 있는 존재이기 때문이라는 걸 잊으면 안 될 것 같아요.

마을 나들이의 의미

최진숙   선생님들은 꾸준히 아이들과 나들이를 하셨잖아요. 코로나 상황에서 마을 나들이의 의미는 뭐라고 생각하세요?

고동욱   저는 나들이가 아이들과 관계를 원활하게 만드는 윤활제 역할을 한다고 생각해요. 쌍방향 수업에서도 솔직히 딴짓하고 채팅창에 장난치는 애들이 있어요. 율이랑 민수가 주로 장난을 치거든요. 그럼 제가 큰 소리로 하지 말라고 야단도 치고 다른 친구들도 뭐라고 하고. 그런데 나들이하러 나가면 율이랑 민수하고도 다시 관계가 회복돼서 그다음 수업 시간에는 참여를 잘하곤 해요. 그리고 애들이 일단 밖에 나오지를 못하고 있으니까 그것에 대한 결핍이 큰데 그걸 학교 선생님들이 충족시켜 주는 거잖아요. 그것도 한편으로는 의미가 있다고 생각해요. 일단 사람하고 만나는 것 자체가 단절된 상태인데 자기 또래들하고 만날 기회를 준다는 것이 나들이가 주는 굉장히 큰 역할이죠. 어른하고 말할 기회를 준다고 해야 하나? 부모님하고 선생님하고 다른데 어른이 계속 대답해 주고 질문하고 답하고 이런 것들이 학교에서 했어야 할 것들을 조금씩 채워 주는 역할을 해 주죠.

권용련 실시간 수업이 아무것도 없이 모래로만 성을 쌓는 느낌이라면 나들이는 중간중간에 적절한 돌멩이나 단단한 것들을 넣어 주는 것 같아요. 분명히 올해 일 년이 단단하게 성장하는 데 어려운 상황이잖아요. 나들이가 없으면 정말 모래로만 쌓아질 성이 될 텐데 나들이를 하면서 오프라인에서 만나잖아요. 중간중간 그런 것 때문에 분명 전보다는 못하지만 그래도 어느 정도 형태를 가지는 성장을 할 수 있는 계기가 되는 거 같아요.

마을 나들이를 왜 주저할까?

최진숙 선생님들은 나들이 경험이 있으니까 나들이가 정말 중요하고 교육을 위해 꼭 필요하다고 느끼고 계신 거잖아요. 하지만 많은 선생님이 마을로 나가지 않고 계시죠.

고동욱 일단 제 또래들은 미쳤다고 생각을 해요. 코로나에 대한 공포가 너무 커요. 나라에서 위험하다고 오지 말라고 해서 아이들이 한 학기 동안 학교도 못 오는 상태인데 너는 왜 나가느냐는 말을 들었고요.

이동근 위험하다기보다는 책임지기 싫은 거지요. 여기에서 공포는 감염에 대한 공포가 아니라 책임에 대한 공포지요. 혹시나 코로나에 걸렸을 때 행정적으로 책임질 일이 걱정되고, 사회적 비난의 대상이 되니까 그래서 안 나가는 것 같아요.

권용련 어쨌든 나들이를 나가는 게 에너지를 쓰는 일이기는 해요. 선택이잖아요. 그러면 본능적으로 에너지를 안 쓰는 쪽으로 선택하게 되지요. 코로나가 아니라 평소 등교 상황이었다면 오후에 쉬고 싶었을 거예요. 나들이를 갔다 오고 나면 더 남아서 일을 해야 하니까 귀찮았을 것 같아요. 저도 두 선생님이 먼저 앞서서 가고, 그 모습을 보고 '아, 그렇지. 귀찮기는 하지만 나가야지.' 하고 나간 거예요. 막상 나갔더니 '어, 이거 정말 괜찮네'가 된 거지. 만약에 주변에 나간 사람이 없고 아무도 그걸 권하는 사람도 없었다면 애들 한번 보긴 해야 할 텐데 하겠지만 선뜻 움직이지는 못했을 것 같아요.

이동근 큰 학교는 학급의 인원이 30명 정도 되니까 엄두를 못 낼 것 같아요. 일반적으로 우리가 대부분 큰 학교에 근무하니까. 학교가 대형화되어 있잖아요. 그런 거에 대한 한계가 있지 않나 하는 생각이 들어요.

최진숙 옆 반 선생님은 나들이할 때 내가 이곳 지리를 잘 모르기 때문에 나가기 힘들었다고 이야기했어요. 교사가 다 알아서 아이들을 이끌고 가르쳐야 하는데 마을에 대해 교사가 모른다는 거지요. 마을로 나가면 아이들이 가르치고 교사가 배우면 되는데 교사들이 아이를 가르쳐야 한다는 고정관념이 마을로 나가길 주저하게 만드는 것 같아요.

권용련 내 성향일 수 있는데 다른 사람들이 저를 쳐다보는 것도 부담스러웠어요. 학구 동네를 가는데 다들 내가 선생이라고 알고 있으니까 제 행동이 의식되고 불편해져요. 말 한마디를 해도 조심해야 할 것 같고. 올해는 코로나 상황이라 앞뒤 가리지 않고 나들이를 한 거긴 해요.

고동욱 저는 당연히 신규니까 8시 40분부터 4시 40분까지 학교를 지켜야 한다는 생각이 들었죠. 근무시간에는 근무지에 있어야 한다고 생각했으니까. 나들이 나가도 된다니까 나가 보니 아무 일도 없네. 그냥 출장 달고 나가면 된다는 것을 알게 되었어요. 저는 관리자 눈치 볼 일은 없었죠. 먼저 선배들이 다 열어 주셨고 그랬기 때문에.

권용련 우리 학교는 동료 교사들 분위기가 허용적이긴 한데 다른 큰 학교 같으면 동학년에서 혼자 튀지 마라, 그런 문화도 무시 못 했을 거 같아요. 내가 한 일이 엄마들한테 좋은 반응을 얻었다 하면 '선생님 때문에 우리가 불편해져요.' 이런 식의 동료 압력이 들어오죠.

고동욱 많은 교사가 공부 꽤나 했다는 사람들이라서 남한테 지기 싫어하는 거 같아요. 자기가 비교되는 게 싫으니까 '너 튀지 마' 이런 말을 하는 게 아닐까요?

이동근 학교에서 교사는 굉장히 개별화되어 있는데, 공동체라고 하는 허울로 개성이 묵사발이 되는 거예요. 학교라는 공간 자체가 그리고 큰 학교일수록 교사들이 더 개별화되어 있어서 하나의 교실이 독립적인 왕국이라고 표현하잖아요. 내 이익이 침범받을 것 같을 때는 공동체를 내세워 다른 사람을 누르지만 내 이익을 지키기 위해서는 개별화를 선택하는 거지요.

마을이 대안이다

최진숙 우리는 아이들과 만나 관계를 맺는 것 자체가 교육의 출발이자 목적이라고 보는 거잖아요. 그래서 안전 수칙을 지키면서 마을에서 아이들을 만나는 거고 마을을 탐색할 수 있는 과정을 만들려는 거고요.

이동근 제가 생각할 때도 현재 수업 대안은 마을에서 아이들을 만나는 것밖에 없어요. 아이들을 소규모로 돌아가면서 만나 수업을 할 거라 하고 출장 공문을 올려서 결재가 났어요. 저는 사회 경제 단원을 재구성해서 일주일 단위든 이주일 단위든 마을로 나가서 뭔가 하려고 해요. 경제 단원이니까 동네를 훑고 다니면서 이 동네 상가가 어떤 게 있고 어떤 문제점이 있는지 조사를 해서 분석할 거예요. 가게에서 가장 잘 팔리는 게 뭔지, 매출은 얼마나 되는지, 그런 것들을 인터뷰하고 조사도 하고 마지막엔 창업계획도 짜는 거지요. 1, 2주에 한번 주제를 정하고 나가서 애들이랑 활동하고, 학교 나오는 날 조사한 내용 모으고, 다시 나가서 활동하고 이런 형태로 가야 하지 않을까 해요.

최진숙   저도 우리 반 아이들을 마을별로 네 조로 나눠서 매일 돌아가면서 만나고 있어요. 그리고 학교 오는 날에 다 같이 마을 나들이 한 내용을 공유해요. 2학년은 교육과정 자체가 가족과 마을에 대해 탐색하게 되어 있고 봄, 여름, 가을, 겨울 계절을 주제로 운영되기 때문에 마을 나들이야말로 교육과정의 본질이라고 생각해요.

고동욱   저는 '노잣돈 갚기 프로젝트'라는 온책 읽기 활동으로 교과서를 재구성해서 프로젝트 수업을 진행 중이에요. 우리 집, 우리 학교, 우리 마을에서 노잣돈을 쌓는 활동을 하고 있거든요. 그랬더니 나들이가 좀 더 풍성해지는 거지요. 지난번 아이들과 했던 상갈동 경계 걷기는 제가 길 찾느라고 지도만 보고 걸었는데 이번엔 주제가 있다 보니 훨씬 더 내용이 있어요. 이렇게 책을 읽고 책 주제로 나들이로 만나는 것도 괜찮다는 생각이 들었어요.

최진숙 2학기에도 일주일에 한 번 등교하고 나머지는 온라인 수업을 할 것으로 예상하잖아요. 우리는 계속 아이들과 마을에서 배우는 과정을 만들어 가야 하지 않을까 해요.

모임 이후에도 교사들의 나들이는 계속되었고, 그 사례를 우리 학교 1학기 교육과정 평가회 때 다른 교사들과 공유하였다. 그때 발표한 두 교사의 이야기를 내 글 끝에 싣는다.

마을 속 교사

올해 그 어느 때보다 많은 나들이를 했다. 아이들과 꾸준히 마을에서 만나 탐색하는 것도 좋았지만 마음이 맞는 교사와 함께 마을 경계를 걷고 마을 구석구석을 알아 가는 것도 큰 즐거움이었다. 그것은 그대로 내가 사는 마을에 대한 탐색으로 이어졌다. 마을 경계를 걷고 마을길과 하천을 따라 걸었다. 마을 어르신을 만나면 땅이름과 왜 그런 이름이 붙었는지, 옛날 마을 사람들은 어떻게 살았는지 물었다. 이렇게 마을에 대해 호기심을 갖고 탐색을 한 건 처음이었다.

아이들과 나들이하면서 마을이 내 안에 들어온다고 느낄 때는 마을 사람과 관계를 맺을 때였다. 아이들과 자주 가는 슈퍼 주인이나 공원 관리인과 안부를 묻는 사이가 되고 지역아동센터 선생님들과 허물없는 사이가 되면서 외부인이 아니라 마을 안에 한 사람으로 느껴졌다. 그런 경험은 마을에서 내가 다른 사람과 어떤 관계를 맺고 있는지 돌아보게 했다.

마을 탐색의 즐거움

오랫동안 우리 학교가 있는 마을에 대해 궁금한 게 있었다. 어디서든 명쾌한 답을 듣지 못했는데 올봄 마을 나들이를 하다가 우연히 마을 어르신을 만나면서 그 궁금증이 풀렸다. 코로나19로 아이들이 학교에 나오지 않았지만, 여느 해와 마찬가지로 벼농사를 준비했다. 5월 말이라도 아이들이 오면 바로 모내기를 할 수 있게 모를 준비하려고 했다. 그때 상갈초에 다니는 신 선생이 금화마을 5단지 아파트 뒤쪽 논에 가면 여분의 모가 많다고 이야기해 주었다. 신 선생이 모를 구하러 간다고 하기에 같이 가자고 따라나섰다. 도시에 있는 우리 학교에서 걸어 다닐 만한 거리에 논이 있다는 건 정말 큰 행운이라고 생각했다.

5단지 아파트 후문을 나서면 바로 밭이 나오고 밭 위쪽에는 꽤 넓은 논이 골짜기 안쪽까지 쭉 이어져 있다. 우리가 논에 모를 구하러 갔을 때는 이미 모내기가 끝난 지 한참 지난 뒤라서 벼가 꽤 자라 있었다. 논두렁에 흰뺨검둥오리와 백로가 한가롭게 봄볕을 쬐고 있는 모습이 보였다. 논바닥에 새끼 우렁이들이 한가득 있는 것으로 보아 아마 논 주인이 우렁이 농법으로 농사를 짓는 모양이었다. 논두렁에 있는 심고 남은 모 한 덩어리를 주웠다. 모도 구했고 시간도 남고 날씨도 좋아서 신 선생과 골짜기 끝까지 나들이를 했다.

"여기는 안 그런데 위쪽에 가면 개울 바닥이 온통 벌게요."

신 선생 말에 개울 바닥이 정말 빨간지 궁금했다. 개울 끝은 골프장으로 막혀 있었고 막다른 지점에 배수관이 하나 있는데 거기서 나온 물이 개울의 시작이었다. 그것은 골프장 안쪽에 있는 연못하고 연결되어 있다고 했다. 배수관 밑쪽 바닥이 온통 붉은색 침전물로 덮여 있었다. 신 선생은 붉은색 침전물이 물에 녹아 있는 철 성분 때문에 생긴 거 같다고 했다.

"철 성분이 맞으면 이 침전물은 자석에 붙겠네요. 빨간 거 보니 산화철인데 산화된 철도 자석에 붙을까요?"

궁금증이 꼬리에 꼬리를 물었다. 나는 돌에 붙은 침전물을 긁어서 자석에 붙여 봐야겠다 싶어서 주먹만 한 빨간 돌을 챙겼다.

"여기 버들치도 있어요."

신 선생이 개울물을 가리키는데 내 눈에는 도통 보이지 않았다. 버들치는 등 쪽이 어두워서 물 위에서 내려다보면 쉽게 보이지 않는다. 게다가 좁은 개울물에 드리워진 나무 그늘은 버들치에게 훌륭한 위장막이 되어 주었다. 신 선생은 내게 버들치를 보여 주기 위해 버들치가 숨은 곳에 돌을 던졌다. 그래도 버들치가 나오지 않자 다시 돌을 집어 던졌다.

"일부러 길바닥에 돌을 깔아 놓은 건데 그 돌을 던지면 어떻게 해요?"

신 선생과 나는 호통 소리에 깜짝 놀라 돌아보았다. 나이 지긋한 어르신이었다. 한눈에 보아도 논이나 밭일을 하러 온 차림새라 여기 논 주인이 아닐까 싶었다. 그리고 땅 주인이면 여기 토박이일 수도 있겠다는 생각이 들었다.

"죄송합니다. 일부러 깐 돌인지 몰랐어요. 근데 어르신 여기 오래 사셨어요?"

"지금은 여기 안 살아도 여기서 태어나고 여기서 자랐지. 근데 그건 왜 물어요?"

"저희는 상갈초, 보라초 교사들인데 마을에 대해 궁금한 게 있어서요."

"그래, 궁금한 게 뭐요?"

"여기 아파트단지 이름이 다 금화마을이잖아요. 왜 금화마을이에요?"

우리 학교 주변에 여섯 개의 아파트단지가 있는데 모두 금화마을이라는 이름을 쓰고 있다. 그런데 금화마을이라는 이름이 어디서 왔는지 알 수가 없었다. 지명지에는 1914년 행정구역 개편할 때 쇠품釗品(쇠로 만든 물건)이 금화金華(쇠가 빛나다)가 되었다고 나온다. 이 일대 땅 모양이 금반金盤 모양이라서 그러하다고 하는데 아무리 우리 학교 근처 땅 모양을 보아도 소반이나 대야 모양은 아니어서 왜 이런 이름이 붙었는지 늘 궁금했다.

"4단지랑 보라초, 여기 5단지 일대가 다 쇠풍이라는 마을이었는데 한자로는 금화여. 예전부터 여기 물에 쇠 성분이 많았거든. 그래서 쇠푼이, 쇠풍이 이렇게 불렀어요."

어르신의 말을 들으면서 속으로 환호성을 질렀다. 오래 묵은 체증이 확 풀리는 기분이었다.

"여기 일대가 다 금화마을이었나요?"

"여긴 쉰다랭이. 원래 5단지 아파트 뒷동 자리에 저수지가 있었고 지금 밭 있는 자리부터 골프장 산꼭대기까지 쭉 다락논이었지. 내가 어렸을 때 세어 봤는데 쉰두 개더라고. 그래서 여기가 쉰다랭이요."

쉰다랭이를 알고 나니 다른 것도 알고 싶어졌다.

"보라초는 상갈동에 있잖아요. 그런데 이름이 왜 보라초예요?"

"거기 처음 학교 생겼을 때 보라동 사람들이 훨씬 많았지. 그래서 보라초라고 이름 붙인 거요."

"어르신 연락처를 얻을 수 있을까요? 마을에 대해 궁금한 것이 있으면 여쭤 보고 싶어서요."

"나한테 자꾸 여기 땅 팔라는 사람이 많아서 전화번호 아무한테나 안 알려 줘요. 동창 전화도 안 받는다니까요."

"이 땅을 팔라는 사람이 많아요?"

"여기 용인시에서 청년 주택 짓는다고 하잖아요. 저 아래 밭에서부터 요 아래 논까지 다 그 아파트 부지여. 저 아래 밭 땅 주인들은 이미 다 팔았어요. 돈이 한꺼번에 나오는 게 아니라 몇 년에 걸쳐서 돈이 나온다고 하네. 여기에 아파트 짓고 도로는 저기 용뫼산 잘라서 만든다고 하드만. 한 오년 뒤면 여기 다 갈아엎고 아파트 들어선다니까. 난 내 땅 안 팔 거여."

청천벽력과 같은 이야기였다. 오래전에 청년 주택이 건설되고 용뫼산이 잘린다고 해서 주민들이 반대한다는 이야기를 들은 적이 있다. 그런데 거기가 바로 여기인 줄은 몰랐다. 아파트로 둘러싸인, 도시 한가운데서 벼가 자라고 왜가리와 백로가 거니는 곳, 버들치가 사는 이곳이 개발이라는 이름으로 사라지게 될 거라니 믿기지 않았다. 나중에 기사를 찾아보니 청년 주택은 기업형 임대주택이었고 현재는 계획이 잠정 보류된 상태였다. 하지만 건설 부지를 이미 시에서 매입한 상태라 언제든 재개될 가능성이 있었다. 내 땅은 안 팔 거라는 어르신의 단호한 말씀이 그나마 위안이 되었다.

학교로 돌아와서 쉰다랭이 개울에서 주워 온 붉은 돌을 햇볕에 잘 말렸다. 다 마른 돌을 칼로 긁으니 빨간 흙가루가 떨어져 나왔다.

'이게 과연 자석에 붙을까? 산화철도 자석에 붙나?'

일반 자석은 자력이 약해서 흙가루가 붙지 않을까 봐 일부러 과학실에서 강력한 네오디뮴 자석을 빌렸다. 자석을 비닐봉지에 잘 싸서 돌에서 긁어낸 가루에 갖다 댔는데 가루가 자석에 찰싹 달라붙는 것이 아닌가! 정말 쇠가 맞구나! 그때 느낀 희열이 아직도 생생하다.

나는 아이들에게 보라초 이름과 금화마을 이름이 왜 그렇게 지어졌는지 그리고 이걸 선생님이 어떻게 알아냈는지 무용담처럼 들려주었다. 자기가 사는 마을에 대한 이야기라서 그런지 아이들은 눈을 반짝이면서 들었고 쉰다랭이에 직접 가서 쇳물을 보자고 해서 다 같이 다녀오기도 했다.

마을의 땅이름과 유래는 초등학교 3학년 때 '우리 고장 용인'이라는 지역화 교과서로 배운다. 교과서에 나와 있는 땅이름 유래를 보면 엉터리인 경우도 많고 물리적으로도 용인에 있는 그 많은 마을 유래를 담을 수도 없다. 애당초 자기 마을 땅이름을 교과서로 배우는 게 이상한 일이다. 우리 아이들과 내가 쉰다랭이에서 만난 어르신과 함께 마을 이름과 땅이름을 배우면 어떨까. 그리고 주민자치센터에서 사람들이 전입 신고를 할 때 간단하게라도 이 마을 내력과 땅이름을 안내해 주면 어떨까 하는 상상을 해 보았다.

마을 아줌마로서 첫걸음

어려서부터 잦은 이사로 한 곳에 3년 이상을 살아 본 적이 없는 나는 마을 사람들과 깊은 관계를 맺어 본 적이 없다. 언제부턴인가 내가 이곳저곳을 떠다니는 부평초 같다는 생각이 들었고 이제는 마을에 뿌리내리고 안정되게 살고 싶었다. 지금 사는 마을은 가까이에 산이 있고 하천을 따라 난 산책로가 아름다운 곳이다. 가족과 자주 산책을 하면서 좋아하는 장소가 생기고 다양한 동식물을 만나는 기쁨도 맛보고 있지만, 여전히 마을 사람과 어떻게 관계를 맺어야 할지 막막하기만 했다. 그러다 6월에 있던 일식이 마을 사람들을 만날 수 있는 좋은 계기가 되었다.

나는 일식에 대한 좋은 기억이 있다. 4년 전 일식이 있던 날, 우리 반 아이들과 함께 운동장에 모여 일식을 보았다. 마침 중간놀이 시간이라 밖으로 나오는 아이들과 교직원이 하나둘씩 관심을 보이고 같이 일식을 본다며 사람들이 늘어나는데 그야말로 북적거리는 잔치 같다고 생각했다. 그때 3학년 아이가 '정말 불개가 와서 해를 물었어요. 개 이빨 자국이 보여요'라며 큰 소리로 외친 일은 아직도 생생하다.

4년 전 감동을 아이들과 다시 한 번 나누고 싶었지만 아쉽게도 올해 일식은 일요일에 있었다. 일요일이 아니라 해도 코로나19로 아이들이 학교에 일주일에 한 번밖에 오지 않으니 예전처럼 다 같이 학교 운동장에 나가 일식을 관찰하는 건 애초에 불가능한 일이었다. 그렇다면 마을 사람들과 같이 보면 어떨까 하는 생각을 했다.

몇 년 전, 마을배움길 연구원이 자기가 사는 아파트단지 안에서 사람들과 식물을 관찰하는 생태 나들이를 했다는 이야기를 듣고 저렇게 마을 사람들과 만날 수도 있다는 걸 알게 되었다. 그 뒤로 나도 마을 사람과 함께 할 수 있는 걸 찾아봐야겠다는 생각을 늘 가슴에 담고 있었다. 그러다 일식 소식을 듣게 되면서 일식을 보는 건 해박한 지식이나 별다른 준비 없이도 마을 사람들과 나눌 수 있겠다는 생각이 들었다.

그런데 막상 하려고 마음먹으니 떠오르는 이웃이 별로 없었다. 학교에서는 항상 나를 바라보는 학생과 동료 교사들이 있었기 때문에 마음만 먹으면 판을 벌이는 게 어렵지 않았다. 그동안 교사로서 주어진 조건에서만 사람을 만나 왔다는 걸 알았다. 할까 말까 며칠을 망설이다 일식을 앞둔 하루 전날, 단 한 명이라도 나와서 함께 보면 좋겠다는 마음으로 일식을 알리는 전단지를 붙였다.

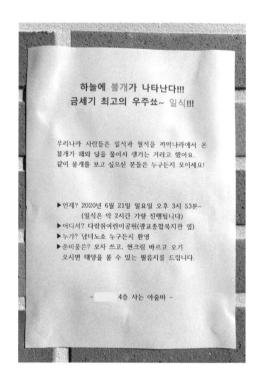

일식이 있는 날, 놀이터에 도착하니 젊은 부부만 보였다. 그래도 아이들이 한두 명은 있을 거라고 내심 기대했는데 아무도 없어서 실망스러웠다. 혼자 땡볕에서 필름지를 눈에 대고 하늘을 보고 있는데 그 젊은 부부가 오더니, 일식 보려면 어떻게 하는 거냐고 물어보아서 너무 반가웠다. 젊은 여자는 임신 중이었는데 남편과 같이 산책하다가 전단지를 보고 기다렸다고 했다. 마침 일식이 시작되었고 한동안 그 부부와 나 이렇게 셋이서 일식을 관찰하면서 이런저런 이야기를 나누었다.

"재능 기부하시는 건가요? 어떻게 이런 일을 할 생각을 했는지 궁금해요."

그 말을 들으니 내가 이렇게 다른 사람과 나눠 본 적이 한 번도 없었구나 하는 반성이 되었다. 젊은 부부는 시원한 음료수를 사 주면서 오늘 좋은 경험하게 해 줘서 고맙다며 인사를 하고 들어갔다. 일식 사진을 찍는 사이에 다른 가족이 왔다. 얼른 필름지를 아이들에게 나눠 주며 지금 불개가 나타나서 해를 물고 있다고 말했다. 아이들이 관심을 보이자 같이 있던 부모들도 자연스럽게 경계심을 풀고 불개 이야기에 귀를 기울였다. 그리고 눈에다 필름지를 대고 다 같이 하늘을 올려다보았다.

그사이 딸과 시어머니께서 일식을 보러 나왔다. 어머니께서는 한참 동안 놀이터에 계셨는데 해를 보면서 정말 신기하다고 몇 번을 말씀하셨다. 일식을 보고 좋아하시는 어머니를 보면서 친구분들도 같이 일식을 보셨다면 추억도 쌓고 즐거워했을 텐데 미리 말씀드리지 못한 것이 후회스러웠다.

아래층에 사는 새댁도 잠든 아기를 안고 나왔는데, 전단지를 보고 나왔다고 해서 더없이 반가웠다. 일식을 보면서 한참 이야기를 나누었는데 집에 있다가 답답하면 아기를 안고 마을 여기저기를 산책한다고 했다. 아는 사람 없는 곳에서 혼자서 아이를 돌보고 있다는 말에 안쓰러운 마음이 절로 들었다. 아래층 아기 엄마나 좀 전에 만났던 출산을 앞둔 젊은 부부야말로 우리 마을에서 가장 도움이 필요한 사람이 아닌가 싶었다. 마을에 맘 놓고 한두 시간 아이를 맡길 곳이 있고 육아하는 사람들이 모여서 같이 아이도 돌보고 정보도 나눌 수 있는 곳이 있다면 얼마나 좋을까 하는 생각이 들었다.

일식이 거의 끝나 갈 무렵 자리를 정리하려는데 작년에 마을 스포츠 센터에 같이 다녔던 주희 씨가 아이를 데리고 지나가는 것이 보였다. 너무 반가워서 주희 씨를 불렀다. 아직 일식이 끝나지 않아서 아이에게 얼른 필름지를 주고 불개 이야기를 해 주었다. 그때 주희 씨가 놀이터에 있던 다른 아이 엄마들을 보고 인사를 나누었다. 어떻게 아는 사이인지 궁금해서 물었다.

"동네 아는 언니들이에요."

그 말을 듣는 순간 정말 하늘에서 내려온 새 동아줄을 잡은 기분이었다. 오늘 만난 사람들하고 닿을 수 있는 연결고리가 생겼기 때문이었다.

일식이 끝나고 집으로 오면서 어느덧 다음에는 어떻게 사람들을 만날까 생각하고 있었다. 요즘 남편과 마을 나들이하면서 버들치랑 피라미 보는 즐거움에 빠져 있는데 물고기 보러 우리 마을 하천으로 생태 나들이 가는 것도 좋을 것 같았다. 명절 때마다 큰집 조카들과 손주들하고 고무줄도 하고 비석치기도 하는데 이런 놀이를 마을 사람과 같이 하는 것도 좋을 것 같았다. 사람들과 일식을 같이 보면서 내가 마을에 뿌리내리기 위한 첫발을 디뎠다는 생각에 뿌듯했다.

소규모 대면 수업을 하기까지

이동근

처음엔 그리 무겁게 생각하진 않았다.

교직 생활 어언 20년 만에 맞이하는 개학 연기긴 하였지만 '바이러스 고까짓 것이 오래가면 얼마나 가겠어.' 하는 마음이었다. 잠깐만 버티면 된다는 마음으로 동영상 수업자료를 찾았고 과제를 제시했다.

전국에 여느 선생님들과 다름없이 아이들 출석을 독려하기 위해 교실 전화기는 불이 났고 제시된 과제를 제출해야 한다고 아이들을 어르고 달랬다. 처음에는 괜찮았다. 얼마 안 가 코로나19 사태는 잠잠해지고 아이들이 학교에 나올 것으로 생각했기 때문이다. 예상은 보기 좋게 빗나갔다.

그때 마침 휴대전화기가 없는 아이가 연락이 안 되기 시작했다. 부모도 전화를 받지 않았다. 그 전 담임으로부터 아이의 상태를 전해 들은 바가 있기에 걱정이 앞섰다. 이대로는 안 되겠다 싶어 아이가 사는 집을 수소문하여 집으로 찾아갔다. 다행히도 아이는 건강했고 무사했다. 이 아이와 지속적으로 연락할 수 있는 방법을 찾아보았다. 컴퓨터 메신저 사용법을 알려 주고 화상통화를 할 수 있도록 웹캠을 설치해 주기 위해 몇 차례 아이의 집에 방문했다.

아이를 직접 만나니 내 마음이 편해졌다. 그때부터였던 것 같다. 아이들을 만나야 한다고 생각한 것이. 마침 뜻을 같이하는 선생님들과 작은 모임에서 아이들을 만나러 마을로 나간 사례를 이야기 나누었다. 그 모임 이후 본격적으로 아이들을 만나러 나가야지 마음을 먹고 오후가 되면 아이들을 만나러 나갔다.

아이들이 사는 동네에 나가 아이들에게 자신의 동네를 소개받았다. 아이들을 따라나서니 아이들은 자신과 관련 있는 장소를 설명하느라 바빴다. 아이들이 어떻게 생활하는지 알게 되었고 덕분에 나도 이 동네의 핫플레이스를 알아 가는 재미가 있었다. 전국 5위의 1등 당첨률을 자랑하는 로또 명당 집, 가게 이름이 '뽀글이'라서 미용실인 줄 알았는데 분식집인 가게, 살고 있는 집 건물 이름이 아이의 이름인 경우 등. 자연스럽게 가족 이야기 등 소소한 이야기를 나누게 되면서 아이들과 무척 친해질 수 있었다.

이때쯤 실시간 수업을 할 수 있는 구글 meet라는 프로그램을 알게 되었다. 아이들 몇몇이랑 연습 삼아 온라인에서 실시간으로 만나며 이야기를 나누고 있던 터에 매일매일 쌓여 가는 과제 더미에 너무 힘들다는 아이들의 하소연이 들려왔다.

과제가 너무 많아 힘들어하는 아이들과 어떻게든 아이들의 얼굴을 보며 이 시간을 보내고 싶어 했던 나 사이에 협상이 이루어졌다. 협상은 아이들을 직접 만나며 완성되었다.

실시간 수업을 시작하면 과제가 없어도 되지 않느냐는 내 말에 아이들 모두 대찬성이었다. 하지만 온라인 실시간 수업에 아이들이 다 들어오게 하는 것은 생각보다 어려웠다.

그런데 신기하게도 아이들을 모두 만나고 난 뒤부터 아이들의 실시간 수업 참여도가 무척 좋아졌다. 이게 관계의 힘이 아닌가 다시 한 번 깨달은 순간이었다.

드디어 4월 29일(목) 우리 반 아이들이 온라인상에 모두 모였다. 아이들도 너무 좋아했고 나도 기뻤다. 그날을 학급 경축일로 지정하고 조만간 등교하면 학급 경축 행사를 거하게 하겠노라고 아이들과 약속했는데 아직도 하지 못하고 있다.

처음에는 재미있고 신기했다. 아이들의 호기심도 높았고 수업에 참여하면 과제도 없다는 말에 아이들도 열심히 참여했다. 온라인 세상은 안 되는 것이 없었다. 모둠별 방을 만들어 모둠 토론수업도 할 수 있고 각종 문서를 이용해 아이들이 과제를 바로 제출할 수 있도록 할 수도 있다. 아이들이 함께 협업하여 문서와 발표 자료를 만들 수도 있고 자신들이 만든 발표 자료를 직접 발표할 수도 있다. 학교에서 하지 못하는 리코더 연주 수업도 온라인상에서는 가능하다. 이런 다양한 장점이 있지만, 나에게는 뭔가 허전했고 아쉬웠다.

실시간 수업에 필요한 준비물을 배달하러 찾아간 아이가 여러 가지 이야기 끝에 "온라인으로 하는 수업은 수업이 끝나도 뭘 했는지 잘 모르겠어요. 학교에 나오면 친구들한테 물어보기도 편한데"라고 이야기한다.

코로나19로 학교에 오지 못해 가장 힘든 게 뭐냐는 질문에 "서로 만나지 못하는 것이 너무 힘들다", "중학교 가기 전에 친구들과 많은 추억을 만들고 싶었는데 하지 못해 힘들다"라고 이야기한다. 그래 우리 만나자. 만나서 추억을 만들자.

6학년 사회 단원의 경제단원을 들여다보며 아이들과 밖에서 할 수 있는 교육과정을 고민했다. 소규모로 조를 나누어 우리 동네를 탐방할 계획을 다시 세웠다. 아이들이 사는 마을 경계를 걸으며 공부하는 선생님 이야기를 전해 들었다.

일단 우리 동네의 경계를 걸으며 아이들을 만나기로 했다. 3~4명씩 조를 짜 걷기 시작했다. 아이들이 한 번도 걸어보지 못한 곳을 함께 걸으며 다양한 이야기를 나누었고 생각지도 못한 다양한 경험을 하게 되었다. 우리 동네를 관통하는 경부고속도로 지하에 길이 있다는 것, 자동차 극장에서 상영하는 영화를 공짜로 볼 수 있는 산 중턱의 무료 영화관(?)도 발견하게 되었다. 동네의 경계가 되는 신갈천 주변의 식물, 새 등을 관찰하기도 했고 지나가는 경찰 아저씨랑 우연히 만나 서로 철봉 대결을 하며 자연스럽게 이야기를 나누기도 했다. 날씨가 무더워져 아이들은 힘들 만도 한데 약속을 어겨 안 나오는 아이는 거의 없었다. 만남이 끝날 때 나는 다시 또 걷겠느냐고 선생님하고 만나겠느냐고 물어

본다. 나의 질문에 아이들은 무조건 오케이다.

주 1회 등교가 시작되었다. 등교하는 날 조별로 동네 탐방한 이야기를 아이들과 나누었고 다음 한 주를 함께 계획했다. 만날 요일을 정했고 소규모로 다시 만나기로 했다. 동네에서 만날 생각에 아이들은 다시 활기를 띠었고 즐거워했다. 마을 경계도 확인했겠다 다시 동네로 나가 조별로 조사하고 싶은 상점을 나누어 조사에 들어갔다. 조사하고자하는 상점이 어디에 자리 잡고 있는지 우리 동네 안에 몇개나 되는지 조사하며 다시 걸었다. 조사한 상점 중 가장잘될 것 같은 상점은 어디이고 그 이유는 무엇인지 서로 이야기 나누며 온라인 실시간 수업에 대한 참여도도 다시 높아졌다. 아이들과 만나는 횟수가 늘어날수록 아이들은 좋아했다.

1학기를 마무리하는 마지막 등교일에 온라인 수업과 대면 수업 중 어떤 것이 더 좋은 거 같으냐고 물어보니 자기들이 무슨 교육 전문가라도 된 듯 온라인 수업의 여러 문제점을 말하며 대면 수업이 좋다고 말한다.

2학기에도 이 상황이 지속된다면 어떻게 해야 할까? 누군가가 나에게 묻는다면 나의 답은 하나다. 우리 아이들의대답도 항상 하나다. 만나고 싶다는 것이다.

1학기에 아이들과 약속한 것이 몇 개 있다. 동네 탐방을통해 알게 된 어린이공원으로 도시락 싸 들고 놀러 가자고한 약속, 실시간 수업에 모두 참여한 날을 기념하는 학급 경축일 행사를 거하게 하자는 약속, 학교에 우리만의 텃밭을 만들고 삼겹살 파티를 하기로 한 약속. 아이들과 약속한 것을 모두 지킬 수 있는 그날이 머지않았으면 하는 바람이다.

다시는 돌아오지 않을 나의 첫 학기를 보내며

고동욱

2020학년도 1학기, 코로나 바이러스가 대유행했다. 나는 그 시기 경기도 용인에 있는 어느 작은 초등학교의 교사로 신규 임용되었다. 내가 과거에 다녔던 학교와는 완전히 다른 학교에서 나름대로 적응하려고 애쓴 흔적을 이렇게나마 남기고자 한다. 등교 수업의 축소와 온라인 수업의 실시라는 아주 특별한 상황에서 이루어진 일들이기에 내 한 학기 동안의 몸부림 또한 아주 특별했다고 말할 수 있다. 물론 이학교에 계시는 다른 선생님들에게는 그리 특별하지 않을 수도 있겠지만 말이다.

발령을 받은 지 무려 1개월 반 만에 온라인 개학이 이루어졌다. 첫 시작은 여느 학교와 마찬가지로 과제 제시와 콘텐츠 제시를 결합한 형태로 수업을 구성했다. 그렇게 약 한 달간 과제 제시와 콘텐츠 제시를 결합한 수업을 이어 갔다. 2주 차까지는 아이들도 새로운 수업 형태에 흥미를 느꼈는지, 성심성의껏 과제를 하는 모습에 나 또한 놀랐다. 그래서 나도 과제에 대한 피드백을 꼼꼼하게 달아 주었다. 그런데 그러한 관심과 흥미는 2주 차를 넘겨 3주 차가 시작되면서 무너지고야 말았다.

아이들이 제출한 과제는 점점 내용의 질은 떨어지고, 기한에 맞추어 제출하지 않는 아이들이 나타나기 시작했다. 계속해서 과제를 제출하라는 문자를 보내야 했고, 문자를 보내고 전화를 했음에도 제출하지 않는 일도 비일비재했다. 교사로서 컴퓨터, 휴대폰만 바라볼 수밖에 없는 그 시간들은 너무 괴로웠다. 그런 수업을 거의 날마다 3~4개씩 만드는 동안 나는 누구를 위해서 이 자료를 만드나 하는 자괴감에 빠졌다. 순전히 면피용으로 보였기 때문이다.

마음이 힘들어지기 시작하던 때, 평화샘 프로젝트 소모임에서 학생들과 나들이를 나가는 것이 화두로 떠올랐다. 처음에 나들이라는 이야기를 들었을 때, 살면서 처음 온 동네를 아이들과 다니는 것에 대한 두려움, 학생이 코로나에 감염되었을 때 사회적 비난에 대한 두려움, 교사인 친구들과 주변 사람들의 우려 섞인 목소리, 교사가 학교 밖으로 나가는 것에 대한 생경한 느낌 때문에 꺼려진 것도 사실이었다. 그래서 코로나가 잠잠해지면 나가 봐야겠다고 생각하면서 미루고 미뤘다.

그러던 중 최진숙 선생님께서 '그러다 개학합니다'라고 하셨고, 더 미루면 안 하겠다는 것과 진배없다는 판단을 내렸다. 그렇게 4월 말 즈음 첫 나들이가 시작됐다. 그런데 실제로 나가 보니 아무 일도 일어나지 않았다. 두려움과 우려 섞인 목소리, 생경한 느낌은 머릿속에서 사라졌고, 학생들과 첫 대면한 나는 비로소 '내가 교사가 되긴 되었구나'라는 생각을 하게 되는 순간을 맞이할 수 있었다. 아이들이 처음으로 선생님이라고 불러주었을 때, 내가 느꼈던 쑥스러움은 잊히지 않을 경험이 되었다.

그렇게 아이들과 함께 산책하고 대화해 보니 교사가 아이들과 좋은 관계를 형성하는 것이 교육의 시작이 되어야 한다는 것을 몸소 느낄 수 있었다. 물론 관계에서 어느 정도 선이 적절한지는 아직 잘 모르겠다. 남자아이들은 가끔 행동하는 것을 보면 나를 사촌 형쯤으로 여기는 것 같다는 생각이 들 때가 없지 않기 때문이다. 처음 하는 일이니 내가 서툰 탓일 것이다. 그렇지만 나들이는 아이들뿐만 아니라 나에게도 분명히 감사한 경험이 되었다.

그런데 나들이를 계속하다 보니 나에게서 비롯된 문제가 생겼다. 첫 나들이야 그저 처음 만난 선생님에 대한 아이들의 궁금한 점을 푸는 시간이 주를 이루었고, 그 사이사이에 내가 몇 마디 질문을 하면 아이들은 서로 나에게 이야기를 하느라 바빴다. 그런데 두 번째 나들이부터는 문제가 생겼다. 내 문제였다. 나는 도시에서 자란 탓에 딱히 자연물에 대한 관심이 없어 잘 알지 못했기 때문에, 나들이를 나갔을 때 할 수 있는 이야기가 한정적이어서 어제 했던 이야기를 계속 반복할 수밖에 없었던 것이다.

아이들에게는 1주일에 한 번 나오는 나들이가 새로웠겠지만, 나는 매일 똑같은 이야기를 반복했기 때문에 일상의 반복처럼 느껴졌다. 그래서 이런 식의 나들이가 아이들에게는 답답함을 풀 수 있는 즐거운 시간이 될 수 있겠지만, 나로서는 더 이상 나들이가 유지, 발전될 수 없겠다는 생각을 했다. 더 솔직해지자면, 정해진 주제 없이 그저 아이들과 점점 더워지는 여름날에 체력적 부담을 모두 떠안으며 2시간씩 걸어 다니는 것은 자신이 없었다. 그렇게 또 다른 고민이 시작되었다.

그러던 때 구글미트를 통한 쌍방향 수업이 시작되었다. 물론 두 달이 지난 지금은 이러한 생각이 모두 깨어져 버렸지만, 쌍방향 수업을 처음 했을 때에는 원리 설명-문제 풀기-문제 풀이가 전부인 수학 수업, 한국 지리에 대한 사실적 지식을 전달하는 사회 수업, 음악 리코더 기악 수업 모두 아이들이 잘 따라와 주고, 배우고 있다는 생각에 뿌듯했다. 부끄럽지만 쌍방향 수업이 마치 열심히 가르치는 교사들만 행하는 일인 것처럼 여겨지는 사회적 분위기도 한몫을 했던 것 같다.

물론 쌍방향 수업 플랫폼의 특성상 동시다발적인 의사소통이 불가능한 국어 수업을 할 때에는 약간의 찜찜함이 있기도 했다. 국어 수업에서의 찜찜함은 불길의 전조였을까. 모든 것은 나만의 착각이 되고야 말았다. 등교 이후 수학책, 수학익힘책과 학기 초에 배부했던 사회 학습꾸러미의 처참한 상태를 마주했을 때, 지난 두 달의 시간 동안 나는 무엇을 한 것인가 하는 충격을 받았기 때문이다. 학생들은 배우지 않았고, 교사인 나 혼자만 가르쳤다는 생각이 내 머릿속에 가득 차 버리고 말았다.

　그래서 무언가 다른 방법을 찾아야 한다는 생각이 들었다. 고민 끝에 우리 학교에서 할 수 있는 방법을 통해 새로운 방식의 수업을 해야겠다는 결론을 내리게 되었다. 그길로 이동근 선생님께 찾아가 온책읽기 프로젝트 수업은 무엇인지, 어떤 책을 활용하면 좋은지에 대한 이야기를 나누었다. 그렇게 해서 온책읽기 프로젝트 수업 계획 예시안과 여러 권의 책들을 추천받게 되었고, 그중 『노잣돈 갚기 프로젝트』라는 책으로 '노잣돈 쌓기 프로젝트'라는 프로젝트 수업을 계획하게 되었다.

　프로젝트 수업은 쌍방향 수업에서 가장 잘 이루어지지 않았던 국어과와 등교 수업이 이루어지면 꼭 직접 가르쳐 보겠다고 남겨 두었던 도덕과를 중심으로 재구성했다. 나는 인성교육, 민주시민교육, 도덕 및 윤리교육이 어느 과목보다 중요하다고 생각하는 고리타분한 사람이다. 그런 식으로 쌍방향 수업의 참여율 제고는 물론 학생의 실제 삶에서 실천할 수 있는 것에 초점을 두어야 한다는 것, 『노잣돈 갚기 프로젝트』라는 책의 주제인 덕을 쌓아야 한다는 것을 고려해 활동을 구성하기 위해 애썼다.

　그 결과 프로젝트 수업의 주된 활동은 책을 읽은 후 내 노자곳간에는 노자가 많을지 적을지 생각하고, 내가 노자를 쌓기 위해서는 무엇을 해야 할지 토의 및 발표를 한 후, 실제로 노자를 쌓는 경험을 하는 것으로 구성하게 되었다.

쌍방향 수업에서 앞의 2개 활동을 다루고, 실제로 노자를 쌓는 경험은 나들이를 빙자한 '노잣돈 쌓기 프로젝트'로 학교 밖에서 실시했다. 아이들은 구글미트 플랫폼 밖에서, 학교 밖에서 더 행복해 보였다. 공부가 아닌 공부였기 때문이었을 것이다.

각설하고 아이들은 나들이를 나갈 생각에 쌍방향 수업에서 활발히 조별 토의를 하며 자신들이 실천할 활동을 구상했다. 그렇게 정해진 실천 내용은 우리 마을 곳곳을 돌아다니며 쓰레기 줍기, 학교 앞 사거리에서 교통 약자를 위해 신호 준수 캠페인하기였다. 이렇게 주제가 있는 나들이를 하니 다른 아이와 같은 시간을 보내는 것만 같은 생각에서 벗어날 수 있었다. 아마 친구인 또래 교사들에게 이런 말을 한다면 '왜 그렇게까지?'라는 말을 들을 것 같다.

그렇지만 이것이 내 한 학기 동안의 몸부림이다. 몸부림이라기보다는 작은 몸짓인지도 모르겠다. 신규 교사가 몸짓하지 않는 것, 몸부림치지 않는 것도 문제가 있는 일일 것이다. 아직 미숙하고 부족한 부분이 많지만, 하나씩 채워 나가다 보면 어느새 제법 괜찮은 사람이 되어 있을 것이라고 믿는다. '아이들이 믿을 수 있는 교사', '아이들이 믿을 수 있는 사람으로서의 나'가 되는 것이 교대 다니던 때의 내 소망이었음을 다시 한 번 기억하며 이만 줄이고자 한다.

코로나19가 준
새로운 일상

농촌 작은 학교에서 살아가기

서영자

부푼 꿈을 안고
영동으로

"선생님, 학산초로 오시면 안 돼요?"

내가 청주 근무 만기로 영동군으로 갈까 고민한다고 했더니 학산면에서 오랫동안 마을 공동체 운동을 해 온 유양우 씨가 간절한 목소리로 이야기했다.

"우리가 학산에서 마을공부방을 운영하면서 놀이와 마을 나들이를 많이 했어요. 공부방에서만 노는 게 아니라 학교에서도 놀면 좋겠다고 생각해서 2015년엔가 오후에 학교 운동장에서 놀기 시작했어요. 한 2년 가까이 놀이를 해도 같이 나와서 놀자는 교사가 거의 없어서 답답하기도 하고, 속상하기도 했어요. 이럴 바에는 차라리 학교 밖으로 나가서 놀자고 해서 지금 면민회관 앞에서 놀게 됐죠. 또 왕따 문제도 생기는데, 아이들 생활이 연결되니까 공부방에서도 규칙을 정하고 이야기를 하지만 학교와 협력해서 풀어야 하잖아요. 그런데, 학교에서 알아서 하겠다며 닫아 버리니까 안타까운 마음이 컸어요. 그나마 2018년부터는 교육청 사업인 행복교육지구를 한다고 하니까 관심 있는 선생님이 계셔서 마을 나들이 계획을 세워서 함께 했어요. 적극적으로 참여하는 분도 계셨지만, 마지못해 나오시는 것 같은 분들도 있어서 안타까웠죠. 학교 안에서도 아이들과 같이 놀이를 하고, 마을 나들이를 하고 협력할 수 있는 선생님이 있으면 좋겠다는 생각을 정말 간절하게 했어요."

이야기를 들으니 무척 안타까운 마음이 들고, 조금이나마 힘이 되고 싶었다. 더구나 영동은 발령 초임지인데다 고향인 김천 바로 옆이라서 영동만 가도 고향에 온 것처럼 좋았기 때문에 두 번 생각도 하지 않고 내신을 냈다. 그 뒤에 소식을 들으니 학산초 부모들이 영동교육청을 찾아가 나를 꼭 학산초로 보내 달라고 요청했다고 한다. 그런 요청 때문은 아니었지만, 운이 좋게도 학산초에 빈 자리가 많이 생겨 바람이 이루어졌다. 알지도 못하는 부모들에게 온몸으로 환대를 받고 가는 것이라 기대와 설렘이 컸다. 물론 내가 과연 그 기대에 부응할 수 있을까 하는 걱정이 되기도 했다. 하지만 아이들과 놀이와 나들이도 맘껏 하고, 마을에서 함께 공부할 생각에 신이 났다. 만나기 전부터 나를 기다리는 학부모들이 있는 곳이라 생각하니 얼른 이사하고 싶었다.

그러나 코로나19가 점점 심해지는 상황에서 차가 없는 내가 대중교통을 이용해서 집을 알아보러 다니기가 쉽지 않았다. 그때 학산초 교무부장의 세심한 배려가 참으로 고마웠다. 학교 관사에서 살 수 있을지 전화로 문의했더니 학교 사택에 들러 내부 모습까지 꼼꼼하게 찍어서 보내 주는 살뜰함에 얼른 만나 인사를 하고 싶었다. 학교를 옮길 때 이렇게 환대받으며 간 적이 처음이라 엄청나게 들떴고 영동으로 내려가는 발걸음은 날아갈 듯 가볍기만 했다.

2월 새 학년 준비연수 참석을 위해 처음 교무실에 들어갔을 때도 아주 인상적이었다. 20여 년 만에 왔는데, 그때 알던 선생과 주무관이 있어서 바로 옆 학교로 옮긴 것 같은 착각이 들 정도였다. 더구나 업무에 놀이 교육이 있어서 기뻤다. 같이 놀자는 제안도 하기 쉬워서 연수 둘째 날에는 비록 짧지만, 실내에서 변형된 달팽이진 놀이를 할 수 있었고, 덕분에 처음 본 교사들과 쉽게 말을 틀 수 있었다. 그뿐 아니었다. 연수 셋째 날, 교장 선생님이 학교 버스를 타고 학구 안내를 해 주었다.

우리 학교는 전교생이 40여 명 되는 농촌의 작은 학교인데 학산면 전체에서 아이들이 온다. 학교에서 아주 가까운 마을에서 오는 몇 명을 제외하고는 모두 학교 버스를 타고 통학을 한다. 40여 명 아이가 사는 집을 담임교사들에게 일일이 알려 주는 교장 선생님의 모습을 보면서 학산초로 오면서 가졌던 기대감은 더욱 커졌다. 아이들이 놀이하고 나들이하면서 자기 이야기를 하고 서로의 경험에서 배움을 깊게 할 여러 기반이 다 갖추어진 것 같았다. 이제 내가, 그리고 동료 교사들과 함께 아이들이 사는 마을로 가는 일만 남았다.

부푼 꿈을 안고 영동으로 갈 짐을 꾸리고 있는데, 코로나19로 개학을 1주일 연기한다는 청천벽력 같은 발표가 났다. 개학이 연기

되면서 학교에서는 재택근무를 권했지만, 3월 2일에는 학교에 갔다. 20년 넘게 3월 첫날이면 아이들을 맞이하던 것이 매크로 설정이라도 되어 있는 듯 자동 실행되는 것 같았다. 하지만 서로 마주 보게 반원으로 둘러놓은 7개의 책상만 덩그러니 놓인 빈 교실은 낯설기만 했다. 일도 손에 잡히지 않았다.

지난 10여 년간 평화샘 모임을 하면서 개학 첫날은 아이들과 놀이를 하며 긴장과 스트레스가 아닌 친밀한 관계 맺기의 첫 단추를 끼웠다. 교실에는 놀이 바구니를 놓아두어 언제든 아이들이 함께 놀 수 있는 분위기를 만들고 학교를 마칠 때는 아이가 사는 집으로 가는 길을 함께 걸으며 아이와 나만의 오솔길을 만들었다.

올해도 놀이 바구니를 교실에 준비해 두었지만, 방역 수칙은 몸을 부대끼며 놀아야 하는 놀이를 금지했고, 교구든 놀잇감이든 공유할 수 없도록 제한을 하고 있어서 어떤 놀이도 쉽지 않았다. 그동안 너무나 당연하고 익숙했던 것들이 다 금지되었다. 무엇보다 아이들이 학교에 오지 않으니 만날 수도 없고, 만나지 못하니 교육이라는 것은 가능하지도 않았다. 코로나19로 나가지도 말고, 만나지도 말라고 하니 손발이 다 묶인 셈이었다. 날이 갈수록 시간 개념은 무뎌지고 막막함과 무력감에 짓눌려 혼란스러운 날들을 보내게 되었다.

그때 숨통을 틔워 준 것은 한솔초 평화샘 교사들이었다. 코로나19로 누구나 어렵겠지만 아이들이 더 힘들 테니 전화를 걸어 안부도 묻고 기대와 걱정을 나누면서 관계 맺기를 시도해 보면 어떻겠냐는 것이었다. 먼저 해 본 교사들한테 좋았다는 이야기를 들으면서 나도 해 보고 싶은 마음이 들었다. 하지만 선뜻 전화를 걸지 못했다. 학교를 옮겨서 내가 누군지 전혀 모르고, 얼굴도 모르는 낯선 내 전화를 어떻게 받아들일까 걱정되었기 때문이다. 그렇게 며칠 망설이다가 전화했는데, 우리 반 아이들의 목소리를 들으며 잠깐 이야기를 나눈 것만으로도 큰 위안이 되었다. 코로나19로 끊어졌던 무엇인가가 서로 연결되는 것 같았다.

3월 중순, 우리 반 일곱 명 아이들과 전화 통화를 다 하고 무력감에서 조금 벗어나자 주변을 둘러볼 여유가 생겼다. 확진자 수는 줄어들지 않아서 언제 등교할지도 모르고, 맞벌이 부모들의 돌봄에 서서히 한계가 오기 시작한 상황에서 원격 수업부터 9월 학기

제까지 여러 의견이 분분했다. 이런 여러 이야기 속에 '만나지 않으면 교육할 수 없다'는 것이 더욱 또렷해지는 느낌이었다. 마침 마을배움길 모임에서 코로나19로 아이들이 마을에 있으니 방역 수칙을 잘 지키면서 아이들이 있는 곳으로 가야 한다는 제안이 나왔다. 배움이라는 것이 만남에서 시작되는데, 만나지 않고 배움이 가능하겠느냐는 근본적인 문제 제기가 있었기 때문이었다. 취지에는 100% 공감했지만, 선뜻 나가기는 쉽지 않았다. 정체를 알기 어려운 코로나19에 걸리면 어쩌나 하는 불안한 마음도 있고, 동선 공개도 두려웠다. 이런 걱정을 하는 사이 온라인 개학에 대한 이야기들은 점점 더 구체화되고 있었다.

'아이들 얼굴도 모르는데 지식을 전달하는 것이 교육적 관계일 수 있을까? 그럴 거면 정말 AI나 교사 어벤저스가 나을 수도 있지 않을까?' 이런저런 생각 끝에 아이들을 만나러 가기로 마음을 먹었다. 개학이 연기되는 동안 청주에서 재택근무를 하고 있었는데, 서둘러 영동으로 갈 채비를 시작했다.

내가 영동으로 갈 것이라고 하니 마을배움길연구소에서는 학구 나들이를 함께 해 주겠다고 나섰다. 청주에 있는 평화샘 교사들도 함께 내려와서 학교를 둘러싼 산과 하천 이름을 알아보고, 학교 역사부터 주변 마을에서 할 수 있는 근현대사 답사까지 함께 했다. 친한 사람들과 함께 걷고, 사건에 얽힌 배경 이야기를 들으면서 아이들이 사는 마을이 더욱 궁금해졌고, 아이들과 마을 사람들과 함께 공부할 생각을 하니 설레는 마음이 샘솟았다. 서둘러 아이들이 사는 마을로 가야겠다는 생각에 마음이 급해졌다.

길을 걸으며
다시 본 것들

2월 새 학년 준비연수 때 우리 반 아이들이 사는 마을을 확인했다. 학산면 전체에서 오기 때문에 몇백 미터 정도 되는 가까운 곳부터 4킬로미터가 넘는 곳까지, 6개 마을에 일곱 아이가 살고 있었다. 영동으로 다시 내려온 3월 말, 처음에는 가장 가까운 마을부터 걸었고, 먼 곳은 동료 교사의 도움을 받거나 버스를 타고 가기도 했다. 운이 좋게 마을로 갈 때마다 우리 반 아이들의 얼굴을 거의 볼 수 있었다. 교과서와 놀잇감, 준비물을 넣은 학습꾸러미를 나눠 줄 때는 동료 교사의 차를 함께 타고 우리 반 아이뿐 아니라 다른 학년 아이들이 사는 마을도 둘러볼 수 있었다. 그렇게 발품을 판 덕분에 온라인 개학 전에 아이들을 한두 번 만나고 시작할 수 있어서 온라인 개학이라는 낯선 문턱을 조금 편안한 마음으로 넘을 수 있었다.

온라인 개학 첫날 마지막 활동으로 면역력을 높이는 운동을 제안했다. 교사나 부모들이 아이들의 비만 문제를 걱정하고 있었는데 온라인 상황에서 더욱 심해질 것 같았기 때문이었다. 그 방법으로 줄넘기를 과제로 내주고 동영상을 올려 달라고 했다. 바로 다섯 명의 아이가 올렸다. 걱정했던 것과 달리 아이들이 발신하는 온라인 교육이 가능할 것 같았다. 마을도 한 바퀴 걸어 보라고 했는데, 아이들의 반응은 내 기대를 훌쩍 뛰어넘었다. 한 아이의 영상이 금방 올라왔다.

"우리 마을을 한 바퀴 돌 거다. 야~~! 시작! 안녕? 첫 번째 경로. 야~~!! 아무 데나. 내가 이걸 왜 하는 거지? 우리 마을 혼자서 마을 한 바퀴 걷기 도전!"

영상의 내용은 아이가 마을을 한 바퀴 돌면서 어른들한테 인사를 하고 다양한 모험을 하는 과정이었다. 모험이라고 한 까닭은 초등학교 4학년인데도 마을을 혼자서 돌아본 것이 처음이고 사나운 개가 있는 집, 차가 씽씽 달리는 도로를 걷는 과정 하나하나가 새로운 도전이었기 때문이다. 골목에서 만난 할머니가 많이 컸다고 부추겨 주고, 모두가 인사를 하니 아이는 더욱더 신이 났다. 만나는 어른들마다 칭찬하고 반겨 주니 아이는 자신감이 생겨서 점점 더 큰 목소리로 어른들한테 인사를 했다.

하지만 걱정스러운 상황도 벌어졌다. 자동차가 엄청난 속도로 달리는 시골길에서 아이가 말했다.

"자동차가 온다. 인도로 가자. 인도로 가도 풀들 때문에 못 가. 이렇게 있으면 돼. 얘들아, 잠깐만 기다려 주라. 차 무서워."

아이는 도로 바깥쪽 안전한 장소에서 차를 피했다가 지나가는 차를 보고 마을 사람들한테 하듯 손을 들어 인사를 했다. 놀랍게도 모든 운전사가 손을 들어 반응을 해 줬다. 그러자 아이는 믿기지 않는다는 듯 아주 흥분해서 스스로 '인싸'라고 하며 좋아했다. 자존감이 하늘을 찌를 듯 높아졌다. 집으로 거의 돌아왔을 때 아이가 말했다.

"솔직히 말해서 마을 한 바퀴 지금 처음으로 혼자 걷는 건데 살짝 무서운데 뭔가 재미있다. 맨날 걸어갈 때 동영상이나 찍어야겠다. 혼자 갈 때는 무서워서 다리 벌벌 떨고, 다리 힘 풀려서 넘어지는데 동영상을 찍으니까 다 알아서 하네. 우리 ○○이 장하다."

이 영상을 보면서 자신의 마을, 자신이 맺고 있는 관계로부터 시작하지 않고 교과서로부터 시작하는 교육이 얼마나 아이들을 위축시키고 소외시키는지 느낄 수 있었다. 아이들은 자신의 부모와 이웃들, 형제자매로부터 지지와 지원을 받으면서 배워야 하고, 그럴 때 자신의 정체성에 맞는 인식과 실천을 할 수 있다는 것도 다시 한 번 확인할 수 있었다.

그다음부터 자신의 이야기를 동영상으로 올리는 아이들이 하나둘 늘어났다. 교사들이 일방적으로 동영상을 발신하고 아이들이 수신하는 원격교육이 아니라 아이들이 자신들의 이야기를 발신하고 교사가 그것을 지원하는 형태의 원격교육은 마을이 배움의 기반이 될 때 가능하다는 것을 보여 주는 사례라고 느꼈다. 그래서 마을배움길 교사들과 영상을 함께 보며 의미를 토론하는 시간을 갖기도 했다.

이 과정에서 기존에 생각하지 못한 것을 발견할 수 있었다. 나는 처음에 가까운 마을에서도 학교 버스를 타고 다니는 것을 이해하지 못했다. 그런데 이 아이뿐만 아니라 다른 아이들의 동영상에도 자동차 때문에 걷기 힘들다는 이야기가 나왔다. 아이들이 자동차를 얼마나 무서워하는지 알게 되면서 이 문제를 해결하지 않고서는 아이들이 자신이 사는 장소를 탐색하기가 쉽지 않을 것 같았다. 그래서 아이들이 사는 마을을 다시 걸어 보면서 문제를 발견하고 싶었다.

먼저 학교 버스를 타고 다니기엔 너무 가깝다고 생각한 아이네 집부터 가 보기로 했다. 교문 앞을 나서니 그날따라 학교 앞 4차선 도로가 유난히 크게 보였다. 학교 앞 도로는 영동과 학산, 무주를 연결하는데 학교 담장을 벗어나면 보도도 없고, 스쿨존 표시는 있으나 속도를 줄이지 않는 차들이 많았다. 도로 바깥쪽으로 조심조심 걸어가는데, 대형 화물트럭이 속도를 내며 지나가자 몸이 휘청하면서 다리가 후들거려 주저앉고 말았다. 정신을 차리고 마을까지 간신히 걸어가는 내내 사람이 걸을 수 있는 보도는 거의 없었다.

도시에서 보도가 없는 도로가 있었던가 떠올려 보았다. 고향 마을 앞 신작로나 시골길 대부분 보도가 없다는 것을 생각하지 못하고 살다가 아이들이 걸어 다니면 좋겠다는 마음으로 직접 걸어 보니 새롭게 보였다. 그 길을 걷는 우리 부모님과 어르신들, 우리 아이들이 얼마나 위험한 상황에 놓여 있는지 심각하게 느꼈다.

조금 더 걷다 보니 옛날에는 바로 갈 수 있던 길도 4차선 도로에 막혀 이리저리 돌아가도록 만들어 놓은 것을 보고는 기가 막혔다. 어떻게 마을 사람들이 다니던 길을 끊어 놓을 수가 있는지. 길이 이 모양이니 농촌 사람들이 차를 더 많이 타고 다니는 것 같았다. 아이가 바로 옆 마을에 사는 친구네 집조차 아빠 차를 타고만 가 봤을 뿐 걸어서 가 본 적이 없다고 한 이야기도 이해가 되고, 마음이 아팠다.

그리고 지방자치단체마다 온갖 걷기 길을 브랜드로 만드는 올레길 열풍도 생각났다. 처음 올레길이 뜰 때 새롭고 낯선 곳을 걷는 것이 역사문화답사와 비슷한 느낌이 들어서 관심이 갔다. 하지만 멀리 있는 곳으로 차를 타고 가서 주로 걷기만 하는 것이 왠지 불편했다. 그런데 아이들이 사는 마을길을 걸으면서 그 불편함의 실체를 알게 되었다. 내가 사는 마을에 걷고 싶은 길이 있다면 그런 올레길 열풍이 불었을까. 그나마 도시에서는 걷고 싶은 길을 만들려는 시도라도 있지만 농촌에서는 안전하게 걸을 수 있는 보도조차 없다. 더구나 코로나19 같은 전염병이 앞으로 몇 년을 주기로 찾아올지도 모른다. 전염병 때문에 멀리 갈 수도 없어서 찾는 이가 없으면 돈 들여 만들어 놓은 걷기 길들은 골칫거리가 될 것이다. 이것을 해결할 근본적이며 지속 가능한 방법은 우리가 사는 마을길을 안전하고 편안하게 걸을 수 있도록 만드는 것이다. 걷는 것이야말로 삶의 질 이전에 가장 근본적으로 누려야 할 인간의 본성이고 권리이기 때문이다.

마을에서
배울 때

엄마와 마을 이장님 덕분에

나는 가능한 한 배움의 주제를 마을에서 찾으려고 노력했다. 하지만 주로 사회 교과를 중심으로 진행하곤 했다. 그런데 코로나19로 아이들이 마을에 있으니 모든 과목, 모든 배움의 주제를 마을에서 찾아야 했다. 마침 4학년 수학 첫 단원이 큰 수를 배우는 것이라 마을 집을 세는 것부터 시작해서 확장해 가면 좋을 것 같았다. 온라인 개학 둘째 날, 밴드 라이브 방송을 하며 아이들에게 물어보았다.

"영동군의 인구가 어느 정도나 될까?"

100명부터 9999, 1조, 500, 10만 명 등 자신이 알고 있는 큰 수를 다 말하는 것 같았다. 그때 한 아이가 반가운 댓글을 올렸다.

"영동군은 모르지만 박계리에 사는 사람은 세어 볼 수 있어요."

"좋은 방법이에요. 영동군의 인구는 우리 친구들이 사는 마을 하나하나가 모여서 된 거니까 각자 사는 마을의 인구부터 알아볼까요? 마을길을 따라 걸으면서 집을 모두 세어 보는 거예요. 할 수 있을까요?"

"지금 나가도 돼요?"

얼른 나가서 해 보려는 아이들의 마음이 댓글에서 느껴졌다. 내가 라이브 방송을 마치자마자 한 아이는 라이브 방송을 열어서 집을 세며 마을길을 걸었다. 라이브 하랴, 집을 세랴 어수선한데 화면까지 거꾸로 보였다. 그러다 골목을 벗어나니 데이터가 없어서 라이브를 할 수 없게 되자 집으로 되돌아가 엄마 찬스를 썼다. 엄마가 휴대폰으로 찍고, 아이는 집을 세었다. 아이가 집을 세어 가다가 엄마한테 물었다.

"엄마, 우리 마을에 집이 몇 채야?"

"46가구."

한 집 한 집 세어야 하는데, 엄마가 바로 말씀을 해 주자 아이는 신이 났다.

"애들아, 한 방에 찾았어! 46가구래. 다 알게 되었지만, 그냥 유래비까지 갈게."

아이는 엄마와 함께 조금이라도 더 멀리 걸으려고 했다. 마을 회관까지 가서 유래비를 다 읽고 걸어가면서 말했다.

"여기 101명 거주한대요."

그러자 아이 엄마가 아니라고 말했다.

"유래비에 그렇게 적혀 있었는데."

"그건 옛날에 그랬겠지. 지금은 아니야."

"그렇네. 거기에는 60가구라고 했는데, 지금은 46가구니까."

두 사람의 대화를 보며 내가 지금은 몇 명이 사느냐고 질문을 올렸다.

"엄마, 선생님이 지금은 몇 명 사는지 물었어."

엄마도 모른다고 하였다. 아이는 엄마와 함께 걷는 것이 좋은지 계속 더 가자고 졸라서 한참을 더 걸었다. 돌아오는 길에 트럭 한 대가 다가오더니 멈춰 섰는데 아이 엄마가 반갑게 인사를 했다. 그리고 운전하는 분에게 마을에 몇 명이나 사는지 물었다.

"80명."

트럭에 타고 계신 분은 바쁜지 대답만 해 주고 가셔서 누구인지 무척 궁금했다. 그런 내 마음을 알았는지 라이브를 마치고 영상을 올리면서 댓글을 남겼다.

"몇 명인지 이장님이 말해 주신 거예요."

순간, 무릎을 쳤다. 마을 이야기를 알고 싶을 때 토박이 어르신을 어떻게 찾아야 할지 막막했는데, 마을 이장을 왜 생각하지 못했을까. 앞으로 나뿐 아니라 아이들이 마을에 대해 궁금해할 때 연결해 줄 사람을 찾은 것 같았다. 몇 년 전에 들은 후배네 학교 이야기도 떠올랐다.

"우리 학교 교장 선생님은 이장 협의회에 매번 가셨어요. 우리 학교에서 마을과 연계한 교육과정을 하려고 하니 도와 달라고 했더니 처음에는 뭘 그런 걸 하느냐고 별 반응이 없었대요. 교장 선생님이 얘기하고 또 얘기하니까 나중에는 뭘 해야 하느냐고 물으셨대요. 그리고 아이들과 마을에 갔더니 할아버지, 할머니들이 나오셔서 간식으로 수박도 썰어 내주시고, 마을의 옆집, 앞집 사는 아이가 와서 이야기를 들으니 무척 좋아하시고, 잘해 주셨어요. 애들도 좋아하고. 이장님이 마을 사람들을 소개해 주시고, 본인들도 공부를 엄청 많이 하셨더라고요. 처음엔 몰랐는데 이번 기회에 공부를 많이 해서 더 잘 알게 되었다고 좋아하셨어요."

후배와 다른 교사들도 함께 공부하면서 재미있고 즐거웠다고 했다.

아이의 성장과 배움을 위해 자식을 키우는 부모뿐 아니라 아이들이 사는 마을에 관심 가지고 마을로 나가는 교사, 지역의 여러 기관과 학교를 이어 주는 교장, 마을 사람들과 아이를 연결해 주는 이장, 마을에서 배우는 교육과정의 방향을 제시하고 학교와 마을을 지원하는 교육지원청이 있다면 얼마나 좋을까.

마을의 집을 세고 인구수를 알아본 다음에는 그 자료를 가지고 막대그래프를 그렸다. 만 자리 이상 큰 수는 영동군과 충청북도의 각 시·군별 인구를 확인하였다. 인구를 비교해 보니 자연스럽게 시·군을 구분하는 기준을 발견하였고, 촌락과 도시 이야기도 나누게 되었다. 수학과 사회 교과를 넘나드는 시간이 되었다. 더 큰 수는 영동군의 예산을 찾아 읽고 비교하면서 확장해 나갔다. 예전에는 마을의 인구 정도는 아이들이 찾아오고, 더 큰 수는 내가 자료를 찾아 주고 아이들과 비교하며 토론하는 식이었다. 그런데 올해는 아이들이 온라인 상황에 있었기 때문에 스마트폰을 활용해서 자료를 직접 찾게 하니 자연스럽게 정보기기 활용 교육까지 연결되었다.

사회는 집과 마을에서 동서남북을 찾는 것부터 시작했는데, 아이들이 몹시 어려워했다. 집에서 아침저녁으로 해가 어디에서 떠서 어디로 지는지만 살펴봐도 금방 알 수 있고 부모님에게 여쭤 보면 금방 알 것 같았는데, 한 아이를 빼고는 쩔쩔맸다. 하는 수 없이 아이들 집까지 가서 해가 지는 모습을 함께 보며 알려 줘야 했다.

마을에서 좋아하는 장소를 찾아가 그림을 그리고 소개하는 것은 미술과 국어가 되었고, 집 안에서 거의 생활하는 아이들에게 밖으로 나가게 하는 모든 활동은 체육이 되었다. 부모님이 어렸을 때 놀았던 놀이를 배워서 같이 놀기, 자신의 태몽과 부모님이 불러 주신 자장가를 여쭤 보기, 마을 이름 유래와 주변에 보이는 산과 하천 이름, 전설을 가족과 이웃에게 물어보고 친구들에게 들려주기 같은 활동은 국어이자 음악, 사회, 체육을 모두 아우르는 내용이었다.

마을에서 통합교육이 가능하다는 이야기를 많이 해 왔지만, 실제 아이들이 있는 집과 마을에서 탐색할 수 있는 주제들을 찾고 제안해서 함께 해 보니 교과로 나누어 가르치는 것이 불가능한 일이라는 것을 깨달았다. 그동안 교실에서 교과와 시간표로 나눠서 운영했던 일과가 아이들의 탐색과 성장을 가로막는 장애물이라는 것이 새삼 크게 느껴졌다.

교과의 틀을 벗어나서 다시 보니 마을 뒷산의 사계절 풍경을 그려 보거나 뒷산에 올라가 마을 조망하기, 마을 어르신과 함께 걸으며 땅이름 듣기, 부모님이 우리 마을에 살게 된 내력 듣기, 토박이 어르신들에게 배우는 너리기 편지기, 친구네 집까지 이어진 길 함께 걸어 보기 등등. 무수히 많은 주제가 떠오르고 함께 하고 싶어졌다.

농촌의 교육환경이 빈곤하다고?

그날도 라이브 방송을 마치고 아이들이 없는 빈 운동장을 쳐다보고 있었다. 흰색에 검은 줄무늬가 인상적인 작은 새가 긴 꼬리를 까닥거리며 종종걸음으로 이리저리 걷고 있었다. 도감을 찾아보니 알락할미새였다. 청주에서는 무심천에 가야 어쩌다 볼 수 있었는데, 여기서는 운동장에서 볼 수 있었다. 이뿐 아니었다. 어느 날은 산에 노란 연기가 자욱해서 산불인 줄 알고 깜짝 놀라서 나갔는데, 송홧가루가 마치 폭탄 터지듯 솟아오르는 것이었다. 5월에는 꾀꼬리부터 검은등뻐꾸기, 내가 좋아하는 파랑새까지 온갖 여름 철새들의 소리로 학교와 마을이 가득 찼다. 청주에서는 학교 가까이에서 볼 수 없어서 아이들과 함께 이야기하기 어려웠는데 학산에 온 뒤로는 날마다 새롭고 신기한 것이 많아서 카메라에 담고, 학교 선생님들과도 함께 보았다.

흔히 농촌의 교육환경이 도시와 비교해서 빈곤하다고 하는데, 환경과 지속 가능한 교육이라는 측면에서 보면 굉장히 풍요로운 자연환경 속에 있다는 걸 날마다 느끼고 있다. 지역 주민들이나 교육학자들이 이러한 배움의 터전이 갖는 가치를 제대로 인식하지 못하고 공동체를 살리는 역할을 하지 못하고 있는 것이 못내 안타까웠다.

새롭게 발견한 것들을 카메라에 담아 우리 반 밴드에도 올려서 아이들과 함께 봤다. 하지만 온라인에서 주로 댓글로 이야기를 나누다 보니 소통이 잘되는 느낌이 들지 않았다. 이렇게 풍요로운 자연 속에 있는데 함께 볼 아이들이 없다는 것이 더 큰 빈자리로 느껴졌고, 등교 개학을 하면 아이들하고 하고 싶은 목록이 점점 늘어 갔다.

새들이야 아이들이 학교에 오면 금방 보고 공감할 수 있겠지만, 장소는 공감대가 형성돼야 가능할 것 같아서 온라인 상황에서도 틈틈이 장소에 얽힌 전설이나 사연을 찾아 이야기해 주었다.

다행히 아이들은 모두 이야기를 좋아했다. 소코샘에 가서 찍은 동영상을 올려 주었더니 아이들은 아는 곳이라며 좋아했다. 학산 공부방에서 여름이면 물놀이를 자주 갔다며 가 보고 싶어 했다. 용소봉 이야기를 했더니 기우제를 지낼 때 가 본 적이 있다는 아이가 있어서 내가 기우제에 대한 것을 물었다. 그 가운데 독립군나무는 아이가 사는 마을로 가는 길목에 있어서 아이들과도 꼭 함께 가 보고 싶었다. 독립군나무 이야기를 했더니 자기네 마을에 있다며 좋아하기도 하고, 가 봤다며 사진을 올려 주는 아이도 있었다. 그런 아이들을 보며 함께 가 볼 날에 대한 기대가 커졌다.

5월 말 아이들이 학교에 오고, 6월 중순쯤 독립군나무로 답사 갈 기회가 생겼다. 나라 사랑 및 안전 주간을 운영한다고 해서 독립군나무 답사를 하겠다고 했다. 안전 문제는 마을길을 안전하게 걷는 것으로 몸소 실천할 수 있고, 독립군나무 답사야말로 나라 사랑을 이야기하기에 안성맞춤이었기 때문이다. 인원수가 적어서 3학년도 같이 가면 어떻겠냐고 했더니 흔쾌히 동의해서 3, 4학년이 함께 가게 되었다.

마을로 나간다고 하니 연구부장이 마을 교사가 안내해 줄 수 있다고 알려 주었다. 마침 학산면 마을 교사가 유양우 씨여서 얼른 신청했다. 유양우 씨는 반가워하며 가는 길에 소코샘도 들르면 좋을 것 같다고 해서 소코샘과 독립군나무를 보기로 했다.

질문에서 출발하기

아이들한테 소코샘과 독립군나무를 보러 갈 것이라고 하니 모두 좋아했다. 그런데 3학년과 같이 간다고 했더니 우리끼리 가면 좋겠다며 투덜대는 소리가 들렸다. 아이들의 의견을 묻지 않고 일방적으로 결정하고 통보한 것이 후회되었다.

"소코샘과 독립군나무에 대해 마을 선생님이 알려 주신다고 하니까, 친구들이 궁금한 것을 말해 주면 미리 마을 선생님한테 보내서 자세한 이야기를 해 달라고 할 수 있을 것 같아요. 우리 친구들 소코샘과 독립군나무에 대해 궁금한 것이 뭐가 있을까요?"

처음에는 궁금한 것이 없다던 아이들도 다른 친구들의 질문을 듣더니 하나둘 이야기하기 시작했다.

"소코샘이 뭔가요?"

"소코샘 물은 어디까지 가나요?"

"소코샘을 새끼샘이라고 하시는데, 다른 이름이 더 있는지, 모두 알려 주세요."

"독립군이 뭐예요?"

"그 일이 언제 일어났나요?"

"줄을 묶어 두면 어떤 일이 일어났어요?"

"독립군나무를 왜 일본이 못 알아챘나요?"

아이들이 궁금해하는 질문을 모아 유양우 씨에게 보냈더니 반가워했다.

"아이들이 뭘 궁금해하는지 아니까 준비하는 데 도움이 많이 되네요. 같이 안내하실 분한테도 보내 드렸는데, 그분도 '아이들이 이런 걸 궁금해하네요.' 하며 신기하고 새롭다고 좋아하셨어요."

유양우 씨는 토박이이자 『학산면지』를 편찬한 전 면장과 함께 안내해 줄 것이라고 했다. 『학산면지』를 보면서 만나고 싶었던 분인데 함께해 준다고 하니 나도 기대가 되었다.

답사를 한 날은 6월 19일이었다. 초여름 더위가 유난히 심해서 아침 일찍 출발했다. 학산천 둑방길을 10여 분 걸어서 소코샘에 도착하니 마을 교사 두 분이 기다리고 있었다. 인사를 하고 징검다리를 건너서 소코샘을 직접 보고, 바로 위에 있는 정자에 둘러앉아 전 면장님한테 소코샘 전설을 들었다. 백제 장수가 신라한테 졌다는 소식에 울분을 참지 못하고 들고 있던 칼을 내리쳤는데 바위에 구멍이 뚫리면서 샘이 솟기 시작한 것이라고 했다. 또 이 일대가 석회암 지대라 동굴이 있어서 샘이 솟는 것일 수도 있다며 지질에 관심을 가지고 연구해 보면 좋겠다는 이야기도 했다. 그리고 궁금한 것이 있느냐고 하니 창민이가 물었다.

"소코샘 물은 어디까지 흘러가나요?"

"이 물은 이쪽 아래로 양산을 거쳐서 대청댐까지 가서 생활용수로 쓰기도 하고, 금강을 만나서 서해 바다로 흘러가요."

이야기를 듣고 바로 옆에 있는 양산까지 소금배가 들어왔다는 이야기가 생각나서 물었더니 그렇다고 하셨다. 다른 아이도 물었다.

"소코샘을 저희 아빠는 새끼샘이라고 하시던데, 다른 이름이 더 있나요?"

"할아버지가 어릴 때는 여기를 새끼샘이라고 했어요. 그런데 할아버지가 커서 공부를 해 보니까 아까 이야기했듯이 소의 코처럼 생긴 바위에서 물이 나와서 소코샘을 정식 이름으로 쓰게 되었는데, 소코샘, 새끼샘 두 개 외에 다른 이름은 더 없어요."

몇 가지 질문이 더 이어졌다. 이야기를 마치고 다시 둑방길로 올라와 독립군나무까지 한 20여 분을 더 걸어갔다. 학산천을 따라 독립군나무가 있는 박계리까지 거의 다 왔을 때 그 마을에 사는 아이가 말했다.

"소코샘 물이 우리 마을까지 오는지 처음 알았어요!"

각기 다른 도랑으로 생각하고 있다가 처음으로 알게 되었다며 무척 신기해했다. 학산공부방에서 소코샘까지 걸어서 자주 다녔지만 학산천을 따라 걸어 본 적이 없어서 점으로만 있던 장소가 물길을 따라 직접 걸어 보면서 거리 감각도 생기고, 하천이 어디로 흘러가는지 선으로 연결되는 새로운 경험을 한 것이다. 나도 고향 마을에서 물길이 어떻게 연결되는지 보려고 조카랑 함께 걸으면서 점이 선으로 연결되는 경험을 했던 터라 아이 마음이 얼마나 들뜰지 공감이 되었다.

독립군나무는 우람한 가지가 넓게 뻗은 큰 느티나무인데 그늘이 아주 넓고 시원했다. 땡볕을 걸어온 아이들은 나무 그늘에서 잠시 쉬면서 땀을 식혔다. 그때 유양우 선생이 '금강산도 식후경'이라며 아이들에게 준비한 음료수와 빵을 나눠 주었다. 아이들은 무척 좋아하며 간식을 맛있게 먹었다. 어느 정도 숨을 돌린 뒤 전 면장님이 독립군나무 이야기를 들려주었다.

"느티나무인데 사람들은 정자나무라고도 불러요. 지금은 사람들 왕래가 거의 없지만, 1900년까지만 해도 이 나무가 있는 곳은 큰 길목이었어요. 남쪽으로 전라도와 서북쪽으로 옥천, 대전, 서울 쪽으로 연결해 주는 중요한 도로인데, 이쪽에 있는 호탄진이라는 나루터를 거쳐야 해서 이 길을 지나야 했어요. 일제 강점기 때 일본 헌병들이 이 길을 지나는 독립군들을 잡으려고 했어요. 그러니까 마을 사람들이 산에 있는 독립군들한테 헌병들이 지키고 있다는 것을 알려 주기 위해서 헌병이 있을 때는 빨강색, 없을 때는 흰색 헝겊을 달았어요. 높고 아주 큰 나무니까 멀리서도 표시가 나요. 그때 그렇게 알리는 역할을 했기 때문에 독립군나무라고 부르게 되었어요."

그 뒤로도 보호수로 지정된 것이며 박계리 마을에 역원이 있었다는 것까지 자세한 설명을 해 주었다. 이야기를 마치자 창민이가 바로 물었다.

"일본인들이 알아채지 못한 이유가 뭔가요?"

"그 헝겊을 아이들이 나무에 올라가서 묶었어요. 어른들이 하면 이상하게 봤을 텐데, 아이들이 하면 노는 것처럼 보이니까 그냥 됐어요."

독립군이라는 이름이 붙은 나무는 전국에서 이 나무가 유일하다고 덧붙이는 전 면장의 표정에는 자부심이 가득했다. 이 이야기를 듣고 창민이는 몇 가지 질문을 더 했다. 이렇게 적극적인 창민이 모습은 처음 보았다. 공부 시간에는 엎드려 있거나 무슨 이야기를 해도 기운 없이 대답해서 걱정스러울 때가 많았다. 그런데 답사하는 내내 질문하고 또 질문하는 모습을 보니 아이들에게 동기를 부여하고 부추기는 곳은 꽉 막힌 교실이 아니라 확 트인 자연, 마을이라는 확신이 들었다.

소코샘에서는 우리 반 아이들만 질문했는데, 독립군나무에서는 3학년 아이들도 질문을 했다. 이야기를 마치고 자유롭게 주변을 탐색하는 시간을 가졌다. 아이들과 나무를 둘러보니 올라가기가 아주 좋게 되어 있고, 흰색 헝겊이 묶여 있었다. 아이들은 그 옛날 아이들처럼 나무 위에 올라가고 싶다고 했다. 하지만 380년이 넘은 나무는 여기저기 기둥으로 받쳐져 있고 속이 비어 치료 중이었다. 올라가면 안 될 것 같다고 했더니 몹시 아쉬워했다. 예정된 시간이

되어 마을 교사들과 인사를 나누고 학교 버스를 탔다.

답사를 마치고 돌아오는 길에 찜찜한 마음도 있었다. 사실 소코샘과 독립군나무에서 마을 교사들이 이야기하는 동안 나는 우리 반 아이들 태도 때문에 집중하기가 어려웠다. 3학년 동생들도 귀 기울여 잘 듣고 질문을 하는데, 마을 토박이 어르신을 모신 자리에서 지루해하며 딴짓을 하거나 힘들다며 짜증을 부리는 아이들이 있었기 때문이었다. 시간을 내준 마을 교사들에게 미안한 마음도 컸다. 이런 마음을 전하고 싶어 유양우 선생에게 전화를 걸었다. 이야기를 하다 보니 3학년들은 이번이 처음이지만 우리 반 아이들은 작년에도 전 면장의 안내로 소코샘을 다녀왔다는 것이다.

그제야 모든 것이 해명되는 것 같았다. 아이들에게 물었더라면, 처음부터 나 혼자 계획하지 않고 아이들에게 경험과 요구를 물어서 함께 계획했다면 마을 나들이에 대한 여러 의견들이 나왔을 것이고, 준비 단계부터 훨씬 즐겁고 풍부하게 배울 수 있었을 텐데….

함께 길을 찾는 동반자가 된 기쁨

독립군나무 답사 경험 덕분에 학산면 소재지에 있는 공공기관을 견학할 때는 아이들에게 먼저 물었다. 가 본 곳은 어디인지, 어디를 가 보고 싶은지, 모둠은 어떻게 나누고 싶은지 물어보고, 함께 결정했다. 관심사가 같은 아이들끼리 모둠을 만들었고, 기관 전화번호를 찾아서 연락하고 견학 약속을 잡는 것도 아이들이 스스로 했다. 나는 진행되는 상황에 따라 아이들이 예상하기 어려운 일을 미리 대비할 수 있는 질문을 하면서 도왔다. "견학인데 우리끼리 일정을 잡아도 될까?", "전화했을 때 대표 번호라서 담당자를 바꿔 준다고 할 수도 있는데, 그럴 때는 어떻게 하면 될까?"

처음으로 우체국에 전화할 때 긴장했던 아이가 방문 약속을 잡고 나서 발을 구르며 환호하자 친구들도 함께 기뻐하며 손뼉을 쳐 주었다. 나도 하이파이브 대신 아이와 주먹을 맞대고 함께 웃었다.

"아직도 가슴이 쿵쾅쿵쾅 뛰어요!"

전화 한 통으로 자신감이 생기자 방문할 기관에 대해 알아보고 싶은 내용으로 질문을 만들고, 다른 모둠 친구들이 궁금해하는 것도 서로 물어가며 함께 알아 가려고 노력했다.

기관 방문을 앞둔 금요일에 하루 닫기를 하려던 때였다. 한 아이가 상기된 표정으로 옆에 있는 친구에게 말했다.

"벌써부터 뭔가 기대되고 신나지 않냐?"

아이들의 흥분과 기대, 설렘이 그대로 느껴졌고, 나도 덩달아 신이 났다.

월요일 아침, 학교에서 함께 출발하는 아이들의 발걸음이 가벼워 보였다. 견학을 마치고 어떤 모둠 아이들은 양손에 간식을 들고 오며 으스대기도 하고, 어떤 모둠은 기관에서 만난 분들과 있었던 일들을 무용담처럼 이야기하기도 했다. 그런 아이들의 모습을 보면서 교사인 내 역할도 또렷해지는 것 같았다. 교사는 아이들과 만들어 갈 배움길의 밑그림과 방향성을 잡는 기획자, 안내자이면서 아이들과 끊임없이 대화하고 조율하며 함께 배우고 성장하는 공동 학습자임을.

보살핌은
마을과 지역이 모두 함께

아이 집으로 왕진 가요

최근 '인천 화재 형제' 사건이나 돌봄 사각지대에서 생겨나는 심각한 사건들을 보며 지난 5월이 생각났다. 온라인 개학을 한 지 거의 한 달이 되어 가는 5월 중순이었다. 온라인 기간이 길어지면서 접속하라고 문자를 보내거나 전화로 깨워야 하는 일이 많아졌다. 라이브 방송에 실시간 접속하는 아이와 그렇지 않은 아이, 게시글에 대한 반응의 편차는 점점 커져만 갔다. 출석 체크만 하고 아무런 반응이 없는 아이부터 라이브 방송이나 내가 올린 게시글, 친구들의 과제에 대한 반응은 있는데 정작 필요한 과제를 올리지 않는 아이까지…. 빈 교실에서 컴퓨터만 쳐다보거나 아이들에게 전화로 독려만 하는 상황에 갑갑증이 났다. 일곱 명밖에 안 돼도 점점 지치는데 한 반에 20명 넘는 큰 학교들은 어떨까 걱정도 되었다. 자영업이나 농사를 짓는 경우는 맞벌이나 다름없다. 초기에는 일을 잠시 쉬면서까지 온라인 학습을 도왔지만 길어지니 생계가 우선일 수밖에 없다. 그러니 낮에 진행되는 온라인 학습은 아이들이 혼자 알아서 해야 하는 실정이었다. 부모가 어려우면 이웃이든 누구든 가서 챙겨 줄 수 있으면 좋으련만, 코로나19 상황에 누가 갈 수 있을까 싶었다. 점심을 먹고 해결 방법을 고민하다가 마침 다음 날은 과학 전담이 두 시간 있으니까 그 시간을 이용해서 아이를 만나러 가야겠다고 생각했다.

아침에 출근해서 아이들이 온라인에 접속하고 있는지, 출석 체크를 하는지 보았더니 역시나 몇 명은 보이지 않았다. 전화해서 아이들을 깨우고, 노트북과 돗자리, 놀잇감을 챙겼다.

"저 오늘 은경이네 집에 가서 온라인 학습 지원을 하려고 해요. 일종의 왕진이죠. 환자가 병원에 못 오면 의사가 환자 집으로 가잖아요. 이게 오늘 제 왕진 가방입니다."

교무부장과 교장 선생님이 잘 다녀오라고 했다.

은경이네 집은 학교에서 가까워서 걸어서 5분이면 갈 수 있다. 그래서 3월 말에 처음 아이들이 사는 마을을 갈 때도 가장 먼저 들렀다. 집에 도착했더니 아이는 아직 꿈속이었다. 내가 마당에서 부르는 소리에 잠을 깨고 나왔다. 세수하고 밥을 좀 먹고 시작했으면 하는데 그냥 씻기만 하고 안 먹겠다고 했다. 부모는 아이 수업 전에 일터에 나가야 하니 깨워 놓고 가도 소용이 없었을 테고, 매일 아침도 제대로 못 먹고 컴퓨터 앞에서 라이브에 참여했다는 생각이 드니 마음이 편치 않았다. 먹을 걸 좀 챙겨 오지 못한 것도 후회가 되었다.

패드와 핸드폰, 필기도구와 책들을 챙겨서 마당에 있는 평상에 책상을 펴고 앉았다. 온라인 과제를 금방 해결하고, 공기놀이를 같이 했다. 내가 훨씬 잘해서 나는 왼손, 은경이는 오른손으로 하고 나이 먹기를 했다. 은경이도 생각보다 잘하는 편이었다. 다른 아이들이랑 공기놀이를 많이 해 봤는지 물어보았다.

"센터에서 해 봤어요."

양강면에 있는 지역아동센터에서 같이 해 봤다는 이야기에 학교에서는 안 했나 궁금해서 물었는데 대답을 듣지 못했다. 지역아동센터 이야기가 나와서 누가 다니는지, 주로 뭘 하는지 물었다. 아이는 누가 함께 다니고 있고, 친구들은 어디로 다니고 있는지를 한 명 한 명 다 이야기해 주었다. 그리고 지금은 긴급돌봄만 하고 있어서 가지 않고 가끔 도시락을 가져다준다는 것도 알려 주었다. 여태껏 만났던 때보다 가장 많은 이야기를 나눴다. 그렇게 놀고 나서 같이 마을 나들이도 다녀오니 한나절이 금방 갔다. 아이를 집으로 들여보내고 학교로 돌아오는데 좀 더 일찍 나와 볼 걸 하는 마음이 들었다.

5월 말 우리 학교는 전교생이 등교를 시작했다. 하지만 접촉 시간을 최소화하라는 방역 지침 때문에 수업 시간도 줄이고, 쉬는 시간도 거의 없어서 점심을 먹고 1시 30분이면 긴급돌봄을 제외한 아이들이 집으로 갔다. 방역에 신경을 쓰며 빠듯하게 오전 시간을 보내고 교실 청소와 소독을 하고 나면 그제야 한숨을 돌렸다.

도시에서는 학교가 끝나면 아이들은 학원 가기 바쁜데, 이곳에 왔더니 학원은커녕 읍내에서 멀다고 학원 차도 오지 않는다고 했다. 갑자기 아이들이 오후에는 어떻게 지내고 있는지 궁금했다. 아이들에게 물었더니 지역아동센터에 가는 아이는 한 명뿐이고, 나머지는 집에서 지낸다고 했다. 학산에도 공부방이 있는데 왜 운영하지 않는지 궁금해서 학산에서 유양우 선생과 함께 청소년공부방을 운영하는 차 선생에게 전화를 걸어서 물어보았다.

"우리는 지금 문을 못 열어요. 면민회관 2층을 얻어서 쓰고 있는데, 알겠지만 코로나 때문에 공공기관들이 다 문을 닫았잖아요. 도서관이고 경로당이고 몽땅. 그래서 있을 데가 없어요. 그리고 개별적으로 만나려고 해도 접촉을 꺼리고 있어서 집으로 갈 수도 없어요."

자세히 들어 보니 학산면에는 지자체의 지원을 받는 지역아동센터가 하나도 없어서 부모들과 마을 사람들이 뜻을 모아 학산정 소년공부방을 운영한다고 했다. 당연히 지원받는 운영비도 없고, 공간도 없어 면민회관을 얻어서 쓰고 있었다. 이야기를 들으면서 안타까운 마음이 들었다.

6월이 되니 아이들이 집에만 있기도 지겨웠는지 학교에 자꾸 남으려고 했다. 방역 지침이 신경 쓰여 남길 수는 없고 내가 집까지 함께 걸어가겠다고 하니 서로 자기네 마을로 가자고 했다. 매일 오후에 아이들이 사는 집까지 걸어가는 건 내 체력이 버틸 수 없기에 일주일에 한두 번 정도 걸어가 볼 계획을 세웠다.

학교에서 약 4킬로미터쯤 떨어진 아이 집까지 걸어가던 날이었다. 집까지 걸어가는 것이 처음인데도 아주 호기롭게 길을 안내하겠다고 했다. 안타깝게도 아이가 얼마 걷지도 않아서 발뒤꿈치가 헐어서 피가 났다. 그런데도 아이는 괜찮다며 앞서서 씩씩하게 걸어갔다. 학산천 옆 둑방길을 따라 걷다가 양호 마을 앞에 있는 정자를 보더니 소코샘이라고 했다. 소코샘이 아니었지만, 정자 모습이 비슷해서 생각난 것 같았다. 공부방에서 자주 소코샘에 가서 놀았다고 하면서 가 보고 싶다고 했다. 이야기가 나온 김에 얼굴이라도 보여 줄 겸 차 선생에게 영상통화를 걸었다.

"어머, 선생님! 우리 소코샘에 있어요!"

소코샘이라는 말에 아이는 펄쩍 뛰었다. 전화로 반갑다며 서로 인사를 하다가 공부방 선생님이 오라고 하니, 오던 길을 되돌아가야 하는데도 조금도 주저하지 않고 방향을 돌렸다.

마을에서 문을 연 공부방

소코샘에 갔더니 우리 학교 5, 6학년 아이들이 신나게 물놀이를 하고 있었다. 아이는 인사를 하더니 가방을 던지고 물속으로 바로 뛰어들었다. 내가 공부방 선생님들에게 인사를 하자 썰어 놓은 수박을 권해 주셨다. 땡볕에서 걸을 때는 몰랐는데, 수박을 보자 목이 타는 것 같았다. 수박 몇 조각으로 목을 축이고, 시원한 물속에서 노는 아이들을 보며 물었다.

"공부방 못 연다고 하시더니, 어떻게 된 거예요?"

"오늘 처음 만났어요. 6월이 되니까 부모들도 힘들어하고, 아이들도 공부방에 오고 싶어 하는데, 면민회관은 못 열어 준다고 하고. 공부방 샘들이 어떻게 할까 상의를 했어요. 선생님들도 아이들이 보고 싶고, 걱정도 되니까. 매일은 어렵겠지만 아이들이 사는 마을로 가 보자고 했지요. 여름이라 더워서 실내로 들어가는 것도 마땅치 않고, 개울이 있는 마을로 가서 돗자리 펴고 공부도 하고 물놀이도 하면 좋겠다고 했어요. 그래서 아이들하고 상의하려고 여기로 온 거예요. 매년 여름에는 여기서 놀았으니까."

그렇게 문을 열게 된 학산청소년공부방은 매주 월, 수 오후 시간에 아이들이 사는 마을로 갔다. 하지만 예전만큼 많은 아이를 돌볼 수 없어서 돌봄교실에 가지 못하는 4~6학년을 대상으로 제한적으로 운영하게 되었다. 오후에 남겠다던 아이들도 월요일과 수요일만큼은 마치자마자 서둘러서 교실을 빠져나갔다. 일주일에 두 번이지만 오후 시간에 밖에서 친구, 형, 누나들과 마음껏 놀게 되니 숨통이 트인 것이 확실히 느껴졌다. 월요일과 수요일에는 아이들이 생기가 넘쳤다. 아이들을 보면서 위기가 기회라는 말이 이때를 위한 것 같았다. 공간이 있었더라면 실내에 갇혔을지 모르는데, 공간이 없다 보니 아이들이 서로의 마을로 갈 기회가 된 것 같았기 때문이었다.

문제는 비가 오는 날이었다. 갈 곳이 없어서 하루 미루기라도 하면 아이들은 땅이 꺼지도록 한숨을 쉬고, 물먹은 솜뭉치처럼 온몸이 축 처져서 교실을 나섰다. 아이들이 그토록 서운해하니 궁여지책으로 공부방 선생님 집에서 운영하는 상황까지 생겨났다. 장소가 없어서 애를 먹는 이야기는 너무 안타까웠다.

아이들 돌봄, 지역사회가 함께 나서야!

여름 방학이 끝나 갈 무렵 면민회관을 개방했다는 소식이 들려 참으로 반가웠다. 그런데 얼마 지나지 않아 거리두기 강화로 지역아동센터들도 모두 폐쇄되는 상황이 벌어지자 다시 문을 닫았다. 그나마 학산면사무소에서 여유 공간을 내주어 공부방 운영을 다시 시작했다. 공간이 어떤지도 궁금하고 내가 도울 수 있는 게 있을까 해서 가 보았다.

마침 내가 간 날 추석맞이 윷놀이를 한다고 중학생들이 와 있었다. 초등 대 중등으로 윷놀이를 끝내고 간식을 먹고 있었다. 좁은 공간인데도 중학생들의 활기로 아주 밝고 넓게 느껴졌다. 간식을 먹고 나서는 오랜만에 만났으니 진놀이를 한 판 하자며 밖으로 나갔다. 면사무소 앞마당에 있는 공터에서 땀을 뻘뻘 흘리면서도 두 판이나 하고 나서야 그제야 좀 풀렸다고 해서 놀이판을 마무리했다.

유양우 선생이 초등학생들을 집으로 데려다주는 동안 중학생들은 차 선생과 인터뷰를 했다. 알고 보니 중학생들이 직업을 가진 어른과 면담하기 수행평가 과제를 하는데, 공부방 선생님은 언제든 어떻게든 자기들 부탁을 들어줄 것이라서 연락했다고 했다. 차 선생은 아이들이 자기의 마음을 알아줘서 정말 보람을 느낀다며 기뻐했다. 차 선생과 아이들 사이에 보이지 않는 아주 두껍고 강한 믿음의 끈이 느껴졌다. 인터뷰를 끝내고도 헤어지기 싫어하는 아이들에게 차 선생은 앞으로 더 자주 보자며 달래고, 한 명 한 명 집 앞까지 데려다주었다.

좁은 공간에서 프로그램을 운영하며 아이들을 데려다주고, 미리 소독하고 발열 체크에 함께 있는 동안 방역까지 신경 쓰느라 몸이 열이어도 모자라 보였다. 학교에서는 여럿이 나눠서 하는 일을 몇 명이 감당하고 있는 모습이 안타까웠다. 돌아오는 길에 이렇게 어려운 상황에서도 이 일을 계속하는 힘이 어디에 있는 건지 궁금해서 물었다.

"공부방을 안 여는 동안에도 아이들이랑 가끔 통화를 했어요. 그럴 때마다 공부방 언제 열어요? 왜 안 열어요? 같은 말을 많이 들었어요. 그런데 하루는 아이가 카톡으로 '선생님, 저 죽을 것 같아요. 너무 심심하고 유튜브 보는 것도 이젠 정말 지겨워요'라고 하는데, 너무 놀라서 숨이 멈출 것 같았어요. 나도 힘들긴 하지만 죽을 것 같지는 않았으니까요. 바로 전화를 했더니 '선생님, 제발 문 좀 열어 주세요'라고 하는데 너무 미안했어요. 그날 일이 하나도 손에 잡히지 않고, 그래서 주위 사람들이 말렸지만 설득해서 마을 에서 천막을 치고 시작하게 된 거죠. 그동안 놀이와 학습을 병행 해 왔던 힘이 있어서 가능했던 것 같아요. 아이들도 너무 좋아하 고 처음에 걱정했던 선생님들도 아주 열심히 하고 있어요. 그런 모 습을 보니까 내가 코로나 뒤에 숨어 있었던 게 아닐까 싶은 반성 을 해요."

"맞아요. 저도 처음에는 주저했으니까요. 그렇다고 해서 몇몇 개인의 희생과 봉사로 다 감당할 수 있는 문제는 아닌 것 같아요."

"코로나를 겪으면서 놀랐던 건 내 생각이 너무 좁다는 거였어 요. 공부방 안에서, 우리 공부방에 다니는 아이들만 생각했어요. 이 일을 오래 하고 있으면서도 학산면이나 영동군 전체 아이들이 어떤 상황에 놓여 있는지 제대로 모르고 있었어요. 누가 어떤 어 려움을 겪고 있는지를 구체적으로 파악하고 있어야 누구를 어떻게 도울지, 누구와 협력할지 알 수가 있잖아요. 이 상황이 좀 나아지 거나 꼭 나아지지 않더라도 함께 일할 사람들을 찾아서 만나 보려 고 해요. 학교도 같이 이야기하고, 면사무소나 군청도 가 보고, 교 육청 담당자들과 함께 모여서 대책을 찾아보려고 해요."

이야기를 나누면서 아이들을 사랑하는 차 선생의 마음이 느껴 져 울컥했다. 그리고 한편으로는 나 또한 우리 반 아이들만 보고 있었다는 생각에 가슴이 뜨끔했다. 청주 수곡동에 있을 때 해마다 보호자 없이 혼자 있는 자기보호아동을 조사해서 돌봄 기관으로 연결해 준 경험이 있음에도 이곳에 와서는 아무런 시도도 하지 못한 채 안이하게 있었던 내가 보였기 때문이었다.

"선생님, 생각해 보니 제가 청주에서 자기보호아동 실태조사를 해 본 경험이 있어요. 저도 학교에 제안해서 해 볼게요."

내 말에 차 선생은 그렇게 하면 힘이 되겠다며 좋아했다. 이렇게 나는 학교에서, 차 선생은 지역사회에서 자기보호아동을 조사하고 그 자료를 가지고 교육청과 군청에 간담회를 제안해 보자고 했다. 시작이 반이라고 벌써 학교, 학산공부방, 교육청, 군청 등 관련된 사람들이 모여서 함께 문제를 찾고 대책을 마련하는 모습이 떠오른다. 그 자리에서 코로나19뿐 아니라 앞으로 다가올 전염병 시대에 우리 아이들이 인천 라면 형제 같은 피해를 더 이상 겪지 않게 하려면 마을과 지역에서 어떠한 돌봄 체계를 갖추어 가야 할지, 우리 아이들에게 진짜 필요한 것이 무엇인지 우리 사회가 같이 고민했으면 좋겠다. 이렇게 일상의 삶에서 공동체의 절실한 요구를 실현하기 위해서 나서는 것이 촛불 혁명 이후 주권자의 모습이라는 생각이 들었다. 교사를 너머 마을 주민, 참 시민으로.

걸어서
마을 속으로

3월 2일, 아이들이 없는 빈껍데기 같은 학교는 당혹스러움 그 자체였다. 그러다 '코로나19와 우리 사회의 과제'라는 문재현 소장의 강의를 들으면서 작은 꿈틀거림이 생겼다. 바이러스의 특성을 깊게 들여다보지 않은 채 겁만 내고 있었다는 것을 깨달았다. 적을 알게 되니 내가 움직일 여지가 보였다. 거기에 사회적 거리두기라는 말이 주는 위험성도 실감이 났다. 마치 바로 옆 사람이나 내가 바이러스인 것처럼 느껴져서 대문 밖을 나가는 것조차 위축되었던 내 모습이 보였기 때문이다. 사회적 거리두기가 아니라 물리적 거리두기로 용어를 바꾸어 보니 방역이라는 측면에서 내가 어떻게 하면 될지 분명해졌다. 그리고 인류의 역사에서 중세의 바이러스가 일으킨 변화를 들으면서 모두를 위해 물리적 거리두기는 해야겠지만 사회적인 활동은 더욱 주체화되고 역동적으로 움직여야겠다고 마음을 먹었다.

무엇을 할지 하나하나 목록을 떠올려 보니 지난 10여 년 이상 실천해 왔던 마을과 놀이라는 화두를 점검하는 기회가 되었다. 그동안 마을을 공부하고 마을에서 배움길을 찾는다고 했지만, 그냥 아이들이 사는 곳이라 관심을 기울이고 함께 걸으려고 했다. 한두 번 함께 걸어도 아이들과 금방 친해지고 관계가 깊어지는 느낌이 들어서 그것으로 만족했다. 게다가 교사인 나는 학교를 몇 년에 한 번씩 옮겨야 하고, 해마다 다른 아이들을 만나니 깊어질 필요를 느끼지 못했던 것도 같다.

그런데 올해는 아이들이 학교에 오지 않으니 아이들을 만나기 위해 마을로 갔다. 그리고 그 작은 차이가 엄청난 변화를 가져왔다. 그렇게 나는 코로나19 위기를 통해서 지난 10여 년 동안 실천해 온 마을과 놀이, 걷기라는 화두에 점점 더 집중할 수 있었고,

마을을 걸으면서 내 삶이 더 풍부해졌다. 예전과 달리 혼자서 걷는 일이 많다 보니 주변에 보이는 사물도 달리 보이고, 마음이 차분해지며 생각이 꼬리에 꼬리를 물고 깊어지는 느낌이 들었다. 한마디로 힐링과 철학의 시간이 되었다. 왜 사람들이 걷기에 열광하는지도 알 것 같았다. 어쨌든 아이들 없는 교육, 아이들 없는 학교라는 것은 의미가 없었기 때문에 아이들이 있는 마을과 집으로 갔고, 아이들을 만나고 나니 비로소 시작할 수 있다는 것을 절실하게 느꼈다.

아이들과 무엇을 함께 보고 무엇을 공부해야 할지도 보이기 시작했다. 마을에 있는 길, 돌, 나무, 새, 마을 이름, 산, 도랑, 이 마을에 살았던 사람뿐 아니라 지금 사는 사람들의 이야기가 다 배움의 주제가 되었다. 아이들이 관심을 기울이는 것에서 출발하면 어떤 것이든 연결될 거라는 생각이 들어 이리저리 탐색하는 시간이 즐거웠다. 그 가운데 이번에 학산에 와서 가장 크게 와닿은 것은 마을에서 찾은 역사 이야기였다. 학교 바로 옆에 신사터가 그대로 있고, 학산에서 벌어진 3·1 만세운동이 면지에 자세히 실려 있었기 때문에 그 이야기를 따라 걷는 것이 재미있었다. 학산은 영동에서 가장 먼저 만세 시위가 벌어졌다. 학산장터에 모였던 사람들이 만세를 시작하면서 면사무소 옆에 심겨 있던 뽕나무를 뽑아 불태우고, 만세 시위를 준비하다가 구속된 학생들의 석방을 요구하기 위해 주재소로 몰려가고, 시위대의 기세가 어찌나 드셌는지 주재소 순사들도 만세를 함께 외쳤다고 했다. 시간의 흐름에 따라 장소를 옮겨 가며 이야기가 펼쳐졌다. 처음에는 마을배움길연구소 식구들과 함께 걸었고, 정확한 위치를 찾고 싶어서 유양우 선생과 정보를 주고받고, 지적도를 뒤져 가며 1919년의 장터와 면사무소, 주재소 위치를 알아냈다. 그때 얼마나 기쁘던지. 그리고 그 현장을 다시 걸어 보니 200여 명의 군중이 면사무소 옆 빈터에서 뽕나무를 태우는 광경이며 만세를 부르며 주재소로 달려가는 모습, 순사들을 끌어내 만세를 부르게 하는 장면들이 눈에 선하게 그려졌다. 마치 박물관에서 봤던 증강현실이나 내가 영화 속으로 들어간 것 같은 느낌과 비슷했는데 비교할 수 없이 생생하고 실감이 났다.

이런 느낌을 아이들과 같이 경험하고 싶어졌다. 아이들은 어떤 것을 보고, 어떤 것을 궁금해할까? 그런 궁금증에서 아이들이 사는 곳을 한 번이 아니라 두 번, 세 번, 여러 번 걷게 되니까 아이들도 같이 걷게 되었다. 혼자 볼 때는 높은 곳을 주로 보았는데, 아이들과 걸으니 땅바닥에 있는 것들을 더 많이 보게 되었다. 길가에 나온 사마귀도 만나고 여치도 보고 뱀도 봤다. 뱀을 보며 무서워하는 것이 아니라 쫓아가며 '뱀이다! 몸에 좋고 맛도 좋은 뱀이다!' 하며 놀리던 아이들이 로드킬로 죽은 뱀을 보고는 풀숲으로 조심스럽게 옮겨 주기도 했다. 방금 전에 뱀을 놀리던 아이들이 맞나 싶은 경건함이 조심스러운 몸짓에 고스란히 담겨 있었다. 이렇게 여러 번 같이 걸으면서 재미가 생기니 자꾸 나가자고 했고, 처음에는 왜 걷느냐고 했던 아이가 4킬로미터나 되는 길을 고개를 넘어 학교에서 집까지 같이 가자고 해서 함께 걸었다. 가다가 힘들면 그늘에 누워 구름도 보면서 쉬엄쉬엄 함께 걸었다. 교실에서 쉽게 포기하던 아이가 그 먼 길을 1시간 넘게 묵묵히 걸었다. 이런 배움을 마을이 아닌 어디에서 할 수 있을까.

아이들이 사는 마을뿐 아니라 내가 새롭게 살게 된 영동읍 계산리에서도 걸었다. 처음엔 낯선 공간이었는데 여러 번 걸으면서 점점 익숙한 장소가 되고 있다. 내가 길을 가다가 멈춰 서서 주변을 살펴보거나 사진을 찍고 있으면 지나가는 어르신들이 꼭 말을 걸었다.

"뭐가 있어요?"

"뭐 하는교?"

경계가 헷갈려서 찾고 있을 때도 있었고, 드러난 노두에서 단층을 발견해서 사진을 찍고 있을 때도 있었다. 만나는 분들마다

친절하게 알려 주고, 들고 가던 자두며 포도를 아낌없이 나눠 주었다. 빈손으로 나갔다가 먹을 것을 한 아름 들어 두 손은 무겁고 발걸음은 가볍고 가슴은 따뜻해져서 돌아오곤 했다. 어떤 날은 처음 보는 어르신의 집으로 초대를 받아서 커피를 얻어 마시며 사는 이야기를 듣고 나오기도 했다. 이렇게 나갈 때마다 푸근하고 따뜻한 만남이 있고 관계가 열리는 경험을 하고 있다. 코로나19가 내게 준 새로운 일상, 마을을 걷고 함께 이야기 나누며 마을 사람으로 사는 즐거움 아닐까 싶다.

모든 교사가
아이들이 사는 마을로!

코로나19와 관련한 평화샘의 입장

3월 31일 교육부는 코로나19로 사상 초유의 '온라인 개학'을 발표했다. 교사들은 아이들의 이름도, 얼굴도, 특성도 모르는 상태에서 수업을 진행해야 하는 사태에 직면하고 있다. 대다수 학교가 콘텐츠 제시형 수업을 채택하고 있기 때문에 아이들과 인사도 소개도 없는 상태에서 외부에서 주어지는 콘텐츠를 수동적으로 연결해 주는 것이 교사 역할의 전부인 것이다. 이런 상황에서는 교사뿐만 아니라 아이들도 스트레스를 받을 수밖에 없고 교육 효과를 기대하기 어렵다. 아이들은 지루해하고 전혀 집중하지 못하고 있으며 부모들은 아이들을 통제하느라 지치고 부실한 교육 내용에 불만을 터트리고 있다. 특히 엄마들의 가사노동과 수업 지원 활동에 대한 부담이 커지고 있고, 장애 아동이나 빈곤층 아동의 교육 조건이 더욱 열악한 상황에서 이에 대한 대책도 부족하다. 교육 내용이라는 측면에서 봐도 지금까지 많은 교사가 벗어나려고 노력했던 교과서 중심 지식전달 교육이 최악의 형태로 되살아나고 있다. 그동안 학교 혁신과 교육개혁을 위한 노력이 코로나19 사태 앞에서 무력화 되고 있는 것이다.

코로나19 사태는 비유하자면 어떤 정답도 없는 조건 속에서 문제를 풀어야 하는 상황이다. 이러한 조건에서는 교육 주체들이 어떤 처지에 있고, 무엇이 가능하고, 무엇이 가능하지 않은지 깊이 있는 통찰과 대안의 제시가 필요하고 이와 관련된 사회적 합의가 있어야 한다. 우리가 교육개혁을 통해 추구하던 가치, 곧 교과서를 넘어선 생활 중심, 활동 중심의 교육이 온라인 교육에서도 어떻게 가능할지, 교육 주체들이 서로의 어려움을 이해하고 도와 가면서 함께 참여하고 성장하는 과정을 어떻게 만들 수 있는지 깊이 있는 성찰과 토론이 요구된다. 하지만 교육부의 정책 결정 과정은 이러한 가치와 노력을 담지 못했다.

과연 다른 길이 없었을까? 교사들이 3월부터 아이들이 사는 마을을 찾아가고, 탐색하고, 문제를 함께 해결하려고 노력했다면 어땠을까? 그리고 그러한 내용을 교사들과 함께 나누고, 부모, 아이들과 전화로 또는 다양한 온라인, 오프라인 소통 방식을 통해 서로 인사도 나누고 의견을 모았다면 어땠을까? 교육의 본질이 관계 맺기라는 것을 생각할 때 지금처럼 어색하고 답답한 수업 상황이 되지는 않았을 것이다. 이것은 교육부 정책과 지침의 문제일 뿐만 아니라 아이들과 관계 맺기 위한 교사들의 의식과 태도에서 변화를 요구하는 문제이다. 따라서 우리는 코로나19 사태야말로 교육의 본질적 요구, 곧 삶과 배움의 통합에 대한 깊은 통찰과 반성, 전환을 위한 결정적 계기가 될 것으로 판단한다. 이에 교육 주체들이 이 상황을 함께 이해하고, 공유해야 할 몇 가지 지점을 짚어 보고자 한다.

첫째, 우리 사회의 의료 시스템이나 교통 시스템, 민원 대응 시스템 등 세계적으로 앞서 나가는 부분은 문제 해결에 도움이 되는데 교육 영역은 불행히도 이 위기 상황을 해결하기 위한 준비가 되어 있지 않다는 것을 인정해야 한다. 교육계의 대응은 안일하기 짝이 없을 뿐만 아니라 오히려 혼란을 부추기고 있다. 전염병은 그 부정적인 특징을 통해 혐오, 광장공포, 패닉, 권위주의 추구 등 여러 가지 사회 현상이 나타나기 마련이다. 현재 교육계에서는 이러한 현상이 총체적으로 드러나고 있다. 공무직과 교사들의 갈등은 혐오를 내재하고 있고, 아이들과 부모들은 만남을 두려워하는 광장공포증에 빠져 있다. 또한 교육 주체들은 어떻게 해야 할지 몰라 패닉에 빠져 있고, 교육부는 모든 문제를 권위주의로 결정하고 있어 그 결과는 심각한 교육 파시즘을 예고하고 있다. 더욱 큰 문제는 대다수 교육 주체들이 기존의 관행을 반복할 뿐 반성적 인식이 결여되어 있다는 것이다. 청년들이 왜 광신에 빠져드는지, 광신적인 집단은 왜 학교와 같은 방식으로 조직을 운영하는지. 그 모든 것들이 교육의 실패를 보여 주고 있는데 지식전달 중심의 교육과정 운영에만 관심을 두고 있다면 과연 이러한 교육에 미래가 있는 것일까.

둘째, 바이러스와 관련된 위기는 이제 변수가 아니라 상수가 되었다. 노무현 정부 때의 사스, 이명박 정부 때의 신종플루, 박근혜 정부 때의 메르스, 문재인 정부 때의 코로나19에서 볼 수 있는 것처럼 위기는 계속해서 찾아오고 있으며, 앞으로 매년 이러한 위기가 다가올지도 모르는 상황이다. 따라서 아이들의 전 생애를 통해 바이러스에 대한 대처는 아마도 가장 중요한 문제가 될 것이다.

셋째, 아이들은 지금 마을에 있다. 모두가 알고 있듯이 온라인 상황에서 지식전달 교육은 그 교육 효과가 의심스러우며 교육 주체들 서로의 관계를 힘들게 할 것이다. 이러한 상황에서 교육이 효과를 가지려면 아이들이 스스로 탐색하고 움직일 수 있는 활동이 되어야 한다. 현재 초등학교 1, 2학년 과정은 나, 집, 마을, 이웃을 탐색하게 되어 있다. 이러한 교육과정이 제대로 운영되려면 교사가 마을을 잘 알아야 될 뿐만 아니라 부모들의 역할이 중요하다. 부모들이 아이와 손잡고 골목길을 걷고, 이웃을 이해하고, 마을 역사와 땅이름을 알고, 자신이 사는 마을을 이야기할 수 있는 아이로 성장시키는 것에 마음을 기울이면 좋겠다. 부모가 가장 잘할 수 있기 때문이다. 교사의 역할은 자기가 알지도 못하는 마을에 대해서 일방적으로 가르치는 것이 아니라 부모, 마을 사람들과 협력하면서 함께 배우고 성장하는 과정을 기획하는 것이어야 한다. 이제 우리는 어쩔 수 없이 그런 선택을 하지 않으면 교육이 불가능한 상황을 맞이하고 있다.

넷째, 이 모든 과정의 출발점은 교사가 아이들이 사는 마을을 찾고 공부하는 것으로부터 시작된다. 마을에서의 배움은 개념 중심이 아니라 생활 지식, 민중 지식, 지역 지식, 토착 지식을 중요시하기 때문이다. 교사가 아이들이 사는 세계를 이해하기 위해서 노력할 때만 이러한 지식이 살아난다. 교사가 관심을 갖고 아이가 사는 장소와 사람들에 관해 묻고 경청할 때 새로운 교육의 가능성이 열리는 것이다. 함께 탐색하는 과정을 통해서 교사는 단순한 지식의 전달자가 아니라 배움길의 기획자, 마을을 더 깊이 탐구할 수 있게 하는 프로그램의 구성자이자 안내자로서 역할을 할 수 있게 된다.

이는 앞으로 4차 산업혁명 시대 이후 교육의 핵심 내용과도 부합한다. 현재의 온라인 수업을 보면서 많은 사람들이 교사가 왜 필요한지 의문을 제기하고 있다. 어떤 사람들은 차라리 교사 어벤저스를 만들어서 수업을 다 맡기는 것이 낫지 않겠냐고 교육현장에 대한 냉소적인 반응을 보이고 있다. 또 어떤 사람들은 현재와 같은 방식이라면 오히려 AI가 더 잘할 것이라고 말하기도 한다. 하지만 한편에서는 새로운 깨달음도 나타나고 있다. 학교에서 친구들과 함께 공부하는 것이 그렇게 소중한 것이고, 교사들이 아이들과 인격적인 관계를 맺는 것이야말로 본질적인 교육 행위라는 것을 새삼스럽게 깨닫는 사람도 늘어나고 있다. 우리는 4차 산업혁명 시기에 배움의 본질이 교사들이 아이들과 인격적 관계를 맺고, 놀이하고, 어려운 일이 있을 때 고민을 나누고, 함께 걸으면서 배우는 것이라는 것을 다시 한 번 확인하고 있다.

이러한 인식을 공유하면서 우리 평화샘은 교사들이 이 시기에 함께 걸어갈 길을 다음과 같이 제안한다.

1. 아이들이 사는 마을을 호기심을 가지고 즐겁게 탐색하자.

마을 공부를 수업을 위한 배경이나 수업 콘텐츠가 아니라 아이들 삶 속으로 걸어 들어가는 과정으로 이해하자. 교사 한 사람 한 사람이 마을의 탐색자, 탐험자, 다시 발견하는 사람이 되어야 한다. 아이, 부모, 마을과 진정한 관계를 맺는 것이 중요하다.

2. 아이들과 함께 걷고 놀이하고 아이들의 말에 귀를 기울이자.

지금 누구보다 힘든 것은 아이들이다. 친구들과 선생님을 만나지 못하고 갇혀 지내는 아이들과 일대일로 만남을 가져 보자. 물리적 거리를 유지하며 마을을 함께 걷고, 마을의 꽃과 나무를 보고, 아이가 좋아하는 장소를 탐색하는 길동무가 되어 보자. 몇몇 교사들의 실천을 통해 우리는 아이들이 얼마나 간절하게 만남을 원하는지 확인하고 있다.

3. 아이들이 배움의 주체임을 명심하자.

어른들이 교육 내용을 정해 주는 것은 아이들을 주체로 인정하지 않는 것이다. 아이들이 현재 무엇이 궁금하고 탐구하고 싶은지 알고 이를 지원하는 길을 찾자. 배움의 주체는 아이들이다.

4. 아이, 부모와 지역사회를 연결하는 역할을 하자.

마을을 가장 잘 알고 있는 사람들은 교사가 아니라 마을 주민과 부모, 아이들이다. 그 경험을 연결하고 정리하고 새로운 지평을 여는 것이 교사의 역할이다. 교사가 매개가 되어 함께 배울 수 있는 배움의 원을 만들어 보자.

5. 이러한 과정을 지원할 수 있는 새로운 교육 시스템을 만들

수 있도록 교육부와 교육청에 요구하는 활동을 하자.

모든 교사가 마을에 가서 아이들을 만난다면 이것은 교육개혁의 시작이 아니라 완성에 가까운 일이 될 것이다. 40만 교사가 함께 실천한다면 무엇을 하지 못하겠는가. 함께 마을을 공부하고 경험을 정리하고 표현하고 나눌 수 있는 대화 구조를 만들어 나가자. 이렇게 아래로부터 형성되는 배움길은 컨설팅이니 지도니 하는 명목으로 아래를 옥죄는 식민지적인 교육행정을 극복하는 새로운 계기가 될 수 있을 것이다. 배움을 일방적인 전달과정이 아니라 주체가 스스로 사회를 향해 발신하고 협력하는 과정으로 인식을 전환해야 할 때이다. 그리고 아이들, 교사, 부모들이 마을에서 실천하는 내용이 그 발신의 속살이 될 수 있을 것이다.

위기는 곧 기회란 말이 있다. 그동안 마을에서 배움의 길을 만들기 위해서 노력해 왔지만, 여전히 교사 중심의 한계를 벗어나지 못했던 것이 사실이다. 하지만 이제 아이들과 부모들, 마을 사람들이 스스로 주체가 되지 않으면 교육이 불가능한 상황이 찾아왔다. 이제는 마을 사람들이 주체가 되는 길을 피할 수도 거부할 수도 없는 상황이 되었다는 것에서 진정한 깨달음을 얻는 것이 교육 주체들이 지금 이 시기에 해야 할 일이라고 우리는 믿는다.

*이 글은 2020년 4월말 전국 평화샘, 그리고 주변 동료 교사들과 공유한 평화샘의 약속이자 제안이다. 당시 긴급하게 의견을 모으고 정리하여 거친 면이 있으나 코로나19 시기에 교육 주체들과 함께 고민을 나누고자 조금 고쳐 실었다.

삶의 행복을 꿈꾸는 교육은 어디에서 오는가?

교육혁명을 앞당기는 배움책 이야기 혁신교육의 철학과 잉걸진 미래를 만나다!

한국교육연구네트워크 총서

01 핀란드 교육혁명
한국교육연구네트워크 엮음 | 320쪽 | 값 15,000원

02 일제고사를 넘어서
한국교육연구네트워크 엮음 | 284쪽 | 값 13,000원

03 새로운 사회를 여는 교육혁명
한국교육연구네트워크 엮음 | 380쪽 | 값 17,000원

04 교장제도 혁명
한국교육연구네트워크 엮음 | 268쪽 | 값 14,000원

05 새로운 사회를 여는 교육자치 혁명
한국교육연구네트워크 엮음 | 312쪽 | 값 15,000원

06 혁신학교에 대한 교육학적 성찰
한국교육연구네트워크 엮음 308쪽 | 값 15,000원

07 진보주의 교육의 세계적 동향
한국교육연구네트워크 엮음 | 324쪽 | 값 17,000원
2018 세종도서 학술부문

08 더 나은 세상을 위한 학교혁명
한국교육연구네트워크 엮음 | 404쪽 | 값 21,000원
2018 세종도서 교양부문

09 비판적 실천을 위한 교육학
이윤미 외 지음 | 448쪽 | 값 23,000원
2019 세종도서 학술부문

10 마을교육공동체운동: 세계적 동향과 전망
심성보 외 지음 | 376쪽 | 값 18,000원

11 학교 민주시민교육의 세계적 동향과 과제
심성보 외 지음 | 308쪽 | 값 16,000원

12 학교를 민주주의의 정원으로 가꿀 수 있을까?
성열관 외 지음 | 272쪽 | 값 16,000원

한국교육연구네트워크 번역 총서

01 프레이리와 교육
존 엘리아스 지음 | 한국교육연구네트워크 옮김
276쪽 | 값 14,000원

02 교육은 사회를 바꿀 수 있을까?
마이클 애플 지음 | 강희룡·김선우·박원순·이형빈 옮김
356쪽 | 값 16,000원

03 비판적 페다고지는 세상을 변화시킬 수 있는가?
Seewha Cho 지음 | 심성보·조시화 옮김
280쪽 | 값 14,000원

04 마이클 애플의 민주학교
마이클 애플·제임스 빈 엮음 | 강희룡 옮김
276쪽 | 값 14,000원

05 21세기 교육과 민주주의
넬 나딩스 지음 | 심성보 옮김 | 392쪽 | 값 18,000원

06 세계교육개혁: 민영화 우선인가 공적 투자 강화인가?
린다 달링-해먼드 외 지음 | 심성보 외 옮김 | 408쪽 | 값 21,000원

07 콩도르세, 공교육에 관한 다섯 논문
니콜라 드 콩도르세 지음 | 이주환 옮김
300쪽 | 값 16,000원

08 학교를 변론하다
안 마스켈라인·마틴 시몬스 지음 | 윤선인 옮김
252쪽 | 값 15,000원

혁신학교
성열관·이순철 지음 | 224쪽 | 값 12,000원

행복한 혁신학교 만들기
초등교육과정연구모임 지음 | 264쪽 | 값 13,000원

서울형 혁신학교 이야기
이부영 지음 | 320쪽 | 값 15,000원

대한민국 교사, 어떻게 가르칠 것인가?
윤성관 지음 | 320쪽 | 값 15,000원

아이들을 어떻게 가르칠 것인가
사토 마나부 지음 | 박찬영 옮김 | 232쪽 | 값 13,000원

모두를 위한 국제이해교육
한국국제이해교육학회 지음 | 364쪽 | 값 16,000원

● 비고츠키 선집 시리즈 발달과 협력의 교육학 어떻게 읽을 것인가?

생각과 말
레프 세묘노비치 비고츠키 지음
배희철·김용호·D. 켈로그 옮김 | 690쪽 | 값 33,000원

도구와 기호
비고츠키·루리야 지음 | 비고츠키 연구회 옮김
336쪽 | 값 16,000원

어린이 자기행동숙달의 역사와 발달 I
L.S. 비고츠키 지음 | 비고츠키 연구회 옮김
564쪽 | 값 28,000원

어린이 자기행동숙달의 역사와 발달 II
L.S. 비고츠키 지음 | 비고츠키 연구회 옮김
552쪽 | 값 28,000원

어린이의 상상과 창조
L.S. 비고츠키 지음 | 비고츠키 연구회 옮김
280쪽 | 값 15,000원

비고츠키와 인지 발달의 비밀
A.R. 루리야 지음 | 배희철 옮김 | 280쪽 | 값 15,000원

수업과 수업 사이
비고츠키 연구회 지음 | 196쪽 | 값 12,000원

비고츠키의 발달교육이란 무엇인가?
비고츠키교육학실천연구모임 지음 | 412쪽 | 값 21,000원

비고츠키 철학으로 본 핀란드 교육과정
배희철 지음 | 456쪽 | 값 23,000원

성장과 분화
L.S. 비고츠키 지음 | 비고츠키 연구회 옮김
308쪽 | 값 15,000원

연령과 위기
L.S. 비고츠키 지음 | 비고츠키 연구회 옮김
336쪽 | 값 17,000원

의식과 숙달
L.S 비고츠키 | 비고츠키 연구회 옮김
348쪽 | 값 17,000원

분열과 사랑
L.S. 비고츠키 지음 | 비고츠키 연구회 옮김
260쪽 | 값 16,000원

성애와 갈등
L.S. 비고츠키 지음 | 비고츠키 연구회 옮김
268쪽 | 값 17,000원

흥미와 개념
L.S. 비고츠키 지음 | 비고츠키 연구회 옮김
408쪽 | 값 21,000원

관계의 교육학, 비고츠키
진보교육연구소 비고츠키교육학실천연구모임 지음
300쪽 | 값 15,000원

비고츠키 생각과 말 쉽게 읽기
진보교육연구소 비고츠키교육학실천연구모임 지음
316쪽 | 값 15,000원

교사와 부모를 위한 비고츠키 교육학
카르포프 지음 | 실천교사번역팀 옮김
308쪽 | 값 15,000원

혁신교육, 철학을 만나다
브렌트 데이비스·데니스 수마라 지음
현인철·서용선 옮김 | 304쪽 | 값 15,000원

혁신교육 존 듀이에게 묻다
서용선 지음 | 292쪽 | 값 14,000원

다시 읽는 조선 교육사
이만규 지음 | 750쪽 | 값 33,000원

대한민국 교육혁명
교육혁명공동행동 연구위원회 지음
224쪽 | 값 12,000원

경쟁을 넘어 발달 교육으로
현광일 지음 | 288쪽 | 값 14,000원

독일 교육, 왜 강한가?
박성희 지음 | 324쪽 | 값 15,000원

핀란드 교육의 기적
한넬레 니에미 외 엮음 | 장수명 외 옮김
456쪽 | 값 23,000원

한국 교육의 현실과 전망
심성보 지음 | 724쪽 | 값 35,000원

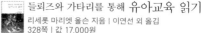

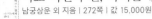
학교 혁신의 길, 아이들에게 묻다
남궁상운 외 지음 | 272쪽 | 값 15,000원

프레이리의 사상과 실천
사람대사람 지음 | 352쪽 | 값 18,000원
2018 세종도서 학술부문

혁신학교, 한국 교육의 미래를 열다
송순재 외 지음 | 608쪽 | 값 30,000원

페다고지를 위하여
프레네의 『페다고지 불변요소』 읽기
박찬영 지음 | 296쪽 | 값 15,000원

노자와 탈현대 문명
홍승표 지음 | 284쪽 | 값 15,000원

선생님, 민주시민교육이 뭐예요?
염경미 지음 | 244쪽 | 값 15,000원

어쩌다 혁신학교
유우석 외 지음 | 380쪽 | 값 17,000원

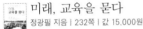
미래, 교육을 묻다
정광필 지음 | 232쪽 | 값 15,000원

대학, 협동조합으로 교육하라
박주희 외 지음 | 252쪽 | 값 15,000원

입시, 어떻게 바꿀 것인가?
노기원 지음 | 306쪽 | 값 15,000원

촛불시대, 혁신교육을 말하다
이용관 지음 | 240쪽 | 값 15,000원

라운드 스터디
이시이 데루마사 외 엮음 | 224쪽 | 값 15,000원

미래교육을 디자인하는 학교교육과정
박승열 외 지음 | 348쪽 | 값 18,000원

흥미진진한 아일랜드 전환학년 이야기
제리 제퍼스 지음 | 최상덕 · 김호원 옮김 | 508쪽 | 값 27,000원
2019 대한민국학술원우수학술도서

폭력 교실에 맞서는 용기
따돌림사회연구모임 학급운영팀 지음
272쪽 | 값 15,000원

그래도 혁신학교
박은혜 외 지음 | 248쪽 | 값 15,000원

학교는 어떤 공동체인가?
성열관 외 지음 | 228쪽 | 값 15,000원

학교 민주주의의 불한당들
정은균 지음 | 276쪽 | 값 14,000원

교육과정, 수업, 평가의 일체화
리사 카터 지음 | 박승열 외 옮김 | 196쪽 | 값 13,000원

학교를 개선하는 교장
지속가능한 학교 혁신을 위한 실천 전략
마이클 풀란 지음 | 서동연 · 정효준 옮김 | 216쪽 | 값 13,000원

공자뎐, 논어는 이것이다
유문상 지음 | 392쪽 | 값 18,000원

교사와 부모를 위한
발달교육이란 무엇인가?
현광일 지음 | 380쪽 | 값 18,000원

교사, 이오덕에게 길을 묻다
이무완 지음 | 328쪽 | 값 15,000원

낙오자 없는 스웨덴 교육
레이프 스트란드베리 지음 | 변광수 옮김
208쪽 | 값 13,000원

끝나지 않은 마지막 수업
장석웅 지음 | 328쪽 | 값 20,000원

경기꿈의학교
진흥섭 외 지음 | 360쪽 | 값 17,000원

학교를 말한다
이성우 지음 | 292쪽 | 값 15,000원

행복도시 세종,
혁신교육으로 디자인하다
곽순일 외 지음 | 392쪽 | 값 18,000원

나는 거꾸로 교실 거꾸로 교사
류광모 · 임정훈 지음 | 212쪽 | 값 13,000원

교실 속으로 간 이해중심 교육과정
온정덕 외 지음 | 224쪽 | 값 13,000원

교실, 평화를 말하다
따돌림사회연구모임 초등우정팀 지음
268쪽 | 값 15,000원

학교자율운영 2.0
김용 지음 | 240쪽 | 값 15,000원

학교자치를 부탁해
유우석 외 지음 | 252쪽 | 값 15,000원

국제이해교육 페다고지
강순원 외 지음 | 256쪽 | 값 15,000원

교사 전쟁
다나 골드스타인 지음 | 유성상 외 옮김
468쪽 | 값 23,000원

시민, 학교에 가다
최형규 지음 | 260쪽 | 값 15,000원

학교를 살리는 회복적 생활교육
김민자·이순영·정선영 지음 | 256쪽 | 값 15,000원

교사를 위한 교육학 강의
이형빈 지음 | 336쪽 | 값 17,000원

새로운학교 학생을 날게 하다
새로운학교네트워크 총서 02 | 408쪽 | 값 20,000원

세월호가 묻고 교육이 답하다
경기도교육연구원 지음 | 214쪽 | 값 13,000원

미래교육, 어떻게 만들어갈 것인가?
송기상·김성천 지음 | 300쪽 | 값 16,000원
2019 세종도서 교양부문

교육에 대한 오해
우문영 지음 | 224쪽 | 값 15,000원

혁신교육지구 현장을 가다
이용운 외 4인 지음 | 344쪽 | 값 18,000원

배움의 독립선언, 평생학습
정민승 지음 | 240쪽 | 값 15,000원

선생님, 페미니즘이 뭐예요?
염경미 지음 | 280쪽 | 값 15,000원

평화의 교육과정 섬김의 리더십
이준원·이형빈 지음 | 292쪽 | 값 16,000원

수포자의 시대
김성수·이형빈 지음 | 252쪽 | 값 15,000원

혁신학교와 실천적 교육과정
신은희 지음 | 236쪽 | 값 15,000원

삶의 시간을 잇는 문화예술교육
고영직 지음 | 292쪽 | 값 16,000원

혐오, 교실에 들어오다
이혜정 외 지음 | 232쪽 | 값 15,000원

혁신교육지구와 마을교육공동체는 어떻게 만들어지는가?
김태정 지음 | 376쪽 | 값 18,000원

선생님, 특성화고 자기소개서 어떻게 써요?
이지영 지음 | 322쪽 | 값 17,000원

학생과 교사, 수업을 묻다
전용진 지음 | 344쪽 | 값 18,000원

혁신학교의 꽃, 교육과정 다시 그리기
안재일 지음 | 344쪽 | 값 18,000원

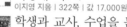 살림터 참교육 문예 시리즈 영혼이 있는 삶을 가르치는 온 선생님을 만나다!

꽃보다 귀한 우리 아이는
조재도 지음 | 244쪽 | 값 12,000원

성깔 있는 나무들
최은숙 지음 | 244쪽 | 값 12,000원

아이들에게 세상을 배웠네
명혜정 지음 | 240쪽 | 값 12,000원

밥상에서 세상으로
김흥숙 지음 | 280쪽 | 값 13,000원

우물쭈물하다 끝난 교사 이야기
유기창 지음 | 380쪽 | 값 17,000원

선생님이 먼저 때렸는데요
강병철 지음 | 248쪽 | 값 12,000원

서울 여자, 시골 선생님 되다
조경선 지음 | 252쪽 | 값 12,000원

행복한 창의 교육
최창의 지음 | 328쪽 | 값 15,000원

북유럽 교육 기행
정애경 외 14인 지음 | 288쪽 | 값 14,000원

시험 시간에 웃은 건 처음이에요
조규선 지음 | 252쪽 | 값 15,000원

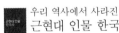

밥상혁명
강양구·강이현 지음 | 298쪽 | 값 13,800원

도덕 교과서 무엇이 문제인가?
김대용 지음 | 272쪽 | 값 14,000원

자율주의와 진보교육
조엘 스프링 지음 | 심성보 옮김 | 320쪽 | 값 15,000원

민주화 이후의 공동체 교육
심성보 지음 | 392쪽 | 값 15,000원
2009 문화체육관광부 우수학술도서

갈등을 넘어 협력 사회로
이창언·오수길·유문종·신윤관 지음
280쪽 | 값 15,000원

동양사상과 마음교육
정재걸 외 지음 | 356쪽 | 값 16,000원
2015 세종도서 학술부문

교과서 밖에서 배우는 철학 공부
정은교 지음 | 280쪽 | 값 14,000원

교과서 밖에서 배우는 사회 공부
정은교 지음 | 304쪽 | 값 15,000원

교과서 밖에서 배우는 윤리 공부
정은교 지음 | 292쪽 | 값 15,000원

한글 혁명
김슬옹 지음 | 388쪽 | 값 18,000원

우리 안의 미래교육
정재걸 지음 | 484쪽 | 값 25,000원

왜 그는 한국으로 돌아왔는가?
황선준 지음 | 364쪽 | 값 17,000원
2019 세종도서 교양부문

공간, 문화, 정치의 생태학
현광일 지음 | 232쪽 | 값 15,000원

인공지능 시대의 사회학적 상상력
홍승표 지음 | 260쪽 | 값 15,000원

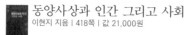
동양사상과 인간 그리고 사회
이현지 지음 | 418쪽 | 값 21,000원

좌우지간 인권이다
안경환 지음 | 288쪽 | 값 13,000원

민주시민교육
심성보 지음 | 544쪽 | 값 25,000원

민주시민을 위한 도덕교육
심성보 지음 | 500쪽 | 값 25,000원
2015 세종도서 학술부문

교과서 밖에서 배우는 인문학 공부
정은교 지음 | 280쪽 | 값 13,000원

오래된 미래교육
정재걸 지음 | 392쪽 | 값 18,000원

대한민국 의료혁명
전국보건의료산업노동조합 엮음 | 548쪽 | 값 25,000원

교과서 밖에서 배우는 고전 공부
정은교 지음 | 288쪽 | 값 14,000원

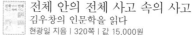
전체 안의 전체 사고 속의 사고
김우창의 인문학을 읽다
현광일 지음 | 320쪽 | 값 15,000원

카스트로, 종교를 말하다
피델 카스트로·프레이 베토 대담 | 조세종 옮김
420쪽 | 값 21,000원

일제강점기 한국철학
이태우 지음 | 448쪽 | 값 25,000원

한국 교육 제4의 길을 찾다
이길상 지음 | 400쪽 | 값 21,000원
2019 세종도서 학술부문

마을교육공동체 생태적 의미와 실천
김용련 지음 | 256쪽 | 값 15,000원

교육과정에서 왜 지식이 중요한가
심성보 지음 | 440쪽 | 값 23,000원

식물에게서 교육을 배우다
이차영 지음 | 260쪽 | 값 15,000원

평화샘 프로젝트 매뉴얼 시리즈 학교폭력에 대한 근본적인 예방과 대책을 찾는다

학교폭력 어떻게 만들어지는가
문재현 외 지음 | 300쪽 | 값 14,000원

아이들을 살리는 동네
문재현 · 신동명 · 김수동 지음 | 204쪽 | 값 10,000원

학교폭력, 멈춰!
문재현 외 지음 | 348쪽 | 값 15,000원

평화! 행복한 학교의 시작
문재현 외 지음 | 252쪽 | 값 12,000원

왕따, 이렇게 해결할 수 있다
문재현 외 지음 | 236쪽 | 값 12,000원

마을에 배움의 길이 있다
문재현 지음 | 208쪽 | 값 10,000원

젊은 부모를 위한 백만 년의 육아 슬기
문재현 지음 | 248쪽 | 값 13,000원

별자리, 인류의 이야기 주머니
문재현 · 문한뫼 지음 | 444쪽 | 값 20,000원

우리는 마을에 산다
유양우 · 신동명 · 김수동 · 문재현 지음
312쪽 | 값 15,000원

동생아, 우리 뭐 하고 놀까?
문재현 외 지음 | 280쪽 | 값 15,000원

누가, 학교폭력 해결을 가로막는가?
문재현 외 지음 | 312쪽 | 값 15,000원

남북이 하나 되는 두물머리 평화교육 분단 극복을 위한 치열한 배움과 실천을 만나다

10년 후 통일
정동영 · 지승호 지음 | 328쪽 | 값 15,000원

선생님, 통일이 뭐예요?
정경호 지음 | 252쪽 | 값 13,000원

분단시대의 통일교육
성래운 지음 | 428쪽 | 값 18,000원

김창환 교수의 DMZ 지리 이야기
김창환 지음 | 264쪽 | 값 15,000원

한반도 평화교육 어떻게 할 것인가
이기범 외 지음 | 252쪽 | 값 15,000원

창의적인 협력 수업을 지향하는 삶이 있는 국어 교실 우리말 글을 배우며 세상을 배운다

중학교 국어 수업 어떻게 할 것인가?
김미경 지음 | 340쪽 | 값 15,000원

토론의 숲에서 나를 만나다
명혜정 엮음 | 312쪽 | 값 15,000원

토닥토닥 토론해요
명혜정 · 이명선 · 조선미 엮음 | 288쪽 | 값 15,000원

인문학의 숲을 거니는 토론 수업
순천국어교사모임 엮음 | 308쪽 | 값 15,000원

어린이와 시
오인태 지음 | 192쪽 | 값 12,000원

수업, 슬로리딩과 함께
박경숙 외 지음 | 268쪽 | 값 15,000원

언어던
정은균 지음 | 268쪽 | 값 15,000원
2019 세종도서 교양부문

민촌 이기영 평전
이성렬 지음 | 508쪽 | 값 20,000원

감각의 갱신, 화장하는 인민
남북문학예술연구회 | 380쪽 | 값 19,000원

참된 삶과 교육에 관한
생각 줍기